존 듀이 다시 읽기

잡노마드 시대

존 듀이 다시 읽기

편경희 지음

KSI 한국학술정보㈜

서 문

오늘날 한국 사회 최대의 관심사를 꼽으라고 한다면 직업이
라는 하나의 주제어를 제시할 수 있을 것입니다. 교육학자로
서 그리고 교육자로서 저의 최대 관심사 역시도 직업이라는
말로 요약될 수 있습니다. 저는 학위과정 동안 직업이라는 말
을 화두 삼아 다년간 연구를 해왔으며 박사학위 취득 이후에
도 직업에 대해 다각도로 연구하고 있습니다. 이 책은 저의
박사학위연구인 "삶으로서 직업 개념에 비추어 본 자유교육의
의미(2005)"를 재출간한 것입니다. 저 자신에게 있어 저의 박
사학위논문은 직업에 대한 그간의 고민들을 교육학이라는 지
평 위에서 구체화하고 앞으로 저의 연구방향과 학문적 과제들
을 명료화한다는 데에 의의가 있었습니다. 이 논문의 재출간
을 결심할 때에 저의 바람은 교육학 연구자들이 더 이상 먹고
사는 문제를 비하해서는 안 되며 삶과 교육의 중요한 문제로
정당하게 가치매김 하도록 주의환기를 요청하는 데에 있었습
니다. 또한 일반인들의 경우에는 일의 가치경중을 떠나 자신
이 처해 있는 곳에서 열과 성을 다할수록 그 일의 의미가 풍
부해지며 그 일을 하는 동안 자신의 자아가 성장하고 자부심
이 더불어 생겨나는 것임을 이야기 하고 싶었습니다.

이 책의 주제를 교육학이라는 지평 위에서 소개하자면 자유
교육과 직업교육의 일원론적 관계 탐색이라는 말로 요약할 수
있습니다. 사실 다른 학문분야에서도 마찬가지이겠지만 교육학

의 경우 이원론에 기반을 둔 플라톤 철학의 영향을 많이 받아 왔습니다. 교육학의 여러 분과영역에서 이원론적 경향을 확인할 수 있지만 특히 교육철학의 경우에는 플라톤의 입장을 적극적으로 받아들여서 자유교육이라는 이름하에 이원론의 철학을 공고히 해왔습니다. 그리고 그 연장선에서 직업의 문제를 중요하게 논의하는 것은 세속적이고 천박한 것에 관심을 기울이는 것으로 치부해 왔습니다. 하지만 최근 들어 몇몇 연구자들에 의해 삶과 교육에 있어 직업의 문제를 재평가하고 새롭게 논의해야 한다는 움직임이 일어나고 있습니다. 이러한 움직임은 자유교육과 직업교육의 일원론적 관계 탐색이라는 말로 묶어 볼 수 있습니다.

자유교육과 직업교육의 일원론적 관계를 탐색하는 과정에서 이 책은 존 듀이의 철학사상과 교육론을 주목하고 있습니다. 존 듀이는 평생에 걸쳐 이원론의 철학을 극복하는 데에 헌신해 온 인물입니다. 그리고 그의 철학사상과 교육론은 경험이라는 말로 대표됩니다. 경험은 그의 형이상학 및 존재론의 기본개념이자 존재의 기본단위이며 교육의 출발점이자 귀결점이기도 합니다. 그리고 듀이의 모든 논의는 삶의 문제에서 출발해서 삶의 문제로 수렴됩니다. 이런 점에서 듀이의 경험은 삶과 동일시됩니다. 하지만 경험은 단위로서의 성격이 부각되는 것이며 삶은 총체성과 포괄성이라는 측면이 부각되는 것입니다. 따라서 이 책에서는 듀이의 철학사상과 교육론에 기반을 두고 제안되는 직업에 대한 아이디어를 '삶으로서 직업'이라는 말로 개념화하고 있습니다. 이때 '삶으로서 직업'이라는 말은 소극적으로는 총체적이고 포괄적인 삶에 있어 직업이라는 특정 측면에 주의를 환기시켜 주는 것이고 적극적으로는 삶 전체가 직업과 동일시되며 직업화되어야 한다는 점을 주장하는 것입니다. 이 책에서는 이와 같은 소극적인 의미와 적극적인 의미를 모두 염두에 두면서 직업적 자아실현의 순간에 자유교육과 직업교육의 경계가 허물어지며 양자 간의 일원론적 관계가 구현된다는 점을 주장하고 있습니다. 다른 듀이 연구자들에게 제가 공부한 듀이를 이와 같은 의미의 '삶으로서 직업'이라는 말로 요약해서 소개하면 도대체 듀이가 어디에서 그런 이야기를 하고 있느냐고 반문하며 의아해합니다. 이런 경우 저는 편의상 듀이의 「민주주의와 교육」 23장의 의미를 1장부터 26장 전반에 걸쳐 재조명해 보기를 권합니다. 또한 듀이를 소개할 때에 자주 등장하는 프래그마티즘은 단순히 일상세계에서 강조하는 실용성을 주장하는 것이 아니라 오히려 인간의 삶과 인간의 세계가 지닌 특성을 반영한 새로운 형이상학 체계를 구축하기 위한 실험과정에서 탄생한 것임을 이야기합니다.

이 책의 제목은 "잡노마드 시대 존 듀이 다시 읽기"입니다. 이 제목은 크게 네 가지 의도를 갖고 제안된 것입니다. 첫째, 평생직장이나 평생직업이라는 말이 사라진 오늘날 우리들의 삶의 현실을 반영한 것입니다. 둘째, 모든 사람은 직업을 갖고 살아가거나 직업적 활동을 하면서 살아가는 사회문화적 존재라는 사실을 고려한 것입니다. 셋째, 존 듀이의 교육론을 직업적 유랑을 시작한 현대인들의 삶의 가치와 좌표를 시사하는 이론으로 재평가하고 재음미하는 것입니다. 넷째, 직업적 유랑민으로서 걷잡을 수 없는 직업생활을 하고 있더라도 각자의 삶에 헌신하고 각자의 삶에 종사해야 한다는 것은 변함없는 사실이라는 점입니다.

저의 삶은 자식으로, 자매로, 아내로, 어머니로, 며느리로 조명될 수 있습니다. 또한 교육학자로, 교육자로, 연구원으로 조명될 수도 있습니다. 이 책에 담긴 내용들은 주로 후자의 측면에서 저의 삶과 직업을 반성하는 동안에 생겨난 부산물입니다. 하지만 한 사람의 인간으로서 저의 삶 전체를 염두에 두면 저는 언제나 저 자신의 삶 전체에 종사해 왔으며 이런 점에서 삶으로서 직업에 헌신해 왔다고 말할 수 있습니다. 이때 제 삶을 구성하고 있는 여러 가지 역할과 활동들은 상황에 따라 비중과 순위를 적절히 조율하면서 구체화됩니다. 박사학위 논문의 재출간이 진행되는 동안에는 아내로서 그리고 어머니로서 저의 역할과 활동들이 조율될 수밖에 없었습니다. 이 자리를 통해 언제나 나의 든든한 지지자가 되어 준 남편 이해용, 그리고 교육학 공부의 중요성을 더욱더 실감나게 해 준 세상 무엇보다 소중한 나의 아들 석준이에게 감사의 마음을 전합니다. 아울러 바쁜 와중에도 저의 문의사항에 성실히 답해주시고 요구사항을 반영해 주려고 애써주신 출판사의 김상희 선생님과 신재훈 선생님께 감사의 마음을 전합니다.

2008년 2월
영남대학교 공학교육혁신센터에서
편경희 謹識

목 차

1. 연구의 필요성 및 목적

좋은 삶이란 무엇이며 좋은 삶은 어떻게 실현될 수 있는가 하는 문제는 인류 최대의 관심사이자 교육학의 영원한 과제이다. 이 문제에 대해 교육이라는 인간적인 활동을 수행하는 대표적인 기관으로서 학교는 지금까지 대체적으로 합의된 한 가지 대답을 가정해 왔다. 즉 다양한 변화의 움직임 속에서도 학교는 주지적 교과를 가르치는 것을 본래적인 역할로 인식하고 있으며 이 입장에 따라 학교교육은 주지적 영역 이외의 것들을 부가적으로 덧붙이거나 병렬적 형태로 조합하는 방식을 취해 왔다. 그리고 교육학의 여러 주제영역 중에서도 좋은 삶에 대한 문제를 가장 중요하게 탐구하고 있는 자유교육 연구자들에 의해 이러한 교육방식은 더욱 확고한 이론적 토대를 구축해 왔다. 이들은 대체적으로 교육에 대한 전통적인 관점을 취하면서 학교교육의 내용과 성격 그리고 목적을 주지적 교과교육중심으로 규정함으로써 이론적 지식과 이성 중심의 교육의 가치를 정당화해 왔다. 사실 어려운 철학사상의 힘을 빌리지 않더라도, 일반인들에게 학교라는 특별한 기관은 일상생활에서 일어나는 교육적 현상과는 구별되는 특별한 무엇을 배우는 곳으로 인식된다.[1] 그런 만큼 이론적 지식과 이성 중심의 철학사상에 기초한 전통적인 자유교육관은 교육학의 주류 담론으로서 널리 설득력을 지녀왔다.

그러나 이것은 전통적인 자유교육의 일반적인 성격을 보여주는 것에 불과하다. 전통적인 자유교육은 보다 엄밀한 의미에서 보자면 소극적인 측면과 적극적인 측면을 갖고 있다. 소극적인 측면에서 자유교육은 육체노동으로부터 해방된 자유인들을 대상으로 행해지는 지적이고 고상한 활동으로 규정된다. 그리고 적극적인 측면에서는 '마음과 실재의 일치' 또는 '자아와 이데아의 세계의 합일'을 통해 육체를 지닌 인간존재를 전 우주, 또는 전 세계로 확장시키는 가장 이상적인 삶의 방식을 보장해 주는 교육을 지칭한다(김승호, 1997: 189; 나일수, 1997: 227, 242). 이 두 측면은 자유교육이라는 담론의 연속적인 두 국면을 드러내는 것이면서 동시에 교육학자들에게 있어 자유교육에 대한 두 가지 이해방식을 정립하는 기초가 되어 왔다. 즉 전자의 소극적인 측면에 강조를 둘 때에 자유교육은 육체적인 삶을 유지하는 문제로부터 벗어남으로써 가능한 그 이외

---

1) 전통적인 교육관에 기초한 자유교육 옹호자들은 일상생활에서 배우는 것과는 확연히 구분되는 내적·정신적 활동을 보장하기 위해 여가를 중요시한다. 나아가 여가의 의미를 지닌 학교의 어원(그리스어 schole, 라틴어 schola)을 주목함으로써 주지적인 교과중심 교육 또는 이론적인 학문중심 교육을 정당화하는 경향이 있다. 이와 관련한 보다 자세한 설명은 김승호(1997), 나일수(1997), 신득렬(2002), 피퍼(Pieper, 1952) 등을 참조할 수 있다.

의 지적, 심미적 활동을 중심으로 하는 교육을 말한다. 이때에 교양인 내지 문화인을 양성하는 것을 목적으로 하는 자유교육관을 견지하게 된다. 그리고 후자의 적극적인 측면에 강조를 둘 때에는 이데아의 세계 내지 실재를 추구하는 삶을 가장 인간적인 삶으로 규정하는 한편으로 합리적인 마음 또는 순수한 이성의 계발을 통한 내적·정신적 자유 체험을 목적으로 하는 자유교육관을 견지하게 된다. 교육학에서 자유교육이라고 하면 대체로 이 후자의 자유교육관 곧 이데아의 세계와 마음과 실재의 관련성을 강조하는 교육을 뜻하며, 학문적 탐구의 중요성과 그에 대한 정당화 문제가 부각되어 온 것도 이 측면에서이다.

하지만 전통적인 자유교육의 적극적인 의미는 육체를 지닌 인간이 생계를 유지하기 위해 해온 '일 또는 노동으로부터의 해방' 곧 자유교육의 소극적인 측면을 조건으로 해서 성립된다. 그리고 학교 안과 학교 밖의 활동 및 각각의 활동의 가치를 구분하고, 이 구분에 기초해서 학교교육의 목적과 본질적인 역할을 규명하는 데에 주력해 왔다. 즉 이데아의 세계에 대한 추구, 마음과 실재의 합일과 관조, 그리고 학문적 탐구활동의 중요성과 삶에의 유용성과는 무관한 주지적 교과교육의 내재적 가치를 설명하기 위한 논의들을 발전시켜 왔다. 이러한 논의들을 통해 성립된 것이 자유교육이라는 주제영역인 만큼, 이 과정에서 학교 안에서 이루어지는 '교육'과 학교 밖의 '삶'은 첨예하게 대립되었다. 이 구분에 따라 교육은 그들이 가정한 교육의 본질에 부합되는 내재적 목적을 추구하는 활동영역으로, 삶은 교육의 외재적 목적에 해당하는 활동영역으로 간주되었다(김승호, 1997; 신득렬, 2003; 유한구, 1998). 따라서 자유교육의 실제적인 과정을 주목할 때 자유교육을 교육내용의 성격을 중심으로 주지적 교과중심 교육 또는 이론적 학문중심 교육과 동일시해 온 것은 자연스러운 현상이었다.

그런데 최근에 와서 자유교육이 관심을 기울이고 있는 핵심적인 질문 곧 좋은 삶이란 무엇이며 좋은 삶의 개념에 합당한 인간적인 삶은 어떻게 실현되는가 하는 문제에 대해 전통적인 자유교육과는 구별되는 새로운 각도에서 접근하는 움직임들이 나타나고 있다.[2] 이 중에서 가장 주목할 만한 것은 90년대 이후의 허스트 후기 교육론의 전개방향과 관련된 것이다. 허스트는 90년대 이전까지는 합리적인 마음과 지식, 특히 공적 전통을 지닌 인류의 지적 소산으로서 지식을 강조하였다. 따라서 전통적인 '그리스 자유교육의 이론적 배경에 충실'하게 '자유교육이라는 하나의 담론을 체계적으로 정립하는 데에 가장 큰 기여를 한 인물'로 평가되었다(조무남, 1999). 그런데 90년대에 접어들면서 허스트는 하버마스와 맥킨타이어의 이론을 검토하고 사회적 실천을 강조하는 획기적인 전환을 시도하였다(조무남, 1996). 그의 시도는 90년대 이전까지의 자신의 관점을 완전히 철회하거나 부정하는 것은 아니었다. 하지만 지금까지의 자유교육 연구에 대해 반성의 계기를 마련하고 오늘

---

2) 좋은 삶에 대한 탐구를 전통적인 자유교육과는 다른 방식으로 시도하고 있는 이들은 대체로 추상적 조작으로 나아가기 이전의 전체로서의 삶과 삶의 중요한 특징으로서 실제적·실천적·행위적 측면을 재조명한다는 점에서 공통적이다. 이러한 부류에 속하는 연구로는 강영혜(1990; 1994), 박철홍(1995; 1998; 2002a), 박철홍·편경희(2003a; 2003b; 2004), 유재봉(2002), 이학주(1989), 조무남(1996; 1999), 홍은숙(1999), 허스트(Hirst, 1993; 1999), 루위스(Lewis, 1994), 맥킨타이어(MacIntyre, 1984), 프링(Pring, 1993; 1995), 쉐플러(Scheffler, 1995), 쉔(Schöen, 1983) 등이 있다.

날의 삶의 조건과 특성을 충분히 반영한 새로운 자유교육을 제안해야 한다는 문제의식을 제시하는 데에는 충분한 것이었다. 이런 점에서 허스트의 전환은 '근대 합리주의의 단점과 지식의 본질에 관한 변화된 우리의 시각을 조명해 주는 하나의 전형적인 사례'로 해석되고 있다(조무남, 1999).

이렇게 해서 오늘날 교육학 연구의 화두는 일과 직업, 보다 일반적인 용어로 표현하자면 실제, 실천, 활동, 또는 삶과 경험의 문제로 옮겨가고 있다. 이러한 전환된 시각에서 보면 교육학 연구의 최대 과제는 기존의 자유교육과 그에 반하는 직업교육 간의 새로운 관계를 탐색하는 문제로 요약된다. 왜냐하면 직업은 일반적인 의미에서 실제, 실천, 활동, 또는 삶과 경험의 문제와 관련된 주제영역을 대변하는 것이기 때문이다. 그런데 지금까지 전통적인 자유교육이 직업과 직업교육의 문제를 소홀히 다루어 온 이유는 자유교육이라는 것이 무엇보다 일 또는 노동으로부터의 해방이 보장될 때, 즉 직업의 문제를 배제할 때 보장되는 것이었기 때문이다. 그리고 전통적인 자유교육의 정당화 과정에서 부각된 직업생활과 직업교육의 특징은 무의미한 기술주의와 경제적 세속주의로 요약된다. 전통적인 자유교육의 입장에서 직업교육의 특징이자 문제점으로 지적되는 무의미한 기술주의란 기술이나 직업의 사회적 의미나 삶에 주는 의미와 가치를 경시하면서 직업적 활동에 필요한 단순한 기술을 습득하는 데에 강조를 두는 직업교육을 시사하는 것이다. 경제적 세속주의는 직업을 삶의 유지에 필요한 경제적 재화를 얻는 수단으로 보는 것으로 직업수행에 필요한 효과적인 기술이나 능력을 기르는 데에만 중점을 두는 직업교육의 특징이다. 따라서 무의미한 기술주의와 경제적 세속주의의 극복은 전통적인 자유교육과 직업교육의 새로운 관계를 모색하는 데에 관건이 되는 문제라고 할 수 있다. 이 문제의 해결유무에 따라 전통적인 자유교육론자들에게 설득력이 있는 새로운 자유교육의 가능성이 열릴 것이며, 기존의 직업교육 옹호자들에게도 삶에 있어 직업의 의미와 가치를 적극적으로 정당화시킬 수 있는 이론적 토대가 확립될 수 있을 것이다. 이때에야 비로소 자유교육과 직업교육의 새로운 관계가 정립되고, 자유교육이라는 주제영역의 성격을 새롭게 모색할 수 있을 것이다.

이 문제와 관련해서 주목할 만한 교육사상가로 존 듀이를 들 수 있다. 듀이의 철학 및 교육사상은 전통적인 이원론 철학의 극복을 시도하면서 체계화되었다.[3] 이러한 시도를 교육의 관점에서 말하자면, 듀이의 교육사상은 인간교육으로서 자유교육과 실용교육으로서 직업교육이라는 전통적인 이분법적 구도를 삶이라는 하나의 토대 위에서 공정하게 분석하고 삶과 교육의 통합적 관계를 회복하는 과정에서 정립된 것이다. 그의 교육학적 주장들을 전체적으로 정리해 보면 교육에 있어 그가 시도한 이분법적 구도의 극복은 직업교육과 자유교육 각각에 대한 새로운 접근을 통해 이루어졌다. 우선, 직업교육의

---

3) 따라서 듀이의 철학에 붙여진 이름은 실로 다양하다. 이원론과의 차이를 강조할 때에는 간단히 일원론 철학이라고 불리기도 하고 그의 철학적 문제의식과 특징을 표현할 때에는 맥락주의, 상황주의, 프래그마티즘, 도구주의, 실험주의, 경험주의, 체험주의, 경험적 자연주의 또는 인간중심적 자연주의, 삶의 철학 또는 경험철학, 과학과 자유의 철학 등으로 불린다(박철홍, 2004a; Hulfish, 1951; Johnson, 1987; Park, 1993; Parodi, 1939; Phenix, 1966; Rorty, 1979).

측면에서 보면 듀이는 취업을 위한 좁은 의미의 직업교육과 '직업적 활동(vocational activities)을 통한 교육'을 구분함으로써 삶과 교육에 있어 직업과 직업적 활동의 가치를 재조명하고자 하였다(DE: chs. 15, 23).4) 이 입장에서 보면 앞서 설명한 무의미한 기술주의와 경제적 세속주의라는 문제는 취업을 위한 좁은 의미의 직업교육의 특징으로 이해된다. 듀이는 좁은 의미의 직업교육에 대해서는 전통적인 자유교육 옹호자들만큼이나 강력한 비판을 가한다. 즉 일을 하면서 그 일의 "의미보다는 기술이나 전문적 방법만이 강조될 때" 직업과 직업적 활동은 "교육적 가치와 인간적 의미를 잃어버리게 된다"고 보았다(DE: 468). 나아가 "개인이 그의 일 속에서 자기 자신을 찾지 못하는 것"만큼 불행한 것은 없다고 주장한다(DE: 469).

듀이가 주장하는 직업적 활동을 통한 교육은 무기력한 교육의 문제를 극복할 수 있는 대안으로서 직업교육의 자유교육적 가능성과 자유교육의 직업교육적 성격을 시사하는 것이다(DE: ch. 23). 직업적 활동을 통한 교육은 기존의 직업교육과 전통적인 자유교육 모두가 문제가 있다는 점에서 새롭게 모색되는 '교육에 대한 관점의 전환'을 함의한다(Wirth, 1972: 169).5) 반

---

4) 듀이의 논문과 저술은 약칭으로 표시한다. 이 책에서 사용하는 약칭은 참고문헌에 제시된 듀이의 각 논문과 저술의 말미에 표시된 바와 같다.
5) 익히 알려진 바와 같이 듀이는 삶으로서 교육 개념을 제안하고 있는 교육사상가이다. 그런데 전통적인 자유교육과 좁은 의미의 직업교육의 새로운 관계를 모색하고 있다는 점에서 보면, 그가 제안하는 "교육이란 사회적 목적을 향하여 점진적으로 성장해 나가는 개인의 능력을 자유롭게 하는 일"로 규정된다(DE: 154). 듀이는 이 주장에 곧이어 교육을 이와 같은 방식으로 이해할 때에 인간의 삶에 있어 민주주의의 의미를 제대로 파악할 수 있다고 언급한다. 이런 맥락에서 보면, 자유교육과 직업교육의 관계를 중심으로 듀이의 교육사상을 조명하는 것은 민주주의와 교

대로 표현하면, 전통적인 자유교육과 직업교육 양자의 가치를 동시에 수용함으로써 시도되는 교육에 대한 관점의 전환이라는 말도 가능하다. 직업교육의 측면에서 보면 듀이가 시도한 교육에 대한 관점의 전환은 기존의 직업이라는 말이 시사하는 삶에 대한 영역구분과 경계선을 상당히 약화시키는 한편으로 직업이라는 말을 사용할 때 명확해지는 삶의 초점과 인간적인 삶의 과정을 주목함으로써 성립된다. 앞으로 명료화되어야 할 내용이지만, 듀이의 직업 개념은 "모든 시대 모든 인간에게 가장 중요한 사명 즉 제1의 직업은 삶을 사는 것, 보다 정확히 말하면 지적·도덕적으로 성장하는 삶을 이룩하는 것(The dominant vocation of all human beings at all times is living — intellectual and moral growth)"이라는 한 문장으로 요약된다 (DE: 471).[6] 즉 지적·도덕적으로 성장하는 삶을 사는 것은 인

육이라는 그의 교육학적 주제어들을 적절하게 파악하는 한 가지 방식을 시사한다고 하겠다.

6) 이 문장의 의미를 제대로 파악하기 위해서는 이 문장이 제시되는 단락의 문제의식과 「민주주의와 교육」 전체에 있어 이 문장이 제시되고 있는 23장 "교육의 직업적 측면"의 위치와 성격을 정리해 둘 필요가 있다. 먼저 이 문장의 앞에 놓여 있는 내용들을 정리하면, 교육의 과정은 그 자체가 목적이고 직업생활을 위한 준비로 대변되는 나중에 할 일을 위한 충분한 준비라는 것은 "당장 현재의 삶을 가장 충실히 사는 것이라는 원리"에 따르는 것이고 이 원리는 "교육의 직업적 측면에서 그 가장 풍부하고 완전한 의미를 드러낸다"는 것이다(DE: 470 − 471). 그리고 이 논문에서 직접 인용하고 있는 문장 바로 뒤에 놓여 있는 내용들은 통념상의 직업의 예를 들어 일반적인 의미의 직업 개념에 입각한 직업적 활동과 직업적 훈련 및 기술들이 어떤 문제점을 지니고 있는지를 지적하는 내용들로 구성되어 있다. 결국, 전후 문장 간의 관계를 따져보면 이 논문에서 삶으로서 직업 개념의 근거로 제시하고 있는 듀이의 직업관은 '지적·도덕적 성장'을 특징으로 하는 '삶'이라는 주제어를 직업이라는 중심소재를 통해 가장 실제적이고 구체적인 방식으로 설명하기 위한 논의과정에서 부각되는 것이라고 말할 수 있다. 사실 이러한 추론이 가능

간으로서 해야 할 가장 중요한 일이며, 이 일은 그냥 일이 아니라 소명과 같은 일이라는 것이다. 따라서 듀이에게 있어 직업의 가장 적극적인 의미는 지적·도덕적으로 성장하는 삶, 한마디로 '삶으로서 직업'이라고 할 수 있다(박철홍·편경희, 2004: 241).[7] 삶으로서 직업에 대한 듀이의 주장은 삶이 있는 곳에는 이미 열렬하고 헌신적인 활동이 있으며 열렬하고 헌신적인 삶의 특성이 직업적 활동 속에서 주로 발견된다는 사실과 관련해서 제안된 것이다(DE: chs. 4, 23, 26). 따라서 삶으로서 직업으로 요약되는 듀이의 교육학적 시도는 한편에서는 기존의 직업 개념을 인간적인 삶의 특성이 부각되는 '삶의 과정'의 문제로 확대 해석하고, 또 한편에서는 끝도 시작도 없이 다양한 방향으로 다양한 방식으로 뻗어나가는 삶을 직업이라는 '하나의 초점'으로 수렴하고 통합하는 역설적인 방식으로

한 이유는 듀이가 「민주주의와 교육」이라는 한 권의 책을 저술하는 과정에서, 26장 "도덕의 이론"을 마지막 장으로 설정하고 1장부터 26장까지의 논의를 전개하면서 "철학의 여러 이론들 사이의 갈등은 궁극적으로 교육에서 직업이 차지하는 올바른 위치와 기능 문제로 귀착된다"고 지적하면서 논의를 시작하고 있는 23장 "교육의 직업적 측면"의 성격을 통해 짐작할 수 있는 것이기도 하다(DE: 465). 23장 서두에 제시되고 있는 듀이의 언급은 관념적이고 이상적인 또는 포괄적이고 일상적이기 그지없는 성장 개념을 직업의 문제와 관련시켜 가장 실제적이고 구체적인 방식으로 논의할 수 있다는 말로도 해석 가능하다. 따라서 이 논문에서는 삶과 성장이라는 주제어를 가장 실제적인 방식으로 설명하기 위해 직업이라는 중심소재를 채택하고 있으며, 이러한 접근방식과 중심소재에 대한 강조점을 살려서 표현할 때 그냥 직업이 아니라 '삶으로서 직업'이라는 개념을 제안할 수 있다고 본다.

7) 이 책에서는 직업의 의미를 요약적으로 제시할 때는 '삶으로서 직업'이라는 표현을, 구체적인 삶의 현상이나 교육적 장면과 관련지어 직업을 이야기할 때는 진행형의 성격이 부각되는 '직업적 활동'이라는 표현을 사용한다.

구체화된다고 하겠다(DE: ch. 23).

한편 자유교육의 측면에서 보면, 교육에 대한 이원론적 구도를 극복하기 위한 듀이의 시도는 교육의 종류로서 자유교육과 인간적인 삶의 '통합적 목적'을 대변하는 자유교육을 구별함으로써 전개된다(DE: chs. 19, 23, 26). 자유교육을 교육의 종류로 보면 자유교육은 지식의 성격, 지식의 유형, 삶의 영역, 활동의 종류, 활동의 방식 등에 좌우되는 것이다. 반면 삶의 통합적 목적으로서 자유교육은 삶의 전 영역에 걸쳐 그리고 지식의 모든 종류를 망라해서 '자유를 위한' 교육적 활동에 대해 적용되는 것이다(박철홍, 2002; 박철홍·편경희, 2003a; 2003b; 2004; 정은해, 2000). 즉 자유를 실현하기 위한 인간적인 활동은 모두 자유교육의 영역에 포함된다. 이 입장에서 보면 오늘날 사람들이 깨어 있는 대부분의 시간을 차지하며 교육을 포함한 삶의 모든 영역과 긴밀한 관련을 맺고 있는 직업은 자유교육의 가장 주된 대상이 되며, 직업적 활동을 수행할 때에는 자유교육의 정신에 맞게 수행되어야 한다. 그리고 전통적인 자유교육의 전형적인 방식이라고 할 수 있는 이론적 탐구활동이나 여가시간에 행해지는 교양적 활동은 그 활동이 단편적이고 고립적인 노예적 성격이 주가 되는지, 혹은 연속적이고 개방적인 자유로운 삶의 특성들이 주가 되는지에 따라 자유교육의 영역에 포함되기도 하고 배제되기도 한다. 결국, 이 입장에서 보면 교육의 종류에 대한 구분은 교육의 실제적인 과정에서 고려되는 부차적이고 파생적인 문제로 해석될 수 있다.

듀이에게 있어 교육의 통합적 목적은 '성장' 또는 '경험의 계속적인 재구성'을 의미한다(DE: 82). 성장의 과정은 '자아실현’을 의미하는 적극적인 자유와 아무런 제약이 없다는 의미의 소극적인 자유의 결합된 형태로서 자유의 실현과정이기도 하다(박철홍·편경희, 2003a; 2004; SM).[8] 왜냐하면 듀이에게 있어 자유는 성장을 추구하고 실현하는 구체적인 경험 속에서만 드러나는 것이며, 성장은 자유의 의미가 표면화되는 구체적인 경험에 대한 이름으로서 자유가 실현되는 삶의 진행과정을 강조해서 부르는 것이기 때문이다(박철홍·편경희, 2003a: 103; 황경식, 1998: 167). 이런 점에서 자유교육의 측면에서 볼 때 교육에 대한 이원론적 구도를 극복하고자 한 듀이의 시도는 교육내용에 대한 구분에 기초한 교육의 종류로서 자유교육을 삶의 통합적 목적으로서 자유교육으로, 보다 구체적으로 말하자면 성장에 함의된 자유를 위한 교육의 문제로 전환함으로써

---

8) 보통 소극적인 자유는 외적이고 물리적, 신체적 차원의 구속이나 억압으로부터의 해방을 의미한다. 반면 적극적인 자유는 내적이고 정신적 차원의 구속이나 억압으로부터의 해방을 뜻한다. 특히 적극적인 의미의 자유를 명료화하는 데에 주력한 학자로는 그린과 맥퍼슨을 들 수 있다. 그린은 소극적인 자유 개념에 만족하지 못하고 “자아실현이라는 가치와 유리된 자유는 진정한 자유가 아니라고” 보았다. 그리고 자유란 “즐길 만한 가치가 있는 것을 행할 수 있는 힘 또는 능력”이라고 규정한다 (Arblaster, 1984: 286-287; Green, 1888: 370-371). 한편 맥퍼슨은 인간답다는 것이 무엇인가 하는 문제에 착안해서 인간다운 삶 속에서 드러나는 자유의 의미를 밝히고자 하였다. 그리고 “스스로 자신의 삶을 결정해 나가는 자유가 인간의 본질을 구성한다”는 결론에 이른다(Macpherson, 1975: 10; 1977: 48). 이와 같은 자유에 대한 일반적인 논의방식에 비추어 보면, 이 논문에서 밝히게 될 듀이의 자유 개념은 여러 가지 정황상 삶의 내·외적 가치와 삶의 다양한 차원들을 통합적으로 고려할 때 적절히 논의될 수 있는 것이다. 특히 인간의 삶과 성장에 대한 듀이의 설명방식에 비추어 보면 그가 주목하고 있는 자유 개념은 자아실현으로 요약되는 적극적인 자유 개념과 보다 밀접한 관련을 맺고 있는 것으로 판단된다. 이와 관련한 보다 자세한 논의는 박철홍·편경희(2003a), 듀이 (SM; RP; FC)를 참조할 수 있다.

전개된다고 하겠다. 이러한 전환은 전통적인 자유교육이 '교육내용에 대한 구분'을 견지하는 동시에 '교육대상에 대한 구분'에 기초해서 이해된다는 점에서 인간적인 삶과 인간존재 자체에 대한 이해의 전환을 함의하는 것이다(김종건, 1999).

사실 자유교육의 개념이 성립되기 시작한 고대 그리스 사회는 자유인과 여자 및 노예계급 사이의 신분적 차별이 있었다. 자유교육은 자유인을 대상으로 하는 교육이면서 자유로운 삶을 위한 교육이었다. 하지만 오늘날에는 자유인과 여자 및 노예계급 사이의 신분적 차별이 존재하지 않는다. 모든 사람은 직업인이면서 동시에 자유인이다. 이런 현실에 비추어 볼 때에 그리스 시대 자유교육의 이념과 정신을 실현하기 위해서는 자유교육에 대한 생각이 달라져야 한다. 왜냐하면 전통적인 자유교육의 아이디어를 고수하게 되면 현대인의 삶은 노예적인 삶과 자유인의 삶을 공유하는 분열적이고 대립적인 성격을 띨 수밖에 없기 때문이다. 이러한 현상이 방치될 때 자유교육과 직업교육은 각각 총체적인 삶의 한 부분의 문제로 좁게 해석되고 결국에는 다음과 같은 두 가지 문제를 낳게 된다. 첫째, 직업의 측면에서 볼 때 현대인의 삶의 많은 부분을 차지하고 있는 직업의 영역을 자유로운 삶과는 무관한 노예적 삶으로 분리시키고 방치함으로써 현대인의 삶 자체를 노예적 삶에 예속시킬 가능성이 있다. 둘째, 자유의 측면에서 볼 때 전통적인 자유교육이 주장하는 인간적인 삶의 영역과 직업적 삶의 영역 모두가 자유로운 삶이라는 이상과는 달리 타락된 형태를 취하게 될 가능성이 높다. 보다 자세히 말하자면 전통적인 자유교육은 무의미한 관념주의와 폐쇄적 이상주의에 매몰됨으로써, 좁은 의미의 직업교육은 무의미한 기술주의와 경제적 세속주의의 노예가 됨으로써 자유로운 삶이라는 이상과는 멀어지게 된다.

이런 문제들을 염두에 두면, 자유교육과 직업교육으로 대별되는 교육의 이분법적 구도를 극복하고자 한 듀이의 시도는 삶으로서 직업에 대한 아이디어에 기초해서 오늘날의 삶의 조건에 부합되는 일원론적 자유교육론을 정립하는 문제로 수렴된다. 그런데 듀이의 삶으로서 직업에 대한 아이디어는 "삶에 있어 직업의 가치와 역할을 복원함으로써 교육문제를 해결할 수 있다"는 요약적이고 선언적인 형태의 주장을 하는 정도이지 하나의 명확한 '개념'으로서 적절하게 강조되고 있지는 못하다(DE: chs. 15, 23). 하지만 그가 강조하는 삶과 직업의 관계는 '삶으로서 직업'이라는 말로 요약될 수 있다. 그리고 삶으로서 직업이라는 말로 수렴될 수 있는 일련의 논의들은 전통적 자유교육의 무의미한 관념주의와 폐쇄적 이상주의, 그리고 좁은 의미의 직업교육의 무의미한 기술주의와 경제적 세속주의의 원인을 진단하고 나아가 자유교육과 직업교육의 새로운 관계를 모색할 수 있는 가능성을 제시해 주리라 판단된다.

따라서 본 연구에서는 듀이의 철학 및 교육사상에 기초해서 '삶으로서 직업' 개념을 명료화함으로써 현대인의 삶의 조건에 부합되는 삶의 통합적 목적으로서 자유교육의 의미와 성격을 구체화하고자 한다. 이를 위해서는 무엇보다 삶에 있어 직업의 의미와 성격, 그리고 직업적 활동의 교육적 가치를 강조해 온 듀이의 일련의 논의들을 체계화함으로써 '삶으로서 직업'의 아이디어를 개념화하는 작업이 우선되어야 한다. 삶으로서 직업의 아이디어를 개념화하는 과정은 전통적인 자유교육과 좁은 의미의 직업교육이 안고 있는 문제점들을 규명해 나가는 과정이자 삶의 통합적 목적으로서 자유교육의 가능성을 모색하는 작업이 될 것이다. 그리고 교육에 대한 이분법적 구도를 극복하고자 한 듀이의 의도에 비추어 보면 삶으로서 직업의 아이디어를 명료화해 나가는 과정은 삶에 있어 직업의 의미와 가치를 재조명함으로써 직업의 영역을 자유교육의 대상으로 끌어들일 수 있는 가능성을 시사해 줄 것이다. 반대로 표현하면, 전통적인 자유교육의 영역을 삶으로서 직업의 아이디어에 기초해서 재평가하고 새로운 자유교육의 영역으로 포섭할 수 있는 가능성을 시사해 줄 것이다. 나아가 본 연구의 목적이 달성된다면, 일련의 연구과정은 그 자체가 변화하는 삶과 삶의 조건을 공정하게 분석함으로써 인간적인 삶을 실현할 수 있는 교육이론을 정립하고자 한 듀이의 교육사상을 새롭게 조명해 줄 수 있을 것이다.

2. 연구의 문제 및 내용

본 연구의 목적은 현대인의 삶의 조건에 부합되는 새로운 자유교육의 의미를 탐구하는 것이다. 이를 위해 본 연구에서는 듀이의 철학 및 교육사상에 근거해서 '삶으로서 직업'의 아이디어를 개념화하고자 한다. 그리고 삶으로서 직업 개념에 비추어 삶의 통합적 목적으로서 자유교육의 조건과 실현방식을 논의하고자 한다. 연구의 진행과정에서 보다 명료화될 부분이지만 삶으로서 직업의 아이디어는 듀이의 철학 및 교육사상이 삶과 교육에 대한 다양한 이분법적 구도를 극복하는 과정에서 체계화되었다는 사실에 비추어서 구체화될 수 있는 것이다. 그리고 삶과 교육에 있어 직업의 의미와 가치를 설명하는 듀이의 논의방식은 기존의 직업 개념을 '삶의 과정'의 문제로 확대 해석하는가 하면, 끝도 시작도 없이 다양한 방향으로 다양한 방식으로 뻗어나가는 삶을 직업이라는 '하나의 초점'으로 수렴하고 통합하는 역설적인 방식을 통해 구체화되고 있다(DE: ch. 23).

따라서 본 연구에서는 듀이의 근본적인 문제의식에 근거해서 직업에 대한 역설적인 설명방식을 직업에 대한 이중적인 해석 가능성을 시사하는 것으로 보고 논문의 각 장을 통해 이 입장에서 삶으로서 직업 개념을 체계화하고자 한다. 직업에 대한 이중적인 해석은 한편에서는 삶의 과정 그 자체와 동일시되는 직업에 대한 확장된 설명으로, 또 한편에서는 직업이라는 독특한 삶의 영역 또는 삶의 현상에 대한 강조에 착안해서 직업을 의미 있는 삶의 초점으로 수렴시키는 설명으로 나아갈 것이다. 그런데 직업의 의미와 가치는 전체적인 삶의 과정 속에서 드러나는 경험방식의 성숙 정도와 삶 또는 경험의 질에 따라 다양하게 논의될 수 있다. 경험방식의 성숙 정도나 삶 또는 경험의 질은 의미 있는 삶과 자유로운 삶의 기준으로 간주될 수 있는 것이다. 따라서 삶으로서 직업에 대한 개념화 작업은 삶에 있어 '의미'의 문제와 '자유'의 문제에 주의를 기울임으로써 구체화될 수 있다. 이런 이유에서 이 책에서는 경험자가 자신의 삶의 과정과 개별적인 경험들에 대해 그 의미와 가치를 어느 정도로 폭넓고 풍부하게 체험하고 있으며, 자신의 삶의 과정과 각각의 경험들 속에서 얼마만큼의 해방감을 체험하면서 삶의 영역을 확장해 나가고 있는가 하는 문제를 직업과의 관련 속에서 탐구하는 데에 주의를 기울일 것이다. 그리고 이러한 탐구결과에 비추어 새로운 자유교육의 가능성과 실천 방향에 대해 논의할 것이다. 이 책에서 탐구할 연구의 문제 및 내용을 보다 구체적으로 제시하면 다음과 같다.

첫째, 의미 있는 삶과 직업의 관계를 탐구할 것이다. 이를 위해 듀이의 교육사상, 특히 교육목적에 대한 아이디어를 대변해 주는 성장 개념을 주목하고자 한다. 왜냐하면 듀이에게 있어 의미 있는 삶은 곧 성장을 특징으로 하는 삶을 뜻하기 때문이다. 성장에 대한 듀이의 설명은 실제적인 성격이 강하고 행위중심의 삶의 현상이 부각되는 '습관'과의 관련 속에서 제시된다. 보다 구체적으로 말하자면, 듀이는 습관은 '성장의 표현'이라고 주장한다(DE: 76). 그리고 교육적 가치와 의미가 풍부한 경험을 판단하는 기준으로 계속성과 상호작용이라는 '성장원리'를 제시한다(EE: ch. 3). 하지만 계속성과 상호작용은 어떻게 작용하느냐에 따라 성장을 방해할 수도, 성장을 촉진할 수도 있는 경험의 원리로서 성장을 촉진하는 경험 속에서 작용할 때 성장원리로서의 의미를 갖게 된다. 따라서 계속성과 상호작용 각각의 작용방식과 관계맺음 방식은 성장의 정도 또는 성장의 상태를 드러내 주는 습관의 질을 좌우하는 원리로도 해석될 수 있다. 듀이는 습관을 성장하는 삶의 상태를 가장 잘 표현해 주는 것이라고 주장하지만 사실상 습관이라는 현상은 부정적으로 해석되는 것이 일반적이다.9) 일상적인 의미와는 다른 방식으로 사용되는 듀이의 습관 개념은 오히려 이러한 아이러니한 측면 때문에 직업에 대한 부정적인 인식의 원인을 규명하고 긍정적으로 확대 해석할 수 있는 가능성을 제시해 주리라 판단된다. 그리고 습관은 삶의 질을 판단하는 데에 가장 적절한 최소단위라고 할 수 있다. 삶은 무수히 많은 크고 작은 경험들로 구성된다. 하지만 삶의 질은 하나하나의 경험보다는 개별적인 경험들이 누적되어 일련의 체계와 조직을 갖추었을 때 성립되는 습관을 분석함으로써 적절하게 논

---

9) 듀이 이외에도 인간의 삶에 있어 습관의 의미와 역할을 긍정적으로 해석하고 있는 철학사상가로는 아리스토텔레스와 헤겔이 있다. 가령, 아리스토텔레스는 '습관은 제2의 본성'이라는 주장을 한 인물이다(Aristotle, / 1984). 그는 습관이 인간 본성 그 자체는 아니지만 본성에 가까워질 수 있는 제2의 본성이라고 가정함으로써 인간다운 삶의 핵심적인 가치로서 덕(德)이 일회적인 행위나 단편적인 사건에 그치는 것이 아니라 덕스러운 행위들의 반복에 의해 인격에 자연스럽게 통합되기를 염원하였다. 근대에 와서는 헤겔에 의해 아리스토텔레스와는 또 다른 측면의 습관의 가치가 강조되었다. 즉 헤겔은 자연을 제1의 자연과 제2의 자연으로 구분하고 제2의 자연으로서 습관의 의미를 주목하고 있다. 그가 습관을 주목할 때에는 습관을 통해 자유인이 될 수도, 그리고 노예가 될 수도 있는 삶의 특성을 밝히는 데에 관심이 있었던 것으로 보인다(원준호, 2001; Hegel, 1821 / 1972). 이 두 인물의 입장에 따르면 습관은 단순히 판에 박은 듯이 고정적인 행동방식이라는 의미를 넘어서서 인간적인 삶의 방식이자 의미 있는 삶의 가치를 구현해 주는 것이다. 특히 아리스토텔레스는 습관의 보수적 성향을 긍정적인 입장에서 확대 해석하고 있으며 헤겔은 습관의 진보적 성향을 주목함으로써 인간적인 삶의 실현방식으로서 습관을 탐구하고자 하였다. 그런데 듀이는 교육의 기준으로서 계속성과 상호작용의 원리에 비추어 습관을 설명하고 있기 때문에 습관이라는 현상 속에 내재된 삶의 안정적 측면과 변화하는 측면, 그리고 두 측면 간의 통합적 작용 속에서 성립되는 성장을 체계적으로 설명한 철학사상가로 이해할 수 있다.

의될 수 있다. 특히, 습관이 삶의 질을 가늠하는 최소단위로 간주될 수 있는 이유는, 습관은 '우리에게 가장 가까이 있고 또 우리의 힘 속에 포함된 것이면서 우리가 통제할 수 있는' 것이기 때문이다(HNC: 36).

이런 맥락에서 의미 있는 삶과 직업의 관계를 탐구할 때에 가장 적절한 분석단위는 습관이라고 할 수 있다.[10) 습관은 크고 작은 경험들로 구성되는 것이며 습관을 구성하는 경험의 원리로서 계속성과 상호작용에 의해 성장의 전형으로 부각될 수도 있고 성장의 방해물로 간주될 수도 있을 것이다. 개별적인 경험과 습관과의 관련을 설명하는 과정은 인간의 삶을 성립시키는 다양한 체험방식들에 대한 이해를 요구한다. 삶을 통해 확인할 수 있는 다양한 체험방식들은 크게 인과론적 체험과 의미론적 체험으로 대별될 수 있다. 이 두 가지 체험방식에 의해 발달하는 습관과 습관으로 표현되는 삶의 과정은 크고 작은 습관적 행위로 구성된 직업적 활동과 직업적 삶에 대한 이해를 도모하는 데에 풍부한 시사점을 제공해 줄 것이다. 이 과정에서 직업과 관련한 삶의 문제와 그 원인을 진단할 수 있을 것이다. 그리고 이러한 논의에 비추어 개별적인 경험으로 구체화되기 이전에 일반적인 수준에서 이야기할 수

---

10) 듀이의 습관 개념을 본격적으로 탐구하고 있는 대표적인 교육학 연구로는 김병길·송도선(2000)과 이주한(2003)을 들 수 있다. 이들의 연구는 습관에 대한 일반적인 이해방식에 견주어 듀이의 교육사상에 있어 습관 개념의 중요성을 복원하고 이 개념의 교육학적 의미를 분석하는 데에 목적을 두고 있다. 이 논문은 이러한 문제의식에서 한 걸음 더 나아가 습관을 듀이 교육사상을 요약해 주는 성장과 성장원리를 중심으로 체계적으로 탐구함으로써 직업에 대한 편견과 새로운 이해 가능성을 모색하고 있음을 밝혀둔다.

있는 직업의 인간적 의미와 교육적 가치를 재조명할 수 있을 것이다.

둘째, 자유로운 삶과 직업의 관계를 탐구할 것이다. 이를 위해 듀이의 철학 및 교육사상에 있어 자유의 의미를 주목하고자 한다. 듀이 자유론에 있어 가장 큰 특징은 자유에 대한 논의가 별도로 전개된다기보다 성장에 대한 그의 아이디어 속에 함의된 가치어로서 조명될 수 있다는 점이다. 즉 듀이에게 있어 자유는 성장을 추구하고 실현하는 구체적인 경험 속에서만 드러나는 것이다. 그리고 성장은 자유의 의미가 표면화되는 구체적인 경험에 대한 이름으로서 자유가 실현되는 삶의 진행과정을 강조해서 부르는 것이다. 결국, 듀이에게 있어 자유란 성장에 함의된 자유로서 성장의 실현이 곧 자유의 실현을 뜻한다. 자유의 문제 자체에 국한해서 생각해 보면, 자유의 의미는 소극적인 측면과 적극적인 측면에서 논의되는 경향이 있다. 듀이의 경우에는 '자아실현'의 관점에서 자유의 적극적인 의미를 제시한다고 할 수 있다(SM: 42−43).[11] 그리고 자아실현에 대한 듀이의 아이디어는 '작용하는 실제적 자아'로 요약되는 자아 개념에 기초한 것이다(SM: 44).

따라서 자유로운 삶과 직업의 관계는 작용하는 실제적 자아의 성장과정을 분석함으로써 명료화될 수 있을 것이다. 작용하는 실제적 자아는 하나의 통합된 인격체를 뜻하는 자아와 이러한 자아를 구성하는 크고 작은 자아들이라는 두 수준을

---

11) 듀이의 철학 및 교육사상에 있어 자아실현에 대한 논의가 갖는 위치와 성격을 주목하고 있는 기초연구로는 박재주(2003: ch. 8), 박철홍・편경희(2003a; 2004), 윤은주(2002), 정의채(1995)가 있다.

어느 정도 구별함으로써 설명될 수 있다. 크고 작은 자아들 중에는 직업적 활동이나 직업적 삶과 관련된 자아도 있고, 직업 이외의 활동이나 삶과 관련해서 생겨난 자아도 있을 것이다. 자유로운 삶과 직업의 관계를 자아와 자아실현의 관점에서 분석한다는 것은 직업과 관련된 자아들과 그 이외의 자아들 간의 전체적인 관계맺음 방식을 탐구함으로써 하나의 통합된 인격체로서 자아의 구성방식과 자아의 확장 가능성을 규명한다는 것을 의미한다. 하나의 통합된 인격체로서 자아를 구성하고 확장해 나가는 과정에서 경험자가 현재 하고 있는 직업적 활동이나 직업적 삶 속에서 발생하는 자아는 긍정적으로 인식될 수도 있고, 부정적으로 인식될 수도 있다. 즉 직업과 관련된 자아는 통합된 인격체로서 전체 자아의 분열을 초래할 수도 있고, 자아의 통일을 보장하는 핵심적인 기제가 될 수도 있다. 직업과 관련해서 자아가 분열되는 원인과 자아의 통일 가능성을 분석하는 것은 한 개인의 본격적인 삶이 시작되기 이전에 앞서 제시되는 삶의 형식으로서 직업이 각자의 경험을 통해 자기화되는 과정을 천착함으로써 논의될 수 있다(FC: 68). 직업의 자기화 과정은 직업적 활동과 관련한 자아가 개별적 인격체의 자아실현 과정에서 조화롭게 통합되어 긍정적으로 인식되는 경우와 부정적으로 인식되는 경우로 구별해서 설명될 수 있다. 그런데 이 두 경우는 일상적 삶과 이상적 삶 간의 연속성과 통합 가능성을 제시하고자 한 듀이의 의도에 비추어 보면 논리적으로만 구별되는 것이다. 따라서 이 두 경우에 대한 통합적인 이해를 시도함으로써 자유로운 삶의 적극적인 의미와 자아실현에 있어 직업적 활동의 의의를 명료화할 수 있을 것이다.

셋째, 삶에 있어 직업의 의미와 교육적 가치를 재조명하는 일련의 탐구결과에 비추어 새로운 자유교육의 가능성과 구체적인 실현방식을 논의하고자 한다. 새로운 자유교육은 무엇보다 삶으로서 직업의 아이디어에 기초해서 제안되는 것이다. 직업이라는 주제어는 전통적인 자유교육에서는 체계적으로 배제되었던 것이기 때문에 삶으로서 직업의 아이디어에 기초한 새로운 자유교육을 제안한다는 것은 이중적인 과제를 안고 있는 것이다. 즉 한편에서는 삶으로서 직업 개념에 함의된 교육이 전통적인 자유교육의 이념과 정신을 견지하고 있다는 점을 구체화하고 또 한편에서는 전통적인 자유교육과는 차별화되는, 보다 직접적으로 말하자면 일원론적 교육이라는 점을 명료화해야 한다. 전자의 측면은 삶이라는 하나의 토대 위에서 현실적인 성격과 이상적인 성격을 동시에 지니면서 실제적으로 작용하는 각자의 삶의 목적을 주목할 때 직접 체험되는 자유를 이야기할 수 있다는 점을 중심으로 설명될 수 있다. 후자의 측면은 직업적 활동이나 직업생활의 문제를 중심으로 삶과 교육의 목적과 중요한 가치들을 체계적이고 일관된 방식으로 설명할 때 구체화될 수 있다. 특히 삶과 교육의 관계나 교육의 여러 목적과 주제영역들 간의 관계를 종합적으로 논의하는 것은 전통적인 자유교육과 구별되는 '새로운' 자유교육의 조건을 적극적으로 타진하고 설명하는 한 가지 방식이라고 말할 수 있을 것이다.

사실 새로운 자유교육은 일원론적 성격을 지향하는 것이며 일원론적 교육은 삶과 교육, 그리고 교육의 여러 영역들 간의 통합성이라는 한 가지 원리를 추구하는 것이다. 따라서 새로운 자유교육의 성격을 가장 직접적으로 표현하자면 자유교육은 삶의 통합적 목적에 해당하는 것이라고 말할 수 있다. 삶의 통합적 목적으로서 자유교육의 가장 중요한 특징은 교육의 일반원리로서 통합성을 추구하되 통합이 요구되는 요소나 영역들 간의 관계를 따지는 방식이 아니라 통합의 구심점을 제안함으로써 실제적인 통합을 실현하고자 한다는 데에 있다. 이러한 논의방식에 따라 제안될 수 있는 새로운 자유교육은 삶으로서 직업의 실현과정을 통해 교육의 전 과정과 전 영역에 있어 통합성의 원리를 실현하는 교육이라는 점을 밝히고자 한다. 보다 구체적으로 말하자면, 교육의 실제적인 과정에 있어 새로운 자유교육은 각자의 삶의 의미와 존재가치를 중요시하는 것이기 때문에 교육목적, 교육방법, 교육내용 등에 있어 삶의 의미중심 교육을 추구한다는 점을 명료화하고자 한다.

02 의미 있는 삶과 직업의 관계

　본 장에서는 타성에 지배되는 삶과 성장을 추구하는 의미 있는 삶에 대한 통합적인 이해에 기초해서 의미 있는 삶에 있어 직업이 차지하는 위치와 성격을 탐구하고자 한다. 흔히 직업은 타성에 지배되는 습관적 삶의 영역으로 간주된다. 그런데 듀이의 교육사상에 있어 습관은 성장의 결과로서 성장하는 삶의 특성들을 가장 잘 표현해 주는 것이다. 하지만 엄밀한 의미에서 보면 습관은 타성으로서 습관과 성장의 표현으로서 습관으로 대별될 수 있는 것이기도 하다. 듀이의 교육사상에 근거해서 말하자면, 습관을 긍정적으로 확대 해석할 수 있는 가능성과 부정적인 삶의 현상으로 문제시할 수 있는 이유는 습관 속에 계속성과 상호작용이라는 두 가지 경험원리가 작용하고 있다는 사실에서 찾을 수 있다. 즉 계속성과 상호작용이라는 경험원리들 간의 결합형태와 작용방식에 따라 습관이라는 삶의 현상을 다양하게 해석할 수 있다는 것이다. 따라서 이하에서는 경험원리에 대한 이해에 기초해서 교육적 성격과 가치 면에서 구별되는 습관의 두 유형을 재조명하고, 나아가 통합적으로 해석하고자 한다. 특히 습관의 교육적 성격과 가치를 조명하기 위해서 이하에서는 습관을 성립시키는 체험방식을 경험원리들 간의 서로 다른 조합방식에 입각해서 구별한다. 즉 습관을 성립시키는 체험방식을 의미론적 체험방식과 인과론적 체험방식으로 구별함으로써 습관 개념을 보다 깊이 있게 조명하고자 한다. 그리고 이러한 논의에 기초해서 습관과 관련해 정형화되는 삶의 양식으로서 직업의 의미를 재해석하고자 한다.

1. 성장의 표현으로서 습관

인간의 삶은 크고 작은 경험들로 구성된다. 그리고 모든 경험은 의식의 개입 정도와 범위에 따라 성립되는 크고 작은 상호작용 그 자체로 정의될 수 있다. 상호작용은 인간 삶의 최소단위일 뿐만 아니라 인간을 포함한 자연과 대상세계 전체에 걸쳐 적용될 수 있는 존재의 기본단위이다. 이렇게 보면 경험은 모든 '존재의 기본단위로서 상호작용'을 인간의 관점에서 기술한 것에 지나지 않는다(박철홍, 2004a: 18; Alexander, 1987: 104; RP: 87; EN: 9). 인간의 경우만이 아니라 자연 내의 모든 것들은 그 자체로 독립된 방식으로 존재하는 것이 아니라 복잡하게 뒤얽힌 관계 속에서 존재한다. 모든 존재는 안정과 불안정, 질서와 무질서, 규칙과 혼돈이라는 이중적인 특성을 지니고 있기 때문에 존재를 성립시키는 대상들 간의 관계는 고정된 것이 아니라 끊임없이 변화하는 것이다. 존재는 대상들 간의 관계라는 말로도 다 표현할 수 없는 복잡 미묘한 것이며 심지어 계속적으로 변화하는 것이기 때문에 상호작용 그 자체로 정의하는 것이 가장 적절하다. 만약 상호작용의 한 측면이나 특정 요소가 달라졌다면 존재 전체가 변했다는 것을 의미하며 나아가 세계가 변형되었다는 것을 의미한다. 사실 '상호작용에는 명확한 범위나 경계가 없다'(PC: 198). 하지만 상호작용이 어느 정도 계속되었을 때, 존재는 그 자체의 독특한 품성(character)을 형성하게 되고 하나의 끝을 향해 누적되어 나감으로써 개별적인 역사를 갖게 된다.[12] 이 과정에서 그 사람만의 독특한 삶의 방식이나 삶의 특성들이 불거져 나오고, 특정의 경험방식과 삶의 특성들에 대해서는 의식적으로 지속하려는 경향성이 나타나기도 한다.

언제를 출발점이라고 명확히 말할 수는 없지만 대체로 몇몇 독특한 경험방식들이 선택적으로 발달하고 특정의 삶의 특성들을 의식적으로 지속하려는 경향성이 나타나면서부터 경험의 의미와 가치, 그리고 삶의 질에 대한 문제가 부각되기 시작한

---

12) 듀이는 상호작용을 존재의 기본단위로 보고 있기 때문에 인간성을 설명할 때에 주요하게 등장하는 품성(character)을 '상호작용의 총체'로 정의하는가 하면 '습관들로 짜인 편물'이라고 설명한다(HNC: 38). 이 입장에서 보면 품성은 상호작용이 누적된 결과이기 때문에 변화하기 어려운 것이기는 하지만 앞으로의 상호작용의 종류나 방식에 따라 변화할 수 있는 것이기도 하다. 특히 품성이 크고 작은 습관들로 짜인 편물이라는 비유적 설명은 그 사람이 하는 일과 그 일이 삶 전체에 대해 미치는 영향에 따라 그의 품성 또는 인간성이 형성되거나 변화할 수 있다는 생각을 가능하게 한다. 품성 또는 인간성의 문제를 해명하는 것은 이 논문의 직접적인 관심사는 아니지만 II장 3절 및 III장의 논의는 이 문제와 관련한 완곡한 형태의 설명이 될 수 있을 것이다.

다. 경험원리로서 계속성과 상호작용을 교육의 관점에서 본격적으로 이야기할 수 있는 것은 이 시점이다(EE: ch. 3). 앞의 설명에서도 짐작할 수 있듯이, 계속성과 상호작용이 경험의 원리라는 말은 존재의 특정 측면을 강조해서 부르는 것으로 이 두 원리는 사실상 '경험의 세계로부터 추상된 것'이다(LTI: 69). 따라서 계속성과 상호작용이라는 원리가 있는 그대로의 경험세계를 고스란히 드러내는 것이라고는 말할 수 없다. 그리고 계속성과 상호작용이라는 두 개의 원리가 있어서 이 두 원리가 결합됨으로써 경험이 성립된다는 뜻도 아니다. 굳이 말하자면, 경험원리로서 계속성과 상호작용은 서로가 서로에 대해 논리적 가정이자 함의관계에 놓여 있는 삶의 특성들을 지칭하는 것이라고 할 수 있다.[13] 계속성과 상호작용은 오로지 교육의 관점에서 경험의 질과 가치를 판단하기 위한 기준으로 제시된 것이다(EE: ch. 3). 교육의 기준으로서 계속성과 상호작용은 서로 분리되어 존재할 때에는 성장을 방해하는 경험의 원리로, 서로서로 교차되고 통합되어 있는 삶의 상태에

---

13) 대부분의 듀이 연구자들은 계속성과 상호작용을 시간과 공간의 원리 또는 시간과 공간의 분리에 기초한 경험의 종축과 횡축에 해당하는 원리로 설명해 왔다(권선영, 1998; 김규욱, 2001; 김무길, 2001; 송도선, 1998; 정건영, 1988; Doll, 1993). 그런데 모든 존재는 시간과 공간이라는 개념을 도입하기 이전에 존재 그 자체로 있는 것이며, 시간과 공간을 분리하는 순간부터 존재는 왜곡되기 시작한다. 따라서 상호작용으로 요약되는 듀이의 존재론에 대해서는 물론이며 교육적 경험의 기준으로 제시된 상호작용과 그 짝패로서 계속성이라는 것은 시간과 공간, 또는 경험의 횡축과 종축을 분리해서 설명하면서부터 듀이의 의도를 벗어나기 시작한다고 말할 수 있을 것이다. 이런 점에서 논리적 구분을 인정하는 경우라고 하더라도 계속성과 상호작용은 서로가 서로에 대해 논리적 가정이 되는 것이며 함의관계에 놓여 있는 삶의 두 측면을 설명해 주는 원리로서 적절하게 규명되어야 한다.

서는 성장을 촉진하는 성장의 원리로 설명될 수 있다.

> 계속성의 원리와 상호작용의 원리라는 두 개의 원리는 서로 분리되어 있는 것이 아니다. 그 양자는 서로서로 교차되어 있고 통합되어 있는 것이다. 그것들은 말하자면 경험의 날줄과 씨줄이다. 우리의 인생은 서로 다른 상황들로 계속해서 이어져 나간다. 인생 즉 삶은 상황의 연속이다. 그러나 계속성의 원리가 있기 때문에 앞에 있는 경험에서부터 다음에 오는 경험으로 계속해서 연결되고 이어지는 무엇인가가 있다. 어떤 사람이 하나의 상황에서 다음 상황으로 넘어갈 때에 그 사람의 세계와 그 사람의 환경은 확대되거나 줄어들게 된다. …… 어느 상황에서 배운 지식이나 기술은 다음에 오는 상황을 이해하고 효과적으로 다루는 데에 중요한 수단이 된다. 삶과 배움이 계속되는 한 이 과정은 계속될 것이다. 그렇지 않으면 경험은 무질서한 것이 되고 말 것이다. 경험의 계속성이 유지되지 않는다면 모든 경험은 낯선 것이 되고 어느 방향으로 나아갈지 알 수 없게 된다. …… 정상적이며 잘 통합된 인격은 계속해서 일어나는 경험들이 서로서로 잘 통합되어 있을 때에 가능하다. 그리고 이때에 세계, 즉 세계를 구성하는 사물이나 사건들은 서로서로 일정한 관련을 맺게 되며 통합된 모습을 갖게 된다(EE: 140-141).

듀이가 정확히 이런 표현을 쓰고 있는 것은 아니지만 그의 교육학적 문제의식에 비추어 보면, 성장을 방해하는 경험원리로서 계속성과 상호작용의 관계는 상호작용이 없는 계속성 또는 계속성이 없는 상호작용이라는 말로 요약될 수 있다. 상호작용이 없는 계속성과 계속성이 없는 상호작용은 동일한 사실을 달리 표현한 것으로 이해할 수 있다. 하지만 경험원리로서 계속성과 상호작용 간의 논리적 구분에 기초해서 상호작용이 없는 계속성은 계속성을 강조하는 것으로, 계속성이 없는 상호작용은 상호작용을 강조하는 것으로 구별해 볼 수도 있다. 이러한 구별에 따라 교육의 기준으로 계속성과 상호작용의 원리를 제안한 듀이의 교육학적 문제의식을 정리해 본다면, 상호작용이 없는 계속성은 '동일성의 단순한 반복'에 의해 성립되는 '무기력한 경험의 원리'로 이해할 수 있다(LTI: 23). 그리고 계속성이 없는 상호작용은 존재를 구성하는 다양한 관계와 요소들에 대한 지속적인 탐구과정 없이 단편적이고 일회적인 사건으로 끝나버린 '무의미한 경험의 원리'로 이해할 수 있다. 삶을 구성하는 크고 작은 경험들이 무기력과 무의미를 특징으로 할 때 그 삶은 교육적으로 가치 있는 삶이라고는 말하기 어려울 것이다.

반면 상호작용이 있는 계속성은 '한편에서는 완전한 단절을 거부하면서 다른 한편에서는 동일성의 단순한 반복을 배제'함으로써 성립되는 '생기 있는 경험의 원리'라고 할 수 있다(LTI: 23). 그리고 계속성이 있는 상호작용은 단편적이고 일회적인 사건으로 끝날 수도 있는 경험을 앞뒤 경험들과의 관계 속에서 검토하고 경험을 구성하고 있는 다양한 요소와 차원들을 탐구함으로써 상호작용의 과정과 그 결과가 지닌 가치를 정리하는 '의미 있는 경험의 원리'로 이해할 수 있다. 앞서 설명한 바와 같이, 경험자에 의해 한 단위로 묶이는 경험이 무기력과 무의미를 주된 특징으로 할 때 그 경험을 성립시키는 원리는 성장을 방해하는 경험원리라고 말할 수 있다. 반면 하나의 경험이 생기 있고 의미 있는 것으로 체험된다면 그 경험을 성립시키는 경험원리는 성장을 촉진한다는 점에서 성장원리라고 말할 수 있다. 성장원리로서 계속성과 상호작용은 구분할 수 없을 정도로 서로서로 뒤얽혀 교차되어 있는 것이기는 하지만 각각의 원리가 강조하는 삶의 특성을 분석하기 위해서는 상호작용이 있는 계속성으로서 계속성의 원리와 계속성이 있는 상호작용으로서 상호작용의 원리에 대해 보다 자세히 살펴볼 필요가 있다. 이하에서는 우선 계속성의 원리를 중점적으로 살펴보고 다음 절에서는 상호작용의 원리에 비중을 두어 살펴보고자 한다.

언급한 바와 같이 계속성에는 상호작용이 있는 계속성과 상호작용이 없는 계속성이 있다. 이 연구에서는 논의의 편의를 위해 상호작용의 유무라는 형태로 극단적인 표현을 쓰고 있기는 하지만 사실상 계속성에 내재된 상호작용의 유무는 계속성과의 통합 정도에 관한 문제라고 할 수 있다. 통합 정도에 관한 문제라는 말을 보다 직접적으로 표현하자면 한 단위의 경험을 의도적으로 이끌어 나갈 때 부각되는 지성의 작용과 관련한 문제라고 말할 수 있다. 하지만 지성의 작용 정도라는 말은 인간의 관점에서 사용할 수 있는 것인 반면 인간과 대상 또는 인간과 환경 간의 관계에서 성립되는 존재의 특성을 가치중립적으로 고려할 때에는 상호작용의 정도라는 표현이 보다 적절하다고 하겠다. 이런 점에서 계속성은 상호작용의 정도에 따라 또는 상호작용과의 관계맺음 방식에 따라 다른 의미를 지니게 된다고 말할 수 있다. 상호작용의 정도에 따라 교육적 가치가 달라지는 계속성이란 하나의 경험을 할 때 경험자가 보이는 태도의 문제로 구체화될 수 있다. 즉 경험자가 하나의 경험을 할 때 상황의 변화에 대해 얼마나 민감하게 또는 지적으로 반응하는가 하는 태도의 문제로 설명할 수 있다.

또는 간혹 우리의 삶 속에서 발견되는 바와 같이 삶이 판에 박힌 지루하고 따분한 상황의 연속일 때에 그 상황 속에서 변화를 추구하고 즐기는가, 혹은 그 상황에 안주해서 타성적으로 살아가는가 하는 삶의 방식의 문제로 설명할 수 있다.

삶의 태도나 방식은 한순간에 획득되는 것이 아니라 삶의 지난한 과정 속에서 형성되고, 한 번 형성된 이후에도 삶의 과정 속에서 새롭게 조율되기도 한다. 삶의 태도나 삶의 방식의 형성이라는 관점에서 보면, 인간의 삶은 필연적으로 자신의 삶의 역사에 토대를 두고 이전 경험의 결과에 비추어 현재를 살아가고 미래를 만들어 나가는 능력을 향상시켜 나가는 과정이라고 할 수 있다. 인간은 이러한 삶의 과정에서 살아가는 데에 필요한 성향과 태도를 형성한다. 그리고 특별히 새로운 요소나 측면들이 부각되는 상황에 처했을 때, 성숙한 인간이라면, 자신의 성향과 태도를 한편에서는 그대로 유지하면서 다른 한편에서는 그 상황의 새로운 요소나 측면들과 관련해서 새롭게 재구성하는 '적응적 탄력성'을 보인다(DE: 74-76). 상황의 변화에 대처하는 적응적 탄력성은 사실상 성향과 태도의 형성 과정에 내재된 특성, 즉 '가소성'에 기인하는 것이다(DE: 81). 가소성이라는 삶의 특성과 관련해서 생각해 보면, 성향과 태도는 그냥 생겨나는 것이 아니라 특정 상황 속에서 그 상황에 '가장 적절한 반응이 나올 때까지 상황 자체를 여러 각도로 탐구하고 여러 가지 반응을 해보는' 실제적인 삶의 과정에서 생겨나는 것이다(DE: 81). 이러한 삶의 과정의 정점에서 습관이 형성되고 재구성된다. 따라서 습관은 성장의 결과이자 '성장의 표현'이라고 말할 수 있다(DE: 76).

습관은 일종의 행동기술, 즉 행동을 효율적으로 하는 방법이다. 습관은 자연 조건을 목적을 위한 수단으로서 사용하는 능력이다. 습관은 행동의 기관을 통제함으로써 환경을 능동적으로 통제하는 것을 의미한다. 대체로 말하여, 우리는 행동의 기관으로서 신체를 자유자재로 구사하는 면을 강조해서 보는 나머지, 습관이 환경을 통제한다는 점을 간과하는 경향이 있다. 우리는 걷는다든지 말하는 것, 피아노를 치는 것, 조각가나 외과 의사나 교량 공학자의 전문적인 기술을 생각하면서, 마치 그러한 것들이 단순히 신체의 어느 부분이 쉽게, 재치 있게, 정확하게 작용하는 것에 지나지 않는다고 생각한다. 물론, 그런 면이 없는 것은 아니다. 그러나 그러한 행동의 진정한 가치는, 그 각각이 다루는 환경을 경제적으로, 효율적으로 통제한다는 점에 있다. 걸을 수 있다는 것은 자연의 어떤 특성을 우리 마음대로 할 수 있다는 뜻이며, 그 밖의 모든 습관도 이와 마찬가지이다(DE: 76-77).

습관은 인간의 삶을 보다 용이하게, 보다 경제적이고 효율적으로 이끌어 주는 삶의 방식을 의미한다. 습관은 일련의 행위들로 구성되기 때문에 관찰하기 쉽고 통제할 수 있는 대상으로 간주되기도 한다(DE: ch. 4; HNC: 19). 그런데 습관을 구성하고 있는 행위의 계열은 아무렇게나 연결된 행위의 무더기가 아니라, 어떤 결과와 목적을 향해 진행되고 그 목적을 위해 필요한 조건과 소재들을 선택하는 행위들로 이루어진다. 습관은 그 자체가 결과와 목적이 있는 삶의 과정이기도 하기 때문에 '처음이 있고 중간이 있고 끝이 있다'(HNC: 18-19). 습관을 통해 실현되는 결과나 목적은 관념적인 것이 아니라 일련의 행위들로 구체화되는 실제적인 것이다. 즉 습관이 추구하는 결과나 목적은 감각기관과 운동기관의 숙련, 재주와 기교의 발달, 경험의 과정에 질서와 체계를 부여하기 위한 지적·신체적 훈련의 과정과 그 결과로 획득된 기술의 적용을 요구하는 실제적인 것이다 (HNC: 18-19). 그리고 습관이라는 말로 묶어 낼 수 있는 경험 속에는 그 습관이 실현하고자 하는 '목적에 대한 의식'과 그 목적을 실현하고자 하는 의지가 포함되어 있다(HNC: 36). 목적에 대한 의식이 살아 있는 습관적 행위 속에는 지성이 활발하게 작용하게 되며, '습관에 들어 있는 지적 요소는 습관을 다양하고 탄력성 있는 용도에 연결시켜 줌으로써' 삶을 생기 있게 해주고 전체 삶을 성장시킨다(DE: 80). 이때 성장을 특징으로 하는 삶의 구심점은 습관이 되며 가시적으로 관찰할 수 있는 수준에서 이야기되는 성장은 습관이라는 삶의 현상을 중심으로 논의될 수 있다. 이런 논리가 성립되는 이유는 습관의 기본적인 의미가 '삶을 구성하는 모든 조건들에 대해 일정한 방식으로 반응하는 태도이자 반응경향성'으로 규정될 수 있기 때문이다(EE: 125). 하지만 습관은 삶의 안정적인 측면 곧 일정한 태도와 반응경향성이라는 특성과 아울러 삶의 변화하는 측면을 포함하는 것이다. 모든 습관은 어떤 결과와 목적을 지향하는 것이기 때문에 특정한 행위와 그 결과에 대한 선호 또는 애착, 나아가 특정한 행위나 그 결과에 대한 탐구과정을 필요로 한다. 한마디로 습관은 '정서적이고 지적인 태도의 형성을 포함'한다(EE: 125). 그런데 습관에 포함되는 정서적이고 지적인 측면은 습관이라는 삶의 현상에 대해 유연성과 개방성이라는 삶의 특성을 허용하는 것이다. 유연성과 개방성이라는 특성은 경험자의 품성이나 삶의 태도와 밀착되어 있을 때에는 그 자체가 일정한 태도나 반응경향성과 동일시되거나 그러한 특성의 한 측면이라고 말할 수 있다. 하지만 일반적으로 습관을 삶의 안정적 측면 또는 정형화된 삶의 양식으로 제한적으로 이해하는 경우와 구별해서 말하자면 엄밀한 의미에서 습관은 정서적이고 지적인 성격을 띤 삶의 현상으로서 삶의 변화하는 측면을 동시에 포함하는 것이라고 강조해서 말할 수 있다.

이런 맥락에서 보면 습관이 판에 박은 듯이 고정적인 행동양식으로 전락하게 되는 것은 모든 습관에 내재된 '목적에 대한 의식이 약화'되었을 때 나타나는 현상이라고 할 수 있다. 목적에 대한 의식이 약화되었다는 것은 그 습관이 안정기에 접어들었다는 뜻이기도 하다. 안정기에 접어든 습관은 형성기에 있던 습관 속에서 활발하게 작용하던 목적에 대한 의식이나 목적실현을 위한 지적 탐구과정을 최소화하고 익숙한 행위들과 소재들을 일정한 절차와 순서에 따라 일사불란하게 결합시켜 나가는 기계화 또는 자동화를 주요한 특징으로 삼는다(HNC: 19). 이 단계에 오면 습관은 " '우리가' 가지고 있는 습관이 아니라 '우리를' 가지고 있는 습관"이 될 위험성을 안게 된다(DE: 81). 사고가 없는, 지성과 분리된 습관은 기계적으로만 어떤 결과와 목적을 낳는 데에로 향한다. 따라서 이러한 습관을 통해 실현된 목적의 의미나 가치에 대해서는 그다지 주의를 기울이지 않는다. 반면, 안정기에 이르러서도 목적에 대한 의식이 살아 있는 습관은 목적을 실현하기 위해 '그 습관을 행사하는 데에 알맞은 조건을 적극적으로 선택하고 추구하는' 과정을 포함한다(DE: 80). 이러한 습관은 자연스럽게 '신선미, 개방성, 독창성'과 같은 삶의 특성들을 계속적으로 추구해 나갈 수밖에 없다(DE: 80). 습관이 적용되는 상황이 다르고 상황에 대한 탐구과정이 다르기 때문에 그 습관이 실현하고자 하는 목적의 의미와 가치 또한 매번 달라진다. 이런 점에서 "일단 형성된 습관은 그 뒤에 오는 삶에 영향을 미치게 되며 동시에 그 과정에서 습관 자체가 변화하고 발전한다"고 말할 수 있다(EE: 124). 엄밀한 의미에서 보면, 습관이 실현하고자 하는 목적은 고정된 행위양식이나 특정한 결과를 얻은 상태와 완전히 일치하는 것이라기보다 습관이 형성될 당시의 또는 한 번 형성된 습관이 적용되는 매 순간의 삶의 상황과의 관련 속에서 계속적으로 재구성되는 것이다. 따라서 습관의 목적은 변화를 특징으로 하는 삶의 상황과 연결되어 있는 그 경험 또는 그 활동의 의미라고 말할 수 있다. 이런 점에서 각각의 습관이 실현하고자 하는 목적은 실로 다양하고 말로는 다 표현할 수 없는 것이라고 할 수 있다.

하지만 모든 습관에는 목적이 있다는 삶의 사실은 인간의 삶을 이해할 때 몇 가지 의미 있는 측면들을 지적하고 그것에 주의를 기울이도록 하는 데에는 충분하다. 습관에 내재된 목적에 대한 의식과 목적을 실현하고자 하는 의지는 각자의 삶에 대한 '애착 또는 애정의 태도를 수반'한다(HNC: 26). 습관적 행위 속에서 작용하는 목적에 대한 지향성은 '어떤 활동을 실제로 할 수 있도록 해주는 추진력을 제공'한다(HNC: 26). 이 두 가지 사실은 한 개인의 삶에 있어 습관이 차지하는 의의를 시사한다. 즉 습관은 특정의 목적을 향해 나아가기 때문에 경제적이고 효과적인 행위방식을 추구하기 마련이다. 그리고 이 때문에 습관은 필연적으로 어떤 활동과 사건은 강화하고 또 어떤 것들은 무시하도록 하는 기준이 된다. 그런데 습관의 이러한 기능은 결과의 측면에서 볼 때 단순히 물리적 행위와 물리적 조건을 선택하는 문제에 국한되지 않는다. 습관이 삶의 어떤 측면들은 중요한 것으로 포섭하고 또 어떤 측면들은 무시하는 기준이 된다는 사실은 습관의 형성 과정이 무엇에 대한 흥미와 무엇을 하는 취향을 발달시켜 나가는 과정이라는 사실을 뜻한다. 이 과정에서 자아가 발달할 뿐만 아니라 자신이 추구하고 있는 삶의 의미세계 또는 의미 있는 삶의 환경이 명백히 드러난다.

인간의 삶에 있어 진정한 의미의 환경은 외적인 조건들의 단순한 조합이 아니라 한 개인의 흥미와 취향을 형성하는 데에 개입된 물리적, 사회 문화적 조건들의 총체이며 앞으로 의미 있게 결합될 가능성이 있는 삶의 조건들까지를 포함하는 것이다. 왜냐하면 '인간의 경우에는 공간적으로 또는 시간적으로 멀리 떨어져 있는 것이 오히려 가까이 있는 것보다 더 진정한 환경을 구성하는 경우가 있으며', 이런 점에서 환경은 자아를 '달라지게 하는 원인이 되는 것' 전부를 지칭하는 것으로 이해할 수 있기 때문이다(DE: 23). 자아가 의미 있게 받아들이는 환경, 보다 정확히 표현하자면 자아가 그 속에서 드러나고 동시에 자아에 의해 의식되고 감지되는 세계는 자아가 통합되어 있는 관심사의 총체를 뜻한다.[14] 이런 맥락에서 보면 습관

---

14) 한마디로, 관심사의 총체로서 환경은 자아에 의해 선택적으로 구성된 '의미의 세계'이다. 의미의 세계는 인간존재의 수만큼이나 다양하다. 모든 인간은 각자가 추구하는 의미 있는 자아와 통합된 의미의 세계를 구축하고 확장해 나가는 존재라고 할 수 있다. 따라서 겉으로 보기에는 동일한 환경과 조건 속에서 살아가는 것처럼 보이는 사람들이라고 하더라도 그들이 살아가는 삶의 세계는 독특하게 개별적인 것이라고 말할 수 있다. 의미의 세계에서는 자아와 대상의 구분도, 인간과 환경의 구분도 사라진다. 이 연구의 전 과정은 사실상 의미의 세계의 이와 같은 특성을 명료화하는 것을 중요한 문제로 설정하고 있다고 해도 과

은 가장 세련된 방식으로 '자아가 스스로를 드러내는 수단'이
자 자아를 활력에 넘치도록 해주는 '강력한 행위양식'으로서의
의의를 갖게 된다(HNC: 26). 물론 이러한 습관은 '자아를' 가
지고 있는 습관이 아니라 '자아가' 가지고 있는 습관이다(DE:
81). 그런데 자아가 가지고 있는 습관은 목적의 크기와 범위에
따라 두 수준에서 구별해서 생각해 볼 수 있다. 목적에는 인
생 전체에 걸쳐 실현하고자 하는 목적(End)과 비교적 짧은 시
간대에 걸쳐 실현하고자 하는 크고 작은 목적들(ends)이 있다.
마찬가지로 습관은 전 생애에 걸쳐 형성되고 발달해 나가는
삶의 태도로서 습관(Habit)과 이러한 습관을 구성하는 크고 작
은 습관들(habits)로 대별될 수 있다.[15]

　경우에 따라 인간의 삶에 있어 목적은 일련의 과정을 통해

　언이 아니다.

15) 대문자로 표현되는 습관(Habit)과 소문자로 표현되는 습관(habits)에 대
　　한 구분은 듀이의 교육목적론을 조명할 때 전체 삶의 목적과 하나의
　　경험에 대해 성립되는 목적을 논리적으로 구분하는 박철홍의 논의방식
　　에 기초한 것이다(박철홍, 1994a). 박철홍의 설명방식에 기초해서 제안
　　되는 대문자로 표현되는 습관은 한 사람의 인생 전체에 대해 성립되는
　　습관, 한마디로 삶의 태도와 같은 것이다. 반면 소문자로 표현되는 습
　　관은 삶의 과정을 통해 형성되는 크고 작은 행위의 계열을 지칭하는
　　것으로 성격상 복수형으로 표현된다. 사실 듀이는 습관을 삶 전체에 걸
　　친 교육의 결과로서 습관(Habit)과 하나의 경험에서 나타나는 교육의
　　결과로서 습관(habit)으로 두 수준에서 나누어 세밀하게 설명하고 있지
　　는 않다. 그는 습관은 교육의 결과로 형성된 '성장의 표현'이라고 말하
　　는가 하면(DE: 76), '삶의 태도의 문제'라는 언급을 하고 있을 뿐이다
　　(EE: 128). 일상적으로 습관이라고 하면 크고 작은 반복적 행위양식으
　　로 간주된다는 사실과 이러한 사실에 입각해서 듀이가 제시하고 있는
　　몇몇 사례, 그리고 습관이 교육적 성장의 핵심이라는 점을 시사하는 듀
　　이의 언급들을 종합해서 생각해 보면 듀이의 습관 개념은 대문자로 표
　　기되는 삶의 태도로서 습관과 소문자로 표기되는 개별적 습관들로 대
　　조해서 이해할 때에 보다 적절히 파악될 수 있으리라 판단된다.

도출하고자 하는 결과 또는 도달점과 동일시될 수 있다. 이와 같은 일상적인 의미의 목적 개념에 따르면 인간의 삶에 있어 가장 큰 범위 또는 시간적으로 가장 긴 시간대에 걸쳐 추구되는 목적은 어린아이 시절에는 장래희망이 될 것이고, 어른의 경우에는 자신이 꿈꾸는 이상적인 삶의 모습이나 그가 꿈꾸는 직업인상이 실현된 상태를 뜻하게 된다. 앞서 설명한 바와 같이 목적에 대한 의식이 살아 있는 삶의 과정은 발달의 정점에서 습관을 형성한다. 습관은 목적을 실현하고자 할 때에 의지가 표현되는 구체적인 양식으로서 환경을 선택하고 조성한다. 그런데 전 생애에 걸쳐 추구되는 목적의 관점에서 생각해 보면, 인간의 삶에 있어 가장 긴 시간대에 걸쳐 형성되고 발달하는 습관은 경험자가 의식적으로 추구하는 삶의 중점영역에서 드러나는 삶에 대한 '태도'와 같은 것이라는 점을 시사한다(EE: 128).

> 만약 어떤 사람이 교사, 변호사, 의사, 혹은 증권 투자가가 되고자 결심하고 이러한 결심에 따라 행동한다면 그는 그 순간에 이미 자신이 활동하게 될 환경을 어느 정도 조성하고 있는 셈이다. 그 당시의 결정과 선택이 그로 하여금 어떤 상황에 대해서는 보다 민감하게 그리고 보다 잘 반응하게 하며, 그가 선택하지 않은 주변의 다른 것들에 대해서는 비교적 덜 민감한 반응을 보이게 한다(EE: 129).

삶의 태도로서 습관(Habit)은 능동적이고 적극적인 태도와 수동적이고 소극적인 태도로 대별될 수 있다. 양자 간의 차이는 삶의 태도로서 습관의 질, 동일한 의미로 삶의 질을 판단하는 기준이 된다. 삶의 질은 목적에 대한 의식 유무와 목적을 실현하고자 하는 의지력에 좌우되는 것이면서 동시에 실현하고자 하는 목적의 성격에 좌우되는 것이기도 하다. 논리적으로만 보면 목적에는 발생경로에 따라 구분되는 두 종류의 목적이 있다. 즉 목적에는 활동의 과정 속에서 자연스럽게 도출되는 내적인 목적과 활동의 과정과는 무관하게 활동 밖에서 주어지는 외적인 목적이 있다. 가령, 살아가면서 자신이 만들어 낸 삶의 목적을 추구해 나가는 과정에서 생겨나는 습관은 내적인 목적실현을 위한 일련의 태도를 발달시킨다. 그리고 이러한 태도는 능동적이고 적극적인 성격을 띨 가능성이 있다. 반면, 자신의 삶의 과정에서 자연스럽게 도출된 개연성 있는 목적이 아니라 다른 누군가가 부여한 삶의 목적, 또는 자신이 어느 순간 갑작스럽게 설정한 비약적인 삶의 목적을 추구해 나가는 과정에서는 외적인 목적실현을 위한 일련의 태도가 발달한다. 이때 발달하는 태도는 특성상 수동적이고 소극적인 성격을 띠게 될 가능성이 있다. 나아가 이러한 삶의 태도 속에는 필연적으로 삶의 분열, 보다 구체적으로 말하자면 자아의 분열이 수반된다.

어떤 방식으로 형성된 것이든 삶의 태도로서 습관(Habit)은 삶의 전 과정을 통해 형성되고 재구성되는 것이며 매 순간의 경험을 통해 강화되기도 하고 약화되기도 한다. 하지만 삶의 태도로서 습관은 반드시 크고 작은 습관들(habits)로 구체화되고 크고 작은 습관들(habits)을 통해 드러나는 것일 수밖에 없다. 따라서 삶의 태도로서 습관이 능동적이고 적극적인 것인가, 수동적이고 소극적인 것인가 하는 문제는 개별적인 습관들로 표현되는 경험방식과 경험에 대한 태도의 차이로 설명될 수 있다. 즉 개별적인 습관들이 매 순간 달라지는 삶의 상황에 대해 얼마나 민감하게 또는 지적으로 반응함으로써 생겨난 것인가 하는 정도상의 문제로 접근할 수 있다. 보다 극단적으로 설명하자면, 간혹 우리의 삶 속에서 발견되는 바와 같이 삶이 판에 박힌 지루하고 따분한 상황의 연속일 때 그 상황 속에서 변화를 추구하고 즐기는가, 혹은 그 상황에 안주해서 타성적으로 살아가는가 하는 경험방식과 경험에 대한 태도의 차이를 주목할 수 있다. 사실 삶의 태도로서 습관(Habit)은 경험원리로서 계속성이 작용하는 가장 큰 규모의 경험이라고 할 수 있다. 그런데 삶의 태도로서 습관이 질적으로 우수한, 그래서 교육적 가치가 풍부한 것이라면 그 습관 속에서 작용하는 계속성은 '상호작용이 있는' 계속성이어야만 한다. 물론 이 수준에서 이야기되는 상호작용은 규모에 있어 삶의 가장 넓은 범위를 설정하고 삶의 다양한 요소와 차원들을 고려하고 탐구하는 과정을 수반하는 것이다. 따라서 삶의 태도로서 습관의 관점에서 보면 계속성과 상호작용은 전 생애에 걸쳐 적용되는 원리이자 동시에 크고 작은 개별적 습관들을 통해 표현되는 원리라고 말할 수 있다.

어느 수준에서이든 습관의 형성과 적용 과정에 상호작용이 있다는 것은 그 습관이 유연하고 탄력적이라는 뜻이다. 그리고 삶의 태도로서 습관에 상호작용의 원리가 내재한다는 것은 삶의 태도로서 습관을 구성하고 있는 크고 작은 습관들이 저마다 유연하고 탄력적이며, 나아가 습관들 간의 관계와 조직이 유연하고 탄력적이라는 뜻으로 해석될 수 있다. 생기 있는 경험과 무기력한 경험, 그리고 이러한 경험들로 구성된 것이면서 이러한 경험들로 표현되는 생기 있는 삶과 무기력한 삶은 계속성에 함의된 상호작용의 능동성과 적극성에 따라 좌우된다. 하나의 습관이 형성될 때 그 과정에 목적에 대한 의식이 있고 무엇보다 목적을 실현하고자 하는 강렬한 의지가 있다면 습관의 형성 및 적용 과정은 필연적으로 물리적, 사회 문화적 환경에 대한 탐구를 수반하게 된다. 물리적, 사회 문화적 환경에 대한 탐구는 상호작용의 폭과 깊이를 설정해 준다. 의식의 수준에서 본격적으로 전개되는 상호작용은 개인의 흥미나 취향에 의해 선택된 물리적, 사회 문화적 환경에 관한 것이면서 자아와 맞물려 있는 물리적, 사회 문화적 환경 그 자체이기도 하다. 따라서 상호작용이 있는 계속성의 전형으로서 습관은 물리적 차원에서만이 아니라 '사회 문화적 차원의 반향'을 수반한다(HNC: 19). 결국 계속성을 주된 특징으로 하는 습관 속에 상호작용이 있다는 것은 습관을 생기 있게 만들어 준다. 반면 상호작용이 없는 계속성의 원리에 의한 습관은 주로 물리적 차원의 변화를 일으킨다. 따라서 변화의 결과나 의미가 경험자 자신에게 거의 의식되지 않기 때문에 이때 습관은 무기력하고 타성적인 것이라고 말할 수 있다. 삶의 기본 단위가 상호작용이기 때문에 이 경우에도 상호작용이 전혀 없다고는 말할 수 없다. 하지만 이 경우의 상호작용은 원인이 된 행위와 그 결과 간의 단순한 연결고리를 의식하는 정도로 그 의미가 제한된다. 반면 본격적인 상호작용은 삶의 상황에 대한 개방적 태도와 변화의 추구를 특징으로 한다. 일련의 행위가 도출한 결과와 그 결과에 따른 변화에 대한 의식이 없을 때 습관에 내재된 상호작용은 본격적인 의미의 상호작용이라고는 말할 수 없다. 이러한 습관은 동일성의 단순한 반복을 특징으로 하는 무기력한 경험과 무기력한 삶의 태도를 낳는다.[16]

그런데 전 생애에 걸쳐 설정되는 목적이든 개별적인 경험과 활동 속에서 의식되는 목적이든 간에 모든 습관 속에 목적이 있다는 사실은 의미 있는 삶의 가능성을 시사하는 것이다. 목적이 있다는 것은 목적을 추구해 나가는 일련의 과정 곧 계속성의 원리가 작용한다는 뜻이다. 그리고 목적을 추구해 나가는 과정은 '처음이 있고 중간이 있고 끝이 있기' 때문에 한순간에 주의를 끌고 무산되거나 한순간의 유희나 쾌락에 만족하지 않고 '의미'의 발굴과 명료화에서 일단락된다(HNC: 18-19). 따라서 목적에 대한 의식과 목적을 실현하고자 하는 의지가 살아 있는 습관은 의미 있는 경험의 전형이라고 할 수 있다. 어떤 경험의 '의미'가 무엇인가 하는 문제는 존재와 존재의 의미 간의 관계와 마찬가지로 경험 그 자체를 경험에 관한 것으로 전환함으로써 담론의 영역으로 포섭할 수 있다.

성장원리로서 계속성의 측면에서 보면 의미의 문제는 일상적인 삶의 사태에서 흔히 이야기하듯이, 의미 있는 경험과 의미 없는 경험의 차이에 착안해서 간단히 정리해 볼 수 있는 것이다. 보통 의미 있는 경험은 '단편적'이고 '고립된' 경험의 반대말로 통한다(AE: ch. 3). 단편적이고 고립된 경험은

---

16) 하지만 본격적인 의미의 상호작용이 거의 없는 습관이라고 하더라도 모든 습관은 어떤 결과와 목적을 갖는 것이다. 그리고 그 결과와 목적 때문에 경험자의 입장이 아니라 제삼자의 입장에서는 그러한 습관 역시도 사회 문화적인 삶과 계속성을 갖고 있는 삶의 현상이자 질적으로 향상된 상호작용의 폭과 깊이를 가능성으로 안고 있는 것으로 이해될 수도 있다. 이 문제는 II장 3절에서 보다 자세히 논의될 것이다.

순간순간의 행위와 반응을 일관하는 체계나 조직을 만들어 내지 못하고 그대로 무산되거나 혹은 방치되는 경험을 부르는 말이다. 이러한 경험은 가치의 측면에서 '무의미한 경험'으로 정리된다. 무의미한 경험과 대비되는 의미 있는 경험은 경험의 전 과정을 관통하는 일련의 체계나 조직이 있는 경험을 말한다. 물론 의미 있는 경험이라는 최종적인 진술은 경험의 끝에서 할 수 있는 말이기는 하다. 따라서 모든 의미 있는 경험은 시작단계에서는 단순히 기술적인 의미의 '하나의' 경험에 불과하지만 하나의 경험 내에 일련의 체계나 조직이 만들어지고 경험 과정의 끝에서 그 결과와 목적이 명백히 드러남으로써 규범적인 용법의 '의미 있는' 경험이 된다(박철홍, 1998: 4; AE: 42).17) 즉 의미 있는 경험은 계속성이 없이 무산되는 산만한 경험이나 고립된 경험의 반대말로서, 계속성의 원리가 가장 활발하게 작용하는 경험을 말한다. 삶을 산만한 경험이나 고립된 경험의 무더기로 만들지 않고 의미 있는 경험으로 채워나갈 수 있는 힘은 그동안의 성장에 있으며, 현재 경험을 의미 있게 만들어 나가는 것 자체는 다시 현재 상태에서 이야기할 수 있는 성장이라고 말할 수 있다. 따라서 의미 있는 경험에 내재된 원리로서 계속성은 성장의 원리와 동일시될 수 있다. 그리고 계속성의 원리를 가장 잘 표현해 주는 삶의 현

---

17) 삶은 하나하나의 경험들, 동일한 의미로 하나하나의 상호작용들로 구성된다. 그리고 삶의 단위로서 하나의 경험은 '의미'의 발굴과 명료화를 기준으로 성립된다. 구조상으로만 보면 하나의 경험은 일차적 경험의 단계에서 반성적 경험의 단계로, 그리고 의미를 정리하고 감상하는 완결단계로 이루어져 있다. 하나의 경험과 관련한 보다 자세한 설명은 박철홍(1995; 1998), 듀이(Dewey, AE: ch. 3)를 참조할 수 있다.

상으로서 습관은 의미 있는 경험의 전형이라고 할 수 있다. 나아가 습관이라는 삶의 현상을 전 생애의 문제로 확대하면 습관은 의미 있는 삶의 전형으로 이해할 수 있을 것이다.

2. 의미론적 체험에 의한 성장

육체를 지닌 인간이 세계를 체험하고 그 결과를 정리하는 방식은 크게 인과론적 체험방식과 의미론적 체험방식으로 구별된다.[18] 이 논문의 주제와 관련해 보면 인과론적 체험방식은 계속성이 없이 단편적인 상호작용으로만 연결되는 경험은 무의미한 것이라는 사실을 구조적으로 설명해 준다. 반면 의미론적 체험방식은 계속성이 있는 상호작용에 의해 의미 있는 경험이 성립된다는 사실을 구조적으로 설명해 준다. 구조적 특성을 중심으로 말하자면, 인과론적 체험방식은 평면적이고

---

[18] 이 책에서는 습관 개념의 특성을 부각시키기 위해 경험과 체험이라는 용어를 구별해서 사용한다. 즉 경험은 삶의 신체적·지적·정서적·신념적 특성과 측면들이 어우러져 있는 개념으로, 체험은 경험의 지적·정서적·신념적 특성과 측면들이 신체적 측면과 결합되어 신체적 행위양식으로 표현될 때 의미를 갖는다는 사실을 강조하는 개념으로 사용되고 있다. 삶의 방식을 인과론적 체험과 의미론적 체험 간의 논리적 구분에 토대를 두고 설명하고 있는 기초연구로는 박이문(1980; 1998), 박철홍(1995; 2003), 박철홍·편경희(2002; 2003a; 2004), 황경식(1998), 듀이(QC; AE; CF; TI)를 참조할 수 있다. 그리고 이 책의 이론적 기초가 되고 있는 듀이의 철학 및 교육사상을 체험주의의 입장에서 조명하고 있는 연구로는 존슨(Johnson, 1987)을 참조할 수 있다.

직선적인 삶의 과정에 내재된 체험방식이다. 의미론적 체험방식은 구조적 특성상 입체적이고 순환적인 삶의 과정에 내재된 것이다. 이 두 가지 체험방식은 습관의 두 가지 종류, 보다 정확히 표현하자면 습관의 두 가지 양태에 대응된다. 즉 정도상의 문제이기는 하지만 인과론적 체험방식은 '타성으로서 습관'에, 의미론적 체험방식은 '성장의 표현으로서 습관'에 대응되는 체험방식이라고 할 수 있다(DE: 76). 이하에서는 인과론적 체험방식과 의미론적 체험방식 간의 대조를 통해 습관으로 표현되는 성장에 대해 보다 자세히 살펴보고자 한다.

인과론적 체험방식과 의미론적 체험방식은 한 사람의 삶의 과정을 통해 반복적으로 나타나고 그 결과가 누적됨으로써 그 사람의 삶의 태도를 형성하게 된다. 삶의 태도가 형성되고 나면 이때부터는 역설적으로 개별적인 경험을 통해 구현되는 각각의 체험방식은 한 사람의 삶의 태도를 실현하고 유지해 주는 유일한 수단이 된다고 말할 수 있다. 따라서 인과론적 체험방식과 의미론적 체험방식은 삶의 태도를 형성하는 초석이면서 동시에 삶의 태도를 실현하고 유지해 주는 경험방법의 문제로 이해될 수 있다. 그런데 체험방식에 대한 구분은 상당한 정도로 논리적인 구분에 기초한 것이다. 우리의 삶의 사태를 가만히 들여다보면 한 사람의 인생 전체가 전적으로 인과론적으로만 채워진다거나 의미론적으로만 채워지는 것은 아니다. 각자의 삶의 목적과 이상을 실현해 나가는 과정에서 끊임없는 선택과 결정을 통해 어떤 활동들은 인과론적으로, 또 어떤 활동들은 의미론적으로 체험되기 마련이다. 선택과 결정은 흥미와 취향을 배경으로 이루어지며, 선택과 결정 자체가 의미론적 체험과 인과론적 체험의 기준이 된다. 하지만 이 두 가지 체험방식이 한 사람의 인생에 있어 많거나 적거나 하는 지배적인 경향성이 삶의 태도를 결정한다. 이런 점에서 인과론적 체험방식과 의미론적 체험방식은 삶의 태도와 삶의 질을 논리적으로 설명하기 위한 개념적 도구라고 할 수 있다.

　용어에서도 짐작할 수 있는 바와 같이 인과론적 체험은 자극과 반응, 작용과 반작용, 시작과 끝의 관계를 원인과 결과의 관점에서 체험하고 그 결과를 정리함으로써 성립된다. 날아오는 탁구공을 맞받아치게끔 만들어진 기계는 날아오는 탁구공이라는 자극에 반응해서 공을 받아치는 동작을 하는 인과관계의 연쇄 속에서 움직인다. 기계만이 아니라 공을 던지면 주워오도록 훈련된 개도 공이라는 자극에 따라 정해진 행동을 하는 인과연쇄의 지배를 받고 있다고 할 수 있다. 경우에 따라 자폐아들이 보이는 손가락으로 머리카락을 돌돌 감아올리는 행동이나 손이나 발을 떠는 행동도 인과연쇄의 지배를 받는 인과론적 체험방식의 예로 해석할 수 있다. 정상인의 경우에도 다리를 떤다거나 연필을 물어뜯는 것과 같은 흔히 나쁜 습관으로 취급되는 것들은 불안감의 감지와 안정감의 회복이라는 단순 도식에 따라 행동하는 인과연쇄의 한 예라고 말할 수 있다. 하지만 이런 예는 불안한 상황에 직면해서 문제 자체를 탐구하고 해결하는 방식이 아니라 안정감을 회복해 줄 수 있는 어떤 활동이나 대상에 주의를 기울임으로써 현재의 문제상황을 회피하거나 왜곡하는 특수한 형태의 인과연쇄인 셈이다.[19)]

---

19) 따라서 나쁘다거나 좋다거나 하는 가치평가의 문제를 배제하고 인간적인 수준에서 가치중립적으로 이야기할 수 있는 인과론적 체험의 예는

　사회 문화적인 활동과 관련해서 인간의 삶에서 발견되는 인과론적 체험을 보다 일반적인 수준에서 이야기하면 흔히 타성적으로 전개되는 직업적 활동이나 직업적 행위를 떠올릴 수 있다. 특히 타성적으로 전개되는 직업적 행위는 신체적, 기계적, 물리적 특성이 부각되는 것으로 이해된다. 이러한 일반적인 이해방식에 비추어 인과론적 체험의 예를 든다면, 텔레비전 부품을 조립하는 생산라인의 한 부분을 차지하고 있는 노동자가 규칙적으로 자기 앞에 놓이는 부품에 대해 자기가 하기로 되어 있는 납땜질을 함으로써 또 다른 납땜질을 준비하는 경우를 생각해 볼 수 있다. 그가 하는 행위들 곧 납땜질을 하는 행위들은 개별적이고 단편적인 것이다. 그의 행위들은 성격상 계속성이 없는 상호작용의 무더기에 불과하다. 설령, 한 번의 납땜질에 실패하고 그 결과물을 재빨리 치워놓고 다음 납땜질을 준비하고 또다시 납땜질을 하는 경우라고 하더라도 각각의 행위는 그 자체로 끝나는 순간적이고 일회적인 사건으로 처리된다. 그의 일은 작업대를 떠나 집으로 돌아가는

집으로 가기 위해 사지를 움직여 걷는 행위와 같은 것이다. 걷는 행위는 중력과 사지의 관계, 신체와 지면의 마찰, 사지의 움직임들에 대한 의식을 최소화하고 행위 전체가 자동화 또는 기계화 단계에 이른 습관의 전형이라고 볼 수 있다. 안정기에 접어든 습관의 가장 중요한 특징은 자동화 또는 기계화이며 이것은 인과론적 체험의 주된 특징이기도 하다. 하지만 이하에서는 기본적으로 삶의 가치와 의미를 풍부하게 담지하고 있는 성장의 표현으로서 습관의 특성을 부각시키기 위해서 의미론적 체험과 인과론적 체험을 대조적인 방식으로 설명하고 있음을 밝혀둔다. 그리고 이 입장에서 보면 걷는 행위의 예는 물리적 또는 외적·신체적 수준의 자동화와 기계화에 멈춘 경우에는 인과론적 체험의 예로, 걷는 행위의 '의미'를 최대한으로 실현해 나가는 경우―가령, 무용가의 춤이나 군인의 행진 속에서 표현되는 걷는 행위―는 의미론적 체험의 예로 대조적으로 설명될 수 있다.

길에 어떤 여운도 남기지 못한다. 그에게 일은 생계를 유지하기 위한 수단이며 자신이 의미 있다고 생각하는 인간다운 삶을 즐기기 위한 방편을 제공한다는 점에서만 가치 있게 느껴진다. 그에게 일은 기계의 작업에서 흔히 발견되는 인과연쇄에 해당되는 것이고 일을 하는 이외의 시간은 휴식의 시간이자 자신이 하고 싶은 다른 것들을 할 수 있는 자유로운 시간으로 여겨진다. 그런데 만약 그가 자기가 맡은 작업이 텔레비전을 나오게 하는 데에 어떤 역할을 하는 부품을 만드는 것인지를 고민한다거나 이전까지 만들어 오던 제품과 최근부터 만들기 시작한 제품 간의 차이를 인식한다면 그의 행동을 얽어매고 있던 인과연쇄는 서서히 의미연쇄로 발전하기 시작한다. 이런 경우만이 아니라 자신의 작업실적을 높이기 위해 어떻게 일하면 될지를 고민하고 작업능률을 높이기 위한 자신만의 비법을 적용하고 있는 경우라면 겉으로 보기에는 그의 몸이 작업대에 놓인 일감이라는 자극에 대해 정해진 행동을 하는 것처럼 보이더라도 그 이면에서 발달하고 있는 활동의 가치는 이전과는 판이하게 달라졌다고 할 수 있다.

이런 점에서 의식을 지닌 인간의 개입으로 성립되는 인과연쇄는 의미연쇄로 발전될 가능성을 지녔다는 점에서 상대적으로 느슨한 인과연쇄라고 할 수 있다. 그리고 이 경우의 경험은 가장 극단적인 의미의 인과론적 체험에 비해 상대적으로 느슨한 인과론적 체험이라고 말할 수 있다. 하지만 인간의 경우라고 하더라도 인과론적 체험은 인과연쇄를 핵심으로 한다. 따라서 인과론적 체험은 일정한 공간을 배경으로 비교적 짧은 시간 내에 원인과 결과가 밝혀지고 원인과 결과 간의 관계맺음이 간명하게 확인된다는 것을 특징으로 한다. 행위와 행위, 활동과 활동의 관계는 공간적으로는 물리적 결합관계로, 시간적으로는 전후관계로 정리된다. 하나하나의 행위나 활동을 구성하는 자극과 반응, 작용과 반작용, 시작과 끝은 정지화면 속에 등장하는 두 가지 요소를 물리적 결합관계이자 전후관계로 연결시키는 정도로 단순하고 명쾌하게 정리된다. 즉 공중으로 날고 있는 공과 뛰어가는 개를 연결짓는 경우와 마찬가지로, 인과론적 체험에 의해 생겨난 개별적인 행위와 활동은 인과연쇄의 고리에 불과하다. 따라서 인과연쇄의 고리들이 쭉 늘어선 일련의 활동 속에서는 하나의 행위와 또 다른 하나의 행위 간의 내용적 또는 질적인 계속성은 없다. 공부하라는 부모님의 잔소리에 스트레스를 받는 학생이 어느 날 연필을 물어뜯거나 손톱을 물어뜯는 행동을 하기 시작했다고 하자. 이 학생이 불안할 때 연필을 물어뜯는 행동을 계속적으로 하는 경우는 물론이며, 연필 물어뜯기와 손톱 물어뜯기를 번갈아가면서 반복적으로 하는 경우라고 해도 이러한 행동을 성립시킨 자극과 반응 간에는 이렇다 할 내용적 또는 질적인 계속성은 없다. 나아가 공부하라는 잔소리를 피해서 다른 곳으로 도망을 가는 경우라고 하더라도 이러한 삶의 상황을 이해하는 데에 물리적 결합관계나 전후관계를 핵심으로 하는 인과연쇄라는 식의 해석 그 이상의 설명은 필요 없을지도 모른다. 이러한 행위들은 그 행위가 발생한 삶의 상황 자체를 예의주시하거나 과거나 미래와 관련해서 탐구하고 가치를 정리함으로써 성립된 것이 아니다. 따라서 이렇게 성립되는 경험은 물리적 결합관계를 핵심으로 하는 평면적인 삶의 상황과 단순한 전후관계를 핵심으로 하는 직선적인 삶의 시간 속에서 현재의 삶을 인과연쇄의 노예로 방치하고 희생시킴으로써 의미 없는 삶, 나아가 무기력한 삶을 초래한다. 즉 계속성이 없는 상호작용의 원리에 지배되는 경험들을 누적시킴으로써 '무의미한 삶'을 살게 되며, 무의미한 삶의 짝패에 해당되는 '무기력한 삶'에 이르게 된다.

이와 같은 인과연쇄의 노예로서의 삶을 벗어나는 것은 인과론적 체험을 구성하는 두 가지 요소 곧 평면적인 삶의 상황과 직선적인 삶의 시간을 입체적인 삶의 상황과 순환적인 삶의 시간으로 전환시킴으로써 가능하다. 체험방식의 전환은 의식화된 상호작용 곧 본격적인 의미의 경험에 의해 보장된다. 즉 의식의 개입을 통해 공간과 시간의 개념을 존재를 구성하는 뗄 수 없는 두 가지 요소로 통합적으로 이해하고 체험할 때에 인과연쇄로서 상호작용은 의미연쇄로서 상호작용의 문제로 전환된다. 이때 삶은 계속성이 있는 상호작용의 원리에 의해 전개되고 삶의 과정은 인과연쇄의 나열이 아니라 의미연쇄의 누적적 성장과정이 된다. 의미연쇄의 누적적 성장과정은 의미론적 체험방식에 의해 보장된다. 의미론적 체험은 경험자가 자신의 삶이 공간적으로는 입체적이고 시간적으로는 순환적인 삶의 과정에서 성립된다는 점을 의식하고 자신의 삶을 의도적으로 만들어 나가고자 할 때 성립된다. 이때 입체적이라는 것은 상호작용의 입체성, 동일한 의미로 상호작용의 다면성을 뜻한다. 그리고 순환적이라는 것은 상호작용 과정에서의 순환성과 상호작용 결과의 순환성을 동시에 지칭한다. 상호작용의 시간적 순환성은 상호작용의 범위를 물리적 의미의 현재에 제한하는 것이 아니라 의미론적 차원으로 확장시킬 때 성립되는 것이기 때문에 공간적 입체성 또는 다면성을 함의하는 것이다. 물론 이때 성립되는 공간 개념 역시도 의미론적 차원에서 논의되는 의미세계를 달리 표현한 것이라고 말할 수 있다.

> 공간은 사람들이 방황하는 빈터, 여기저기 위험물이나 욕망을 채워주는 사물이 산재하는 빈터 이상의 것이다. 공간은 사람이 관계하는 여러 행위들과 체험들이 정돈된, 넓은 범주의 장면이 된다. 시간은 몇몇 철학자들이 주장해 온 순간적인 점들의 연속도 아니고, 끝없는 한결같은 흐름도 아니다. …… 시간은 성장과 성숙의 질서이다. 변화 중의 조직으로서 시간은 성장이며, 성장은 정지와 휴식이 간헐적으로 일어나는 다채로운 일련의 변화와 새로운 발전의 출발점이 되는 일련의 완성들을 의미한다. …… 시간과 장소는 물리적으로 제한되고 편협하게 국한되어 있지만 오랫동안 축적된 에너지로 채워져 있다. 가령, 어린 시절부터 살면서 정들었던 곳을 오랫동안 떠나 있다가 다시 찾아와 그곳에 섰을 때, 닫혀 있던 추억과 희망이 해방되어 그곳으로 흘러든다. 고향에서는 그저 그렇게 단순히 아는 사이였던 사람도 타향에서 만나면 전율이 일어날 정도로 뜨거운 기쁨을 안겨다 준다(AE: 23-24).

의미론적 체험방식을 이해하기 위해서는 인간의 삶은 무수히 많은 경험들로 이루어져 있으며 경험은 상호작용 그 자체라는 점을 다시 검토할 필요가 있다(박철홍, 1998; 2004a). 상호작용은 자연 또는 세계를 구성하고 있는 모든 것 가령 나무, 물, 바위, 태양, 토끼, 다람쥐 그리고 사람에 대해서 서로가 서로에게 영향을 미치면서 그 자신은 물론이며 작용하고 있는 다른 대상들을 변화시키는 사건의 핵심을 이르는 말이다.

앞서 언급한 바와 같이, 이러한 의미의 상호작용에 인간이 개입되어 있을 때 인간의 입장에서 상호작용을 부르는 말이 경험이다. 상호작용에 대한 의식화 정도에 따라 경험은 '눈에 보이는 그대로의, 아무런 가공도 하지 않은 대상을 우연적이며 최소한의 반성의 결과로' 체험하는 일차적 경험(primary experience)의 단계와 '원래의 것에서부터 반성[또는 의식의 개입]을 통하여 추출되고 정련된 대상을 계속적으로 잘 구사된 반성적 탐구의 결과로' 체험하는 반성적 경험(reflective experience)의 단계로 진행된다(EN: 3 – 4).[20] 일차적 경험의 단계는 겉으로만 보면 인과론적 체험과 유사하게 행위자와 행위의 대상 간의 직접적인 대면과 단순결합에 의해 성립된다. 의식적인 작용이 거의 개입되지 않기 때문에 신체적인 자극과 신체적인 반응결과 간의 연결이 이 단계의 경험을 이해할 때 핵심이 된다. 이러한

---

20) 일차적 경험과 반성적 경험에 대한 듀이의 언급을 해석하는 방식에는 크게 두 가지가 있다. 즉 일차적 경험과 반성적 경험을 확연히 구분되는 경험의 종류(kind)로 해석하는 방식과 하나의 경험 내에서 함께 작용하는 경험의 양태들(modes)로 해석하는 방식이 있다. 전자의 방식으로 해석하는 대표적인 학자로는 로스(Ross, 1961: 174 – 176), 로버트 듀이(R. Dewey, 1977: ch. 2) 등이 있다. 이 논문에서는 후자의 방식 곧 일차적 경험과 반성적 경험을 의미 있는 하나의 경험을 낳는 경험의 양태들로 해석하며, 경험의 진행과정에 있어 상대적으로 부각되는 경험 양태를 강조할 때에는 경험은 일차적 경험의 단계에서 반성적 경험의 단계로 진행된다는 입장을 취하고 있다(박철홍, 1998; 2004a; 박철홍·편경희, 2002). 나아가 의미론적 체험방식에 의해 성립되는 삶의 태도나 삶의 태도를 구성하는 습관들은 일차적 경험의 단계에서 시작된 상호작용이 반성적 단계를 거쳐 하나의 의미를 명료화하는 과정을 반복함으로써 성립된다고 본다. 반면 인과론적 체험방식에 의해 성립되는 삶의 태도나 습관들은 반성적 경험의 단계를 거치지 못했거나 반성적 경험의 단계를 거치더라도 그 과정에서 명료화된 경험의 의미가 이후에 퇴색되고 경험의 생기가 사라짐으로써 화석화된 경험 곧 타성으로서 습관이라고 본다.

경험에 의식이 개입되면서부터 시작되는 반성적 경험의 단계에서 인간은 계속적으로 새로운 국면으로 전개되어 나가는 상황을 분명히 이해하고 통제하기 위해서 상황을 대상으로 지난한 탐구를 시작한다. 궁극적으로 이러한 탐구과정은 경험자 자신이 경험의 시작단계에서 포착한 경험의 의미, 경우에 따라서는 삶의 의미를 명료화하는 것을 목적으로 한다. 따라서 '하나의' 경험은 의미의 발굴과 명료화에서 일단락된다고 말할 수 있다. 이런 점에서 하나의 경험의 마지막 단계는 완결된 경험의 단계라고 한다(박철홍, 1995; 1998). 그리고 규범적인 의미에서 이야기할 수 있는 '하나의' 경험은 완결된 경험단계의 특성에 비추어 '경험에서 작용하고 있는 모든 부분과 구성요소가 아주 조화를 잘 이루어 하나의 통합된 완결상태에 이르게 된' 경험으로 정의된다(AE: 42).

경험이란 연속적으로 일어난다. 왜냐하면 생명체와 환경을 이루는 조건들의 상호작용이 생명의 과정 바로 그 자체이기 때문이다. 저항과 갈등의 조건하에서, 이러한 상호작용 중에 있는 자아와 세계의 어떤 측면들, 요소들이 그 경험에 정서와 사고를 부름으로써 의식적인 의도가 생겨난다. 그러나 종종 겪어진 경험이란 그저 초보적인 수준에 머물고 만다. 사물들이 경험되기는 하지만, '하나의' 경험으로 구성되지 못하고 궤도에서 벗어나거나, 산만하게 흩어지고 만다. 우리가 관찰하는 것과 우리가 사고하는 것, 우리가 열망하는 것과 우리가 얻게 되는 것이 서로 엇갈리곤 한다. …… 그 경험이 처음에 바라던 끝에 도달해서가 아니라, 외적인 간섭이나 무력감에서 그렇게 그쳐 버린다. 그러한 경험과는 대조적으로, 경험된 재료가 완결에 이르기까지 그 과정이 충분히 달성되었을 때, 우리는 '하나의' 경험을 하게 된다(AE: 42).

'의미'는 반성적 탐구의 결과물을 논리적 방법에 의해 정리해 놓은 '지식'과 대조되는 개념이다. 즉, 지식과 대조해서 말하자면 의미는 지식의 이면에 있는 지적·정서적·신념적 특성들이 어우러져 경험자에게 직접적으로 경험되는 것 전부를 지칭하는 것이다. 이런 점에서 의미는 전적으로 논리적 사고와 논리적 탐구과정에 의해 산출되는 지식과는 구별된다. 의미는 지식의 이면에 있는 것이면서 동시에 지식을 넘어서서 성립된다. 엄밀히 말하자면 의미는, 지식이 기호나 상징으로 표현될 수 있는 언어의 영역에 있는 반면, 언어의 세계를 넘어서서 언어의 세계 이면을 채우고 있는 것 전부를 말한다. 하지만 의식이 개입된 경험의 산물이라는 점에서는 의미 역시 지식과 마찬가지로 언어화된 경험의 수준에서 이야기할 수밖에 없다. 한마디로 의미는 하나의 존재에 속한, 하나의 존재에 관한 것으로서 성격상 '존재의' 의미이다(박이문, 1980: 53 - 54).21) 따라서 의미에 대한 담론은 존재에 관한 이야기들로 구성될 수밖에 없다. 인간의 기본적인 존재방식은 상호작용이며, '상호작용은 존재의 기본단위'이다(박철홍, 2004a: 18; Alexander,

---

21) 듀이의 존재론에서 존재는 상호작용 또는 경험, 혹은 상황이다. 따라서 존재의 의미는 상호작용 또는 경험의 의미, 혹은 상황의 의미와 같은 것이다(Alexander, 1987: 104). 특히 듀이에게 있어 '상황'은 '경험 그 자체'이자 '경험의 범위 또는 대상'을 의미한다(EKV: 544). 듀이 철학의 기본적인 문제의식과 특성을 주목하면 그가 말하는 상황은 전통철학이나 전통철학의 영향을 받은 사람들이 말하는 실재 또는 실체에 해당하는 개념이다. 이런 점에서 듀이의 철학적 용어로서 상호작용과 상황 개념을 이해한다는 것, 나아가 경험 개념에 준하는 것이면서 경험 개념과 동일시되는 상호작용이나 상황 개념을 구별해서 사용한다는 것은 그리 간단한 문제가 아니다. 이 문제와 관련한 보다 자세한 설명은 박철홍(2004a)을 참조할 수 있다.

1987: 104; RP: 87; EN: 9). 어떠한 경험이 의미론적 체험방식에 의해 성립된 것이라면 이러한 경험은 존재, 즉 듀이의 용어로는 상호작용의 의미를 명료화함으로써 완결된 것이라고 할 수 있다. 상호작용의 '의미'는 주체와 대상, 행위자와 행위의 대상 간의 인과적 관계에 의해 설명되는 것이라기보다 경험상황을 구성하고 있는 여러 요소와 크고 작은 상호작용들 간의 의미관계를 지각하고 경험자의 삶 전체 또는 삶의 특정 측면과 통합시켜 가치를 평가하고 정리함으로써 드러난다.

경험상황은 일반적으로 생각하는 바와 같이 인간과 대상이라는 두 가지 요소의 단순결합의 문제로 환원해서 이해할 수 있는 성질의 것이 아니다. 인과론적 체험의 경우는 어느 정도 이런 형태의 이해방식이 가능하지만, 실제로 인간의 삶을 채우고 있는 경험들은 훨씬 더 복잡하게 발생하고 다양한 방식으로 전개되기 마련이다. 이런 점에서 하나의 경험의 시작단계에 인간이 직면하는 대상은 체험자 자신까지도 포함되어 있는 상호작용 곧 상황 자체라고 말할 수 있다(EKV: 544). 따라서 정도상의 차이가 있기는 하지만 의미론적 체험에 있어 상호작용의 규모와 범위는 인간의 지성이 미치는 시간과 공간으로까지 확대된다. 완결단계의 특성을 중심으로 말하자면, 의식적으로 구성되는 하나의 경험은 그 경험의 혹은 그 경험과 관련한 삶의 의미를 탐구해 나가는 과정으로 이해될 수 있다. 이때 의미탐구의 과정은 이와 같이 계속적으로 진행되는 상호작용의 연속을 직선적 시간의 차원에 의해서가 아니라 의미의 차원에서 어느 지점에서 상황을 매듭짓고 풀리지 않는 문제에 대해 다시 이전 시간으로 돌아가 상황을 진단하고 또다시 상호작용의 진행순서에 따라 새롭게 개입된 요소들을 탐구하는 입체적이고 순환적인 방식을 거듭함으로써 구체화된다.

> 사건이 있는 곳에 상호작용이 있으며, 상호작용은 지평의 개념을 함의한다. 경험의 지평은 엄밀하게 그어질 수 없다. 그 지평은 상호작용에 관여하고 있는 에너지가 작용하는 곳이면 어디에든지, 그 에너지의 작용의 효과가 미치는 한 얼마든지 멀리 확대된다. 경험의 지평은 실제 경험 사태의 성격과 관련하여 제한될 수 있다. 이것은 일종의 정도의 문제이다. 따라서 지평의 범위는 아주 엄밀하게 정해질 수 없다(PC: 198).

경험의 범위 또는 지평은 그리 명확한 것이 아니다. 하지만 의미론적 체험에 의해 성립되는 경험의 지평은 최소한의 반성에 의해 성립되는 시작단계에서는 그의 삶 전체 또는 그의 삶의 역사를 하나의 지평으로 설정하고 있다고 말할 수 있다. 그리고 본격적인 반성이 진행됨에 따라 현재 진행 중인 그 경험과 관련된 삶의 특정 측면이 부각되고 그에 준해서 하나의 경험의 범위가 비교적 명료하게 의식된다. 가장 넓은 범위에서 하나의 경험의 배경으로 작용하는 삶의 역사라는 것은 단순히 기술적인 의미의 역사가 아니라 현재 그 경험과 인접해 있는 개인의 흥미나 취향을 대략적인 초점으로 설정하고 작용하는 규범적인 성격의 삶의 역사이다. 의미 있는 경험의 지평은 경험의 시작단계에서는 현재까지 이루어진 삶의 역사로, 완결단계에서는 의미탐구의 결과 앞으로 실현 가능한 것으로 짐작되는 미래로까지 연장된 삶의 역사로 이해할 수 있다. 하나의 경험의 배경이 되는 삶의 역사는 물리적 시간의 흐름으로 환원되는 것이 아니라 한 사람의 인격과 통합된 흥미나 취향을 초점으로 해서 입체적이고 순환적으로 전개되는 의미론적 시간이다.

의미론적 시간에 의해 진행되는 경험의 구체적인 양상은 개인의 흥미나 취향이 사회 문화적인 활동과 관련해서 형성되고 표현되는 경우에 쉽게 확인할 수 있다. 특히 사회 문화적인 가치가 풍부한 활동 속에서 전개되는 의미 있는 경험의 경우에 개인의 삶은 인간 전체의 삶의 역사를 부분적으로 실현하고 재연한다는 점에서 보다 풍부한 의미를 드러낸다.22) 예를 들어, 아파트 건설현장에서 출토된 유물을 감정하기 위해 초빙된 역사학자와 그의 눈앞에 놓인 유물 간의 상호작용은 단순히 유물의 형체가 역사학자의 시지각을 자극하는 정도에 그치는 것이 아니다. 역사학자는 자신의 역사학적 상식과 지식을 총동원해서 유물이 만들어진 연대를 추정하고, 유물의 생산지와 발굴된 지역 간의 상관관계를 고민한다. 이 유물과 관련된 역사적 사건이나 상황들을 머릿속으로 재연해 보고 이 유물이 현재 보여주고 있는 과학적 증거들을 대조해 보기도 한다. 이때 탐구의 과정을 이루고 있는 매 순간은 하나하나의

---

22) 이 책에서는 재연(再演)과 재현(再現)이라는 단어를 구분해서 사용한다. 재연이라는 말은 삶의 모든 사건은 과거와의 계속성이 부각되는 경우라고 하더라도 똑같은 것일 수가 없고 오히려 창조적인 성격을 띠게 된다는 점을 표현해 주는 단어이다. 왜냐하면, 삶의 특성상 이전에 형성된 방식이나 내용을 현재에 되살려 낸다고 하더라도 그 과정에 새로운 측면이 가미될 수밖에 없기 때문이다. 반면 재현은 이전과 똑같은 방식을 현재의 삶 속에서 복사해 낼 수 있다고 보는 생각을 표현해 주는 단어로 사용하고 있다. 두 용어의 대비와 철학적, 교육학적 함의에 대한 보다 자세한 설명은 박철홍(2003), 듀이(EN: ch. 8; AE)를 참조할 수 있다.

상호작용이라고 할 수 있으며, 상호작용들의 연속이라고 할 수 있는 탐구의 전 과정 역시도 상호작용이라고 할 수 있다. 하지만 어느 수준의 것이든 간에 의미를 탐구하는 과정에서 성립되는 상호작용은 의미연쇄로 이어지고 의미연쇄의 누적적 결과들을 하나의 의미로 수렴시킴으로써 경험상황 전체를 생기 있게 만들어 나간다.

앞서 언급한 유물을 감정하는 역사학자의 체험을 이루고 있는 상호작용들은 특정 유물의 역사학적 가치를 진단하고 정리하는 의미연쇄를 만들어 내고 그 유물의 가치를 최종 정리함으로써 역사학자의 삶을 생기 있게 만들어 준다. 그리고 이 사건은 이후에 역사학자에게 의미 있는 경험으로 기억된다. 한 사람에게 의미 있는 경험으로 기억되는 체험들은 이후의 삶에 있어 그 경험이 다음 경험에 어떤 기여를 하느냐에 따라 의미상의 재해석과 재구성이 계속된다. 이런 점에서, 의미 있는 경험의 범위나 지평이라는 것은 그리 명확한 것이 아니라고 말할 수 있다. 특히나 어떤 유물의 역사학적 가치를 제대로 진단할 수 없었던 경험이 있다면 현재로서는 그 경험은 오리무중에 빠진 사건 정도로 정리될 것이다. 하지만 이후에 또 다른 유물 출토상황에서 이전의 오리무중에 빠져 있던 사건으로부터 단서를 찾고 두 사건 모두를 적절히 정리해냈다면, 앞선 경험은 상당히 의미 있는 사건으로 재평가되고 이때에야 비로소 의미 있는 경험으로 일단락될 수도 있다.

이와 같이 의미 있는 경험의 전개과정에 비추어 보면 의미론적 체험의 핵심은 무엇에 대한 흥미와 무엇을 하는 취향에 의해 성립되는 의미연쇄라고 말할 수 있다. 아파트 건설현장에서 발굴된 유물이 역사학자의 경험의 한 부분을 차지할 때와 농부의 경험의 한 부분을 차지할 때 각각의 경험의 의미는 역사학자의 흥미와 취향에 따라, 농부의 흥미와 취향에 따라 전혀 다른 것으로 체험된다. 가령 역사학자에게는 특정 연대의 생활상을 유추해 볼 수 있도록 해주는 귀중한 체험이 될 것이며, 농부에게는 오래전에 사용하던 생활도구 정도로 체험될 수 있다. 두 경우를 두고 역사학자에게 유물은 의미가 있고 농부에게 유물은 의미 없는 것이라고는 말할 수 없다. 근본적으로 의미와 무의미 사이에는 경계가 없다. 왜냐하면 의미는 존재의 의미이기 때문에, 언어상으로 농부에게 유물이 의미가 없다는 것은 역사학자의 입장에서 성립되는 것이며 존재론적으로 보면 농부의 체험은 그 자체로 농부의 삶 곧 존재에 대한 의미를 드러내고 있다. 언어상으로 무의미로 진단되는 체험들은 특정 존재가 드러내고 있는 의미들을 역설적인 방식으로 강조해 주는 경우라고 할 수 있다. 그리고 존재의 의미 자체를 직접적으로 부각시켜 주는 체험들은 무수히 많은 상호작용들이 누적되어 크게는 삶의 태도나 삶의 방식을, 작게는 체계화된 의미연쇄를 형성할 때 보다 빈번하게 그리고 보다 확연하게 나타난다.

겉으로 보기에 똑같은 조건하에서 전개되는 길거리를 지나가는 경험은 삶의 역사가 상대적으로 긴 어른과 갓난아이의 경우에 대조를 이룬다. 특히 사회 문화적인 활동을 계속적으로 수행해 온 어른, 예를 들어 구두닦이에게는 지나가는 사람들의 구두의 광택이나 굽의 닳은 정도와의 상호작용이 의미연쇄를 구성하고 길거리 체험의 의미를 낳는 핵심이 된다. 반면 아직까지 상대와 눈을 맞추는 방식을 체득하지 못한 갓난아이에게 엄마의 등에 업혀 길거리를 지나가는 체험은 실내 공기와 실외 공기의 차이를 지각하고 각종 소음과 현란한 물체들의 움직임에 불안감을 느끼는 체험으로 정리될 수 있다. 전자의 경우에는 구두닦이로서의 활동에 내재된 흥미와 취향 때문에 존재의 의미를 짐작하기가 쉬운 반면 후자의 경우는 삶의 초기 단계의 특성상 언어화할 수 있는 존재의 의미가 모호하게 그리고 희박하게 나타난다. 두 경우의 차이는 개인들 간의 차이이자 동시에 삶의 태도나 인격이 어느 정도 확립된 성년과 그렇지 못한 미성년 간의 차이로 이해할 수도 있다.

> 개별적 취향은 지속되는 기간에 따라 장기적인 것도 있고, 단기적인 것도 있다. 개인이 갖고 있는 장기적인 취향을 태도(attitude)라고 할 수 있는데, 이것은 삶을 구성하는 국면들에 따라 달리 형성될 수 있는 까닭에 다양한 모습을 갖는다. 즉, 특정한 학생의 경우에도 '책을 보는 태도', '인사하는 태도', '숙제하는 태도'와 같이 온갖 태도를 구분할 수 있다. 이 때문에 사람들은 개인이 문화에 기초하여 다양한 태도들을 형성해 나가는 과정에서 발전시킨 전체적 구조를 성격[또는 인격](personality)이라고 말한다. 성격[또는 인격]은 몸과 마음을 통합한 전체로서 안정성과 연속성을 갖는다. 사람들은 성격[또는 인격]에 기초하여 '나'와 '너' 또는 '우리'와 '남'의 취향이나 태도를 전체적으로 이해하고 판단할 수 있다. 성격[또는 인격]은 개인이나 집단을 전체적으로 드러내는 간판과 같은 역할을 수행하고 있다(최봉영, 2002: 24).

이런 맥락에서 보면, 인간의 성장과정에 있어 의미론적 체험방식의 가치는 하나하나의 개별적인 체험들을 통해 의미연쇄를 만드는 경험을 반복함으로써 궁극에 가서는 무엇에 대한 흥미와 무엇을 하는 취향을 형성하고 나아가 세련되게 정련화한다는 데에 있다.23) 하지만 어떤 흥미나 취향이 의미 있는 삶의 중요한 부분을 차지하기 위해서는 흥미나 취향을 형성하는 동안 누적된 삶의 의미연쇄들이 그의 삶 전체와 관련해서 하나의 체계를 구축해야 한다. 가장 이상적인 경우에 한 차례의 의미론적 체험에서 발굴된 의미연쇄는 입체적이고 순환적인 상호작용들로 계속적으로 이어져 나감으로써 그 사람의 삶의 의미체계를 형성하는 데에 직접 개입되어 의미체계의 중요한 한 부분으로 발전한다. 삶의 의미체계는 계속성이 있는 상호작용에 의해 형성되는 것이기 때문에 어느 한 순간에 완전히 정립되는 것이 아니라 삶의 과정을 통해 계속적으로 재구성되고 이전까지 의식해 온 의미체계를 보다 명료화해 나가는 검증의 과정을 통해 재해석된다. 그러나 삶의 의미체계가 어느 정도 명확해진 사람의 경우에 한 차례의 의미론적 체험은 훨씬 더 효율적으로, 훨씬 더 체계적으로 진행된다. 이 단계에 있는 사람은 의미론적 체험이 진행되는 동안 자신의 삶이 지금까지 의식적으로 또는 무의식적으로 추구해 온 삶의 가치들을 스스로 평가함으로써 삶과 세계에 대한 신념을 형성한다. 하나하나의 경험이 자신이 지금까지 형성해 온 삶의 의미체계와의 관련 속에서 전개된다는 사실을 의식하면서부터 의미론적 체험의 과정에서 확인되고 재구성되는 삶의 의미체계는 삶의 신념을 확립하고 실현하기 위한 실제적인 토대로 간주된다. 삶의 전 과정을 통해 중요하게 의식되는 몇몇 의미체계들은

---

23) 흥미와 취향의 인간적인 가치에 대해서는 Ⅲ장에서 보다 자세하게 다루어질 것이다.

삶의 신념체계를 형성하는 데에 직접적으로 개입하고 이외의 의미체계들은 간접적으로 영향을 미친다. 그리고 삶의 신념체계는 각자가 생각하는 보다 인간적이고 바람직한 삶의 상태에 대한 복잡한 생각과 계획들을 축약해 주는 삶의 목적을 형성하는 데로 수렴된다.

한 차례의 의미론적 체험에서 발굴된 의미연쇄가 의미체계와 신념체계로, 그리고 궁극에 가서는 삶의 목적을 형성하는 단계로 발전되는 과정은 다음과 같이 설명해 볼 수 있다. 유치원에서 만난 자상한 선생님에 매료되어 선생님이라는 존재의 의미를 체험한 한때의 경험은 이후에 초등학교를 다니고 학원 수업을 받으면서 그때그때의 의미연쇄를 만들어 낼 수 있다. 그리고 대학에 진학해서 방학동학 아르바이트로 했던 과외경험에서 발견된 의미연쇄는 이전까지의 삶의 과정 전체를 통해 형성되어 온 의미연쇄들과 결합해서 교육이라는 활동과 관련한 의미체계를 형성한다. 그리고 교육이라는 활동이 굉장히 매력적인 것일 뿐만 아니라 인간의 삶에 있어 중요한 것이라는 삶의 신념을 형성하게 된다. 이후부터 교육과 관련한 각종 신념들이 추가되고 이들 간에 하나의 체계, 곧 교육과 관련한 삶의 신념체계가 형성된다. 교육과 관련한 삶의 신념체계가 형성된 이후에는 교육이나 교사라는 존재와 관련한 경험들에 주의를 기울이고 각 경험들이 드러내는 의미들을 탐구함으로써 교육자로서의 삶이나 교육학자로서의 삶을 꿈꾸게 된다. 이와 같은 과정에서 형성된 삶의 목적은 의미에 있어서 현재보다 더 나은 삶의 상태에 대한 복잡하고 다양한 생각들의 덩어리이기 때문에 삶의 목적이라는 표현보다는 삶의 총체적 이상이라는 표현이 적절하다. 따라서 삶의 목적, 더 정확히 표현하자면 삶의 총체적 이상은 보다 나은 삶의 상태와 관련한 복잡한 생각들을 아우르고 있는 개념으로서 교육자나 교육학자라는 말로는 정확히 표현할 수 없다.

하지만 삶의 신념체계가 실천적인 성격을 띠면서 앞으로의 인생계획이나 삶의 방식을 결정하는 데에 주도적인 영향을 미치게 되면서부터 삶의 전 과정에서 겪게 되는 이후의 경험들은 교육자나 교육학자라는 직업명과 관련해서 의미론적으로 전개되기 시작한다. 이런 점에서 인간의 자연적인 발달과정에 비추어 이야기할 수 있는 삶의 목적은 직업과 관련해서 이해될 수 있는 것이다. 삶의 목적은 상당한 정도로 관념적인 성격을 띠는 것이지만 대부분의 성인들에게는 직업에 대한 의식과 결부된 실제적이고 실천적인 성격의 것이기도 하다. 특히 삶의 목적이 직업이라는 사회 문화적인 활동을 통해 구현된다는 의식이 생겨나면서부터 어른이나 아이를 불문하고 목적에 대한 관념은 실제적이고 실천적인 성격을 띠게 된다. 이런 의미의 삶의 목적이 어느 정도 명확해진 다음부터는 계속성이 있는 상호작용에 의해 성립되는 의미론적 체험의 결과는 크게 두 부류로 나뉘게 된다. 즉 삶의 신념체계와 삶의 목적을 형성하고 구현하는 데에 직접적으로 기여하는 의미연쇄와 개별적 인격체의 흥미와 취향을 형성하는 데에서 멈추는 의미연쇄로 구별할 수 있다. 물론, 의미론적 체험을 하는 데에 익숙한 사람은 그렇지 못한 사람에 비해 의미연쇄를 발굴하는 데에 능숙하며, 의미연쇄를 의미체계나 신념체계로 발전시켜 나가는 데에도 탁월성을 발휘하기 마련이다. 이런 사람에게는 삶의 목적을 형성하고 구현하는 것과는 다소 거리가 있는 듯이 보이는 경험들에 대해서도 삶의 목적과의 관련에 비추어 의미연쇄를 해석하고 의미연쇄를 의미체계나 신념체계로 발전시키며 나아가 삶의 목적과의 관련성에 비추어 가치를 평가하고 음미하는 태도가 형성된다. 이때부터 삶의 목적을 중심으로 삶의 전 과정이 재편되고 삶의 곳곳에서 일어나는 경험들은 삶의 목적과의 관련에 비추어 의미론적으로 평가되고 탐구되기 시작한다.

지금까지 설명한 의미론적 체험은 계속성이 있는 상호작용의 원리에 의해 성립되고 전개된다. 그리고 의미론적 체험이 누적되어 나타나는 결과물을 관찰할 수 있는 범위에서 이야기하면 습관이라는 삶의 현상을 주목할 수 있다. 습관은 삶 전체에 대해 적용되는 삶의 태도로서 습관(Habit)과 삶의 태도를 구성하는 크고 작은 습관들(habits)로 대별된다. 삶의 태도로서 습관은 삶의 목적이 어느 정도 명확해졌을 때 본격적으로 이야기할 수 있는 성질의 것이다. 따라서 인간의 성장과정에 비추어 발생적으로 설명하자면 크고 작은 습관들 간의 다양한 형태의 결합과 관계맺음 방식에 따라 삶의 태도가 정립된다고 말할 수 있다(HNC: 34-35). 이런 맥락에서 보면 의미론적 체험방식이 주도하는 삶을 사는 것과 인과론적 체험방식이 주도하는 삶을 사는 것은 인생의 초기단계에는 그 차이가 커 보이지 않지만 성년의 삶에 이르러서는 그가 꿈꾸는 삶의 목적이나 삶에 대한 '태도'에 있어서 큰 차이를 보인다고 말할 수 있다(EE: 128). 즉 인과론적 체험방식으로 가득 찬 삶은 의미 있는 삶의 가능성을 외면하고 의미의 가능성으로부터 도피함으로써 수동적이고 소극적인 삶의 자세를 견지하게 된다. 반면, 의미론적 체험방식이 지배적인 삶은 의미 있는 삶의 가능성을 직면하고 의미의 가능성을 모험적으로 탐구하고자 하는 도전정신으로 점철된다. 이러한 삶을 사는 사람은 하나하나의 경험들이 가능한 한 인과론적인 방식이 아니라 의미론적으로 완결되도록 하기 위해 끊임없이 탐구하고 계속해서 보다 나은 삶의 상태를 염원한다. 따라서 그의 삶은 전체적으로 "미래의 목적이나 결과를 향해 움직여 나가는 '전진적인 성격'"을 띠게 된다(HNC: 36). 결국, 인과론적 체험이 누적되어 형성되는 습관은 수동적이며 소극적인 삶의 태도와 동의어가 되는 반면 의미론적 체험방식에 의해 형성되는 습관은 능동적이며 적극적인 삶의 태도를 뜻한다. 나아가 삶의 목적을 중심으로 이야기할 수 있는 존재의 가치나 존재의 의미에 있어서도 빈곤과 풍요로 극단적인 대조를 이루게 된다. 어느 경우이든 구조적으로만 보면, 삶의 태도로서 습관(Habit)은 크고 작은 습관들(habits)을 통해 형성되고 습관들을 통해 구현되는 것이며 습관들의 관계가 재편되고 재해석됨에 따라 새롭게 정립된다. 그리고 크고 작은 습관들은 계속성이 있는 상호작용에 의한 의미론적 체험으로, 또는 계속성이 없는 상호작용에 의한 인과론적 체험으로 형성된다.

3. 의미 있는 삶의 형식으로서 직업

교육의 지향점은 삶의 태도 또는 습관의 질의 문제와 관련해서 이해할 수 있다. 이 문제와 관련해서 듀이가 주목하고 있는 것은 습관이다. 습관은 행위중심의 실제적인 성격이 부각되는 삶의 현상으로서 상호작용이 있는 계속성의 원리에 의해 형성되고 계속적으로 재구성될 때 성장의 결과이자 성장하는 삶의 표현양식으로 간주될 수 있는 것이다.[24] 물론 듀이에

---

[24] 안정기에 접어든 습관의 문제점을 무기력으로 정리하면 이때 논의되는 습관은 특별히 타성적 습관이라고 표현할 수 있다. 그리고 안정기 이후에 구별되는 성장의 표현으로서 습관과 타성적 습관을 대조시키면 각각의 습관에 내재된 경험원리는 상호작용이 있는 계속성과 상호작용이 없는 계속성으로 설명된다. 이러한 설명은 대체적으로 말해서 Ⅱ장 1절에서 습관을 설명하는 방식에 대응되는 것이다. 반면, Ⅱ장 2절에서 주로 논의된 형성기의 습관은 상호작용을 최소단위로 하는 일종의 체험으로서 체험원리에는 계속성이 있는 상호작용과 계속성이 없는 상호작용이 있다는 입장에서 설명되었다. 따라서 Ⅱ장 3절에서 습관을 종합적으로 논의할 때 등장하는 상호작용이 있는 계속성과 계속성이 있는 상호작용 또는 상호작용이 없는 계속성과 계속성이 없는 상호작용과 같은 말은 많은 사람들에게 혼란을 야기하고 당혹감을 안겨줄 가능성이 있다. 그런데 이러한 난점은 습관을 설명하는 듀이의 논의방식을 충실하게 따라 나갈 때에 직면할 수 있는 문제점이기도 하다. 왜냐하면 듀이는 자신의 철학 및 교육사상을 전개하면서 습관 개념을 주제어로 제시할 때 계속성에 강조점을 두기도 하고 상호작용에 강조점을 두기도 하기 때문이다. 계속성에 강조점을 둘 때 듀이는 상대적으로 상호작용에 대한 문제의식은 약화시키면서 '계속성과 동일시될 수 있는 계속성의 다른 이름으로서 습관'을 제안한다(EE: 125). 하지만 이러한 설명이 시도되고 있는 전체적인 맥락은 성장하는 경험이라면 반드시 계속성과 상호작용의 원리가 동시에 통합적으로 작용해야만 한다는 가정에 따른 것이다. 그리고 상호작용에 강조점을 둘 때는 '사회적 작용으로서 습관(habits as social function)' 개념을 제안하면서 이 제안을 출발점으로 하

게 있어 습관은 종류와 질에 있어 극단적인 해석의 가능성을 포함하는 개념이다. 습관은 교육적 성격과 가치가 풍부한 것이든 빈약한 것이든 간에 한 사람의 삶의 과정에서 생겨나는 결과물이다. 따라서 한 번 형성된 습관은 이후의 삶에 대해 부정적인 방향으로도 그리고 긍정적인 방향으로도 영향을 미칠 수 있다. 하지만 습관의 극단적이고 이중적인 성격 때문에 이미 형성된 어떤 습관이 앞으로의 삶과 경험에 대해 설령 부정적인 영향을 미칠 가능성이 있다고 판단된 경우라고 하더라도 이후의 삶을 개선하기 위한 실마리나 앞으로의 삶을 개선하기 위한 구체적인 방식은 지금까지 형성하고 고수해 온 그 습관에 비추어, 그것에 토대를 두고 모색될 수밖에 없다는 사실을 함의한다. 어떤 습관이 형성기에 있을 때에는 계속성과 상호작용이 동시에 통합적으로 작용하기 쉽지만 안정기에 접어들면서부터는 상호작용이 없는 계속성에 지배될 위험성이 커진다. 하지만 안정기에 접어든 습관은 그와 인접한 다른 습관을 형성하는 발판이 된다. 이 사실은 개인의 생애에 국한해서도 성립되고 이전 세대와 현세대 간의 전체로서 삶의 과정에 대해서도 성립된다. 이러한 복합적인 측면에서 습관은 규

는 습관에 대한 본격적인 논의는 계속성의 원리를 포섭하는 방식으로 전개된다(HNC: 17). 강조점을 달리하면서 시도되는 습관에 대한 듀이의 설명방식들은 각각 본문 Ⅱ장 1절과 2절의 이론적 근거가 된다. 그리고 이 논문의 특이점을 살려서 각각의 설명방식의 특성을 말하자면 계속성에 강조점을 두는 경우는 안정기의 습관, 상호작용에 강조점을 두는 경우는 형성기의 습관을 설명하는 문제로 대별시키고 있다는 점이다. 이하에서는 이러한 강조점을 견지하는 한편으로 습관에 대한 종합적인 논의를 할 때는 습관을 이해하는 가장 큰 틀은 계속성과 상호작용이 동시에 통합적으로 작용하는 습관과 어느 하나의 원리, 특히 계속성의 원리만 고수되는 습관으로 대조시키기도 한다는 점을 밝혀둔다.

범적인 의미에서나 기술적인 의미에서나 '성장의 표현'이라고 말할 수 있을 것이다. 그리고 개인의 생애와 인간 전체의 삶의 과정이라는 두 측면에서 습관으로 표현되는 성장의 의미를 심화하고 확장시켜 주는 대표적인 인간 활동으로서 직업을 주목할 수 있다. 하지만 직업이 성장의 폭과 깊이를 더해 주는 역할을 수행한다는 논의는 통념상의 직업이 안고 있는 문제점을 진단하는 데에서 시작될 필요가 있다.

대체적으로 말해서 인간 삶의 여러 현상 중에서도 직업적 활동이나 직업적 삶과 관련해서 생겨나는 경험이나 습관은 인과론적 체험의 산물인 경우가 많다. 인과론적 체험이 계속성이 없는 상호작용의 원리에 의해 성립된다는 점과 관련해서 생각해 보면, 직업과 관련한 체험은 '교육적 의미의 계속성'의 부재를 초래할 때가 많다. 교육적 의미의 계속성 곧 '성장원리로서 계속성'은 상호작용과 동시에 통합적으로 작용하는 것이다. 계속성과 상호작용이 동시에 통합적으로 작용한다는 것은 하나의 경험이 진행되는 동안 일련의 활동이 실현하고자 하는 어떤 결과나 목적에 대한 의식을 유지하면서 경험 자체가 생기를 잃지 않고 더욱더 활발하게 전개되도록 의식적인 노력을 한다는 뜻이다. 하지만 직업과 관련한 체험의 경우에는 무엇보다 그 일이 실현하고자 하는 결과나 목적에 대한 의식이 희박할 때가 많다. 따라서 경험상황의 여러 요소와 차원들에 대해 주의를 기울이며 경험 자체의 생기를 촉진하고 유지하기 위한 의식적인 노력이 전개되지 않는다. 일반적으로 직업과 관련한 체험은 개인의 삶에 앞서 제시되는 일련의 절차와 체계로 구성되고 개인은 정해진 절차와 체계에 따라가는 수동적인 자세를 강요당하는 면이 있다. 이런 경우 직업과 관련한 체험은 '동일성의 단순한 반복'을 특징으로 하는 상호작용이 없는 계속성의 원리에 지배되기 쉽다(LTI: 23).

직업에 대한 이러한 이해방식은 어느 정도로는 직업이라는 독특한 삶의 영역이 지닌 특성에서 비롯된 것이기도 하다. 직업과 관련한 여러 가지 용어에서도 짐작할 수 있듯이, 사회문화적으로 공인된 직업적 활동들은 특정한 시간대에 특정의 공간 속에서 이루어진다.25) 가령, 직업을 갖고 살아가는 인간을 지칭하는 일상용어 중에 직장인이라는 말은 직업적 활동이 그 일의 특성과 목적에 부합되는 특별한 공간에서 이루어지는 것이며 직업에 종사하는 사람은 반드시 일정한 공간을 점유하게 된다는 의미를 부각시켜 준다. 그리고 정규직과 비정규직이라는 용어는 여러 가지 의미를 내포하고 있지만 그중에서도 시간의 문제와 관련한 직업의 특성을 가정하고 있는 것이다. 즉 시간의 측면에서 보면 정규직과 비정규직이라는 말은 개인에 의해 행해지는 직업적 활동이 하나의 체계와 조직을 이룬 공식화된 직업적 활동 속에서 어느 정도의 시간대를 차지하느냐에 따라 구별될 수도 있다. 직업적 활동이 시간적 특성과 공간적 특성이 부각되는 삶의 현상이라는 것은 시간과 공간을 분리해서 생각하는 일반적인 이해방식과 결합해서 직업적 활동은 인과론적 체험들로 구성된다는 생각을 당연시하게 만든다.

그런데 달리 생각해 보면, 직업적 활동이 수행될 때 삶의

---

25) 직업과 관련한 용어들을 중심으로 직업의 다양한 의미와 성격을 조명하고 있는 기초연구로는 박철홍·편경희(2003b; 2004)를 들 수 있다.

시간적 특성과 공간적 특성이 부각된다는 것은 오히려 직업적 활동을 통해 폭과 깊이에 있어 보다 확장된 의미론적 체험이 가능하다는 점을 시사하는 것이라고 말할 수도 있다. 인류 전체의 삶이라는 관점에서 보면 직업적 삶이나 직업적 활동은 특정한 시대 사회가 추구하는 가치나 신념들을 반영한 것으로 당대의 사회 문화적인 삶의 양식을 대변하는 것이다. 따라서 직업적 삶과 직업적 활동이 개인의 실질적인 삶을 통해 생기와 의미를 획득하는 과정에서 부각되는 삶의 특성으로서 성장은 개인적인 것이면서 동시에 사회 문화적인 것이라고 말할 수 있다. 이때 직업적 삶과 직업적 활동은 계속성과 상호작용이 동시에 통합적으로 작용함으로써 성립되고 진행된다. 계속성과 상호작용이 동시에 통합적으로 작용할 때 삶의 상황의 입체성과 삶의 시간의 순환적 특성은 훨씬 더 다양한 차원과 요소들로 확대되어 복잡하게 드러난다. 이 과정에서 개인의 삶은 물론이며 전체로서 인간의 삶과 경험의 가치가 순전히 한 개인의 생애라는 관점에서 설명되는 것보다 훨씬 더 심화되고 확장된 형태로 드러난다. 개인은 직업적 활동을 수행함으로써 그가 속한 시대의 사회 문화가 실현하고자 하는 삶의 가치와 신념들에 젖어 들고 그러한 것들을 실현하는 주체가 된다. 이 입장에서 보면 직업적 삶과 활동 속에서 동시에 통합적으로 작용하는 계속성과 상호작용은 순전히 한 개인의 관심과 취향으로 제한될 수 있는 삶 곧 개인의 좁고 편향된 삶을 사회 문화적 차원으로 확대해 주고 깊이 있게 만들어 주는 원리라고 말할 수 있다.

특히, 직업적 삶이나 직업적 활동 속에서 작용하는 교육적 의미의 계속성은 한 개인의 생애라는 측면과 전체로서 인간의 삶, 더 구체적으로 말하자면 개인에 의해 실현되는 사회 문화적인 삶이라는 측면에서 이해될 수 있다.[26) 계속성의 원리가 부각되는 대표적인 삶의 단위로서 습관을 중심으로 생각해 보면, 한 개인의 삶은 전 생애에 걸쳐 형성된 자신만의 크고 작은 습관들로 채워진다. 그런데 크고 작은 습관들 중에서 직업적 활동과 관련된 습관이 생겨나는 경우는 크게 두 가지로 나누어 볼 수 있다. 첫 번째 경우는 처음에는 순전히 개인적인 흥미나 취향에 입각해서 형성된 것이지만 이후에 본격적인 직업생활을 시작하면 이전에 형성된 습관이 직업적 삶에 유효한 것으로 판명되고 실제로 이전까지 그 직업세계에 속해 있던 개인들이 대체로 의도적으로 형성하고자 했던 것과 일치하는 경우이다. 두 번째 경우는 본격적인 직업생활을 시작하면서부터 특정의 직업영역에서 관례적으로 중요하게 여겨온 직업적 습관들을 의도적으로 습득하는 경우이다. 어느 경우이든 전 생애에 있어 직업이 차지하는 위치와 성격에 비추어 보면 직

---

26) 교육적 경험원리로서 계속성을 두 수준에서 논리적으로 구별함으로써 설명하고 있는 대표적인 연구로는 박철홍·편경희(2002)를 들 수 있다. 이 연구에서는 계속성의 원리를 개인의 관점에서 하나의 경험 '내'라는 측면과 하나의 경험 '간', 더 정확히 표현하면 전체 삶이라는 측면에서 설명하고 있다. 반면 이 연구에서는 한 개인에 의해 수행되는 것이라고 하더라도 직업적 활동이라는 관점에서 보면 계속성에 대한 논의는 개인의 삶의 과정과 사회 문화적인 삶의 과정이라는 크게 두 수준에서 전개될 필요가 있다고 본다. 그리고 이 입장에서 사회 문화적인 삶의 과정이라는 수준은 개인들 간의 삶의 과정이 직업적 활동을 통해 가족유사성을 형성하게 되고, 특히나 개인의 삶에 있어서는 삶의 태도로서 습관(Habit)과 태도로서 습관을 구성하고 있는 크고 작은 습관들(habits)을 주목함으로써 두 수준의 논의를 통합할 수 있다는 관점을 취하고 있다. 이하의 논의는 이 입장에서 전개되고 있음을 밝혀둔다.

업적 습관을 갖고 있다는 것은 한 사람의 삶을 그가 하는 일과 관련해서 뚜렷하게 개성적인 것으로 조명해 주는 측면이 있다. 가령, 구두수선공에게는 잠버릇이나 글씨체 그리고 말투와 같은 습관적 행위 이외에 길거리를 지나다닐 때 행인들의 구두 굽을 관찰하는 습관이 있다. 농부에게는 옷 입는 감각이나 음식에 대한 취향과 관련한 습관 이외에 날씨와 계절의 변화에 민감하게 반응하는 독특한 습관이 있다.

  삶의 과정에서 어떤 사람이 하고 있는 일과 관련된 습관이 자연스럽게 출현하고 적용되는 경우에 그 습관은 한 사람의 생활방식이나 생활주기를 좌우하는 결정적인 변인이 될 가능성이 크다. 몇몇 예외적인 것들을 제외하면 직업과 관련한 습관들은 대체로 이전 세대의 삶의 방식이 어떤 방식에 의해서든 오늘을 사는 한 개인에게 전달되어 실현되고 있는 것이며 나아가 오늘을 사는 한 사람에 의해 다음 세대로 전달될 가능성이 있는 것들이다. 가령, 이모작 작물을 다루는 독특한 경작법을 개발한 한 농부의 삶은 그가 생존해 있는 동안에는 주변의 다른 동료들이나 농업과 관련한 여러 분야에 영향을 미칠 것이며, 그의 삶이 끝난 이후에도 다음 세대로 전달될 가능성이 있다. 그의 삶이 남긴 것은 특정 작물을 경작하는 방법이라고 말할 수 있지만, 보다 엄밀한 의미에서 보면 사회 문화적 가치를 풍부하게 담고 있는 하나의 습관이라고 요약할 수 있다. 습관은 상징적 언어로 표현되는 지식이 아니라 삶과 경험의 의미지평을 대략적으로 시사하는 육화된 행위양식이다. 특히 직업과 관련한 습관이 시사하는 삶과 경험의 의미지평은 개인적 차원과 사회 문화적 차원이 융합된 의미지평이다. 따라서 강조점을 살려서 말할 때 직업과 관련한 습관 속에서 동시에 통합적으로 작용하는 계속성과 상호작용은 개인의 삶과 사회 문화적인 삶이라는 두 차원에서 인간존재의 가치를 심화하고 확장하는 원리라고 말할 수 있다. 하지만 개인의 삶과 사회 문화적인 삶이라는 것은 논리적으로만 구별되는 것이다. 오히려 두 차원의 삶은 인간존재의 특성상 사회 문화적인 활동을 대변하는 직업적 활동 속에서 동시 발생적으로 존재하고 서로서로 구분할 수 없을 정도로 통합되어 있다고 말할 수 있다.

직업과 관련한 습관 속에서 개인의 삶과 사회 문화적인 삶이 긴밀하게 통합되고 두 차원의 삶이 자연스럽게 통합되는 과정에서 하나의 구체적인 삶의 양식이 드러난다. 개인의 삶을 통해 실제로 표현됨으로써 확인되는 삶의 양식은 개인의 것이라는 점에서는 개성적이고 개별적인 것이다. 하지만 직업적 습관의 특성에 비추어 보면 직업적 활동을 통해 구체화되는 삶의 양식은 한 개인의 삶의 의미지평을 넓혀 주고 개별적 존재의 가치를 심화해 나갈 수 있도록 해준다는 점에서 개인의 삶을 넘어서서 성립되는 것이기도 하다. 이런 점에서는 오히려 일반적이고 포괄적인 성격을 띠는 것이라고 말할 수 있다. 사실 " '삶'이라는 말은 개인적인 것이건 인간 전체의 것이건 간에 넓은 범위의 경험 전체를 가리키는" 것이다(DE: 11). 삶을 논리적으로 설명하면서 개인적인 삶과 사회 문화적인 삶을 구분하는 경우라고 하더라도 어느 차원의 것이든 삶은 개인의 삶과 삶의 양식에 의해 현실화되고 개인들의 삶에 비추어 추상될 수 있는 것이다. 인간 유아를 '언어도 신념도 관념도 또 사회적 기준도 갖추지 못한' 미숙하고 무력한 존재로만 보면 한 개인의 삶은 사회 문화적 삶에 뒤이어 나타나는 것이며 그의 삶에 앞서 제시된 사회 문화적 삶에 근간을 둠으로써 가치 있게 된다고 말할 수 있을 것이다(DE: 11). 하지만 개인들의 삶이 없다면 사회 문화적인 삶도 없다. 왜냐하면 한 개인의 삶은 '각각 자기 집단의 생활경험을 짊어지고 가는 단위'이기 때문이다(DE: 11). 개인의 삶은 다양한 영역과 관심사에 기초한 습관들을 형성함으로써 질적으로 고양되고 세련된 방식으로 전개된다. 그리고 사회 문화적인 가치들을 풍부하게 담고 있는 여러 습관들을 형성한 이후에도 계속적으로 또 다른 습관을 형성하고 이전의 습관들을 재구성해 나갈 때 그 삶은 인간적인 삶이라고 말할 수 있다. 인간적인 삶은 개인이 그가 속한 사회 문화에서 추구하는 언어, 정보, 지식, 가치, 목적, 신념 등과 관련한 습관들을 형성하고 재구성해 나가는 삶을 살아갈 때 성립된다. 왜냐하면 사회 문화적인 성격이 부각되는 습관들은 개인을 보다 넓은 삶의 의미지평으로 이끌고 존재가치를 더 높은 차원으로 끌어올리기에 용이하기 때문이다. 이러한 특성이 부각되는 습관은 사회 문화적으로 공인된 직업적 활동이나 직업적 삶의 영역에서 주로 발견된다(DE: ch. 23; FC: 68).

이런 맥락에서 직업적 활동이나 직업적 삶의 영역에서 출현하는 습관은 성장의 의미를 개인의 생애와 그가 속한 사회 문화적인 삶의 과정이라는 두 차원에서 구체화하고 성장의 의미 자체를 심화 확장시켜 준다고 말할 수 있다. 습관에는 옷 입는 감각이나 걸음걸이도 있고, 경우에 따라서는 한 편의 글을

쓸 때 처음과 중간과 끝을 구성하는 방식이나 글의 주제에 주의를 환기시키기 위해 동원되는 기법도 습관이라고 불릴 수 있다. 특히 독특한 작문 습관을 갖고 있는 사람이 전문적인 작가나 연구자라고 한다면, 작문과 관련한 습관은 그 사람이 지금까지 자신이 하는 일을 훌륭하게 수행하기 위해 의도적으로 그리고 의식적으로 받아온 훈련과 교육의 결과를 표현해 놓은 것이다. 또한 그 습관은 그가 속한 집단의 지적·정서적·신념적 특성들을 표현해 놓고 있는 대표적인 활동양식이라고 말할 수 있다. 작문과 관련해서 그가 세련되게 만들고 싶어 하는 습관들은 여러 가지가 있을 것이다. 이러한 습관들은 그 자신에게는 더 나은 삶을 실현하기 위해 완수해야만 하는 과업이나 목적으로 인식될 수도 있다. 하지만 그가 사회 문화적으로 공인된 특정의 활동 영역에서 추구하는 습관은 아무리 작은 것이라고 하더라도 그 습관을 형성해 나가는 과정에 있어서는 물론이며 습관 형성 이후의 파급효과에 있어서도 개인의 삶을 넘어선 사회 문화적인 삶의 양식의 전수와 재구성이라는 측면을 포함하게 된다. 말하자면, 일과 관련해서 추구되는 어떤 습관들은 개인에게 특정 시기의 삶의 목적으로 인식된다. 이때 습관을 형성하는 것으로 대변되는 한 시기의 목적은 사회 문화적으로 공인된 직업적 활동과 관련된 것인 만큼 그가 속한 사회 문화가 의도적으로 전수하고자 하는 가치, 신념, 목적, 지식, 정보와 같은 것들을 자연스럽게 엮어 놓은 통합체라고 할 수 있다. 따라서 개인이 자신의 일과 관련해서 특정 시기마다 설정되는 삶의 목적을 실현해 나가는 삶의 과정은 그가 속한 사회 문화적인 삶의 양식이 전수되고 동시에 재구성되는 과정이라고 말할 수 있다.

직업과 관련한 하나의 습관과 한 시기의 삶의 목적 간의 관련성을 이와 같이 정리하게 되면, 직업과 관련한 크고 작은 습관들을 묶어주는 중심축으로서 직업에 대한 관념은 한 사람의 삶의 목적을 축약해 놓은 것이라고 말할 수 있다. 이때 삶의 목적으로서 직업은 순전히 개인적인 영역에 속한 것이라기보다 특성상 사회 문화적인 목적을 대변해 주는 것으로 간주될 수 있다. 따라서 직업과 관련한 '개인의 습관은 일류라는 무한한 쇠사슬을 형성하는 하나하나의 고리'이며, 한 개인의 삶이 끝날 때 '그가 남긴 권고나 설교, 힐책, 마음속의 원망, 정서 등이 모조리 다 없어지더라도 그의 습관만은 남게' 되는 것이다(HNC: 23).

이런 맥락에서 말하자면, 성장에 내재된 계속성의 가장 적극적인 의미는 직업과 관련한 일을 수행해 나가는 과정에서 직업에 대한 소명의식이 생겨나고 강화될 때에 부각된다. 직업에 대한 소명의식은 크고 작은 습관들을 묶어주는 중심축으로서 직업이 자신의 삶의 목적으로 인식되고, 그 목적이 단순히 자신의 삶에 국한된 것이 아니라 사회 문화적 차원에서도 의미 있는 것이라는 신념이 생겼을 때 강화된다. 시간의 측면에서 보면, 개인에게 소명의식은 자신의 일생을 기준으로 가정되는 직선적 시간관념을 개인적 차원에서는 물론이며 사회 문화적 차원에서 현재를 토대로 과거와 미래를 오가고 통합시키는 순환론적 시간관념으로 전환함으로써 성립된다. 이 과정에서 개인에게는 사회 문화적인 가치, 신념, 목적에 대한 의식이 수반되고, 사회 문화라는 것은 개인의 삶을 통해 생기와 의미를 획득하고 현실화된다고 말할 수 있다. 즉 소명의식은 의미론적으로 체험되고 정리되는 개인적, 사회 문화적 삶의 역사를 배경으로 그리고 개인과 사회 문화 간의 통합적이고 동시 발생적인 관계 속에서 생겨나고 강화된다. 따라서 소명의식이 가장 적극적으로 발휘될 때에는 직업과 관련한 자신의 일들은 단순히 자신의 일생에 국한된 것이 아니라 사회 문화적인 삶의 과정으로 인식된다. 즉 자신의 일은 이전 세대의 사회 문화적인 삶의 가치들을 오늘에 구현하고 다음 세대로 창조적으로 전수해 나가는 절체절명의 소명으로 인식된다. 이 지점에서 한 개인에 의해 이루어지는 의미론적 체험과 의미론적 체험들의 누적에 의해 성립되는 삶의 양식으로서 습관은 보다 넓은 삶의 영역으로 확대되고 보다 깊이 있는 삶의 문제들로 파고들게 된다고 말할 수 있다.

소명의식의 문제로까지 연장해서 직업과 습관, 나아가 삶의 목적의 관계를 논의하게 되면 직업이라는 것은 의미 있는 삶의 가능성을 풍부하게 열어 놓고 있는 의미 있는 삶의 형식으로 간주될 수 있다. 이 주장은 실제의 삶이 어느 차원의 삶의 가치와 의미를 주로 부각시키고 실현하고 있으며 어느 정도로 삶의 의미지평을 확대하고 존재가치를 고양시키고 있는가 하는 삶과 경험의 질을 따지는 문제와는 구별해서 이해되어야 한다. 즉 실제의 삶이 어떻게 진행되는가 하는 것과는 별개로 인간의 삶에 있어 직업은 개인이 취할 수 있는 공적인 삶 또는 사회 문화적인 삶의 실제적인 양태를 제시해 준다. 따라서 직업적 활동을 통해 전개되는 개인의 삶은 직업이라는 삶의 형식을 통해 보다 넓은, 보다 깊이 있는 의미세계를 실현해 나갈 수 있는 가능성을 보장받게 된다. 이런 점에서 개인의 삶 속에서 부각되는 직업의 실제적인 의미와 역할은 의미 있는 삶의 형식이라는 말로 요약될 수 있다. 또한 인간의 삶을 체험방식의 문제를 중심으로 이해하더라도 인간의 삶에서 정도상의 문제로 규정될 수 있는 인과론적 체험은 기계의 경우와는 구별해서 상대적으로 느슨한 인과론에 지배받는 것이다. 이런 점에서 인간의 삶에서 발견되는 인과론적 체험은 의미론적 체험으로 언제든지 전환되고 발전될 수 있는 것이다. 따라서 현재 상태에서 인과론적 체험의 성격이 부각되는 형태로 직업적 삶을 살아가고 있는 경우라고 하더라도 사회 문화적으로 공인된 삶의 양식으로서 직업이 있는 사람과 없는 사람이 앞으로 구축하게 될 삶의 의미지평은 상당히 다르다는 말은 여전히 성립된다. 이 주장은 상호작용의 원리와 관련해서도 설명될 수 있다.

직업과 관련해서 이야기할 수 있는 상호작용의 적극적인 의미는 무엇보다 삶의 입체성 또는 다면성의 측면에서 드러난다. 논리적으로 구분해서 생각해 보면, 성장원리로서 계속성은 개인의 삶과 사회 문화적 삶이라는 두 차원에서 삶의 시간을 순환적으로 그리고 연속적으로 전개시키는 원리이다. 이에 반해 상호작용은 개인의 삶과 사회 문화적 삶이라는 두 차원의 삶을 입체적으로 그리고 다면적으로 전개시키는 원리이다. 물론 실제 삶의 과정은 순간들의 나열이며, 그 속에서 존재하는 것들은 과거나 미래라는 구분도 개인과 사회 문화라는 구분도 없는 통합된 총체 그 자체이다. 그런데 논리적으로만 구분되는 것이라고는 하더라도 성장원리로서 상호작용은 직업과 관련해서 개인이 특정 순간에 범주화하는 한 단위의 경험을 입체적으로 그리고 다면적으로 엮어냄으로써 그 경험의 의미를 심화하고 확장시킨다. 경험이 입체적으로 다면적으로 결합해서 의미화된다는 것은 경험이 단면적으로 단편적으로 처리되는 경우와 대조해서 설명할 수 있다. 그런데 따지고 보면 모든 경험은 원래부터 입체적이고 다면적인 것이라고도 말할 수 있다. 따라서 특별히 강조해서 경험이 입체적으로 다면적으로 의미화된다고 말할 때는 삶의 과정에 내재된 특성으로서 경험의 역동성과 경험상황의 복잡성이라는 두 측면을 직면하고 적극적으로 반영해서 하나의 경험의 의미를 탐구한다는 뜻이다. 경험의 의미를 탐구하는 과정에서 경험의 역동성과 경험상황의 복잡성을 적극적으로 고려한다는 것은 개인의 직업적 활동이나 직업적 삶의 문제에 있어서는 개인적 특성과 사회 문화적 활동으로서의 특성이 어떻게 결합되는가를 분석함으로써 비교적 간명하게 논의될 수 있다.

직업과 관련한 체험이나 이러한 체험들이 누적되어 형성되는 습관은 특성상 순전히 개인적인 관심사에 국한된 하나의 체험 또는 하나의 습관과는 구별된다. 살아가면서 대부분의 사람들은 색에 대한 기호 또는 취향을 형성한다. 그런데 색깔 취향과 관련한 일종의 습관이 사회 문화적인 특성과의 관계를 지각하면서 형성되었다기보다 특정 빛깔과 시지각의 결합에 의한 개인적 특성이 부각되는 체험의 산물이라면 의미에 있어 그 습관은 개인의 삶에 제한되는 단면적인 성격을 띠게 된다. 그리고 그 습관이 한 개인의 삶 전체를 통해 출현하는 크고 작은 습관들과 일련의 관계를 형성하지 못한다면, 그 습관은 그저 하나의 개별적인 습관에 지나지 않으며 이런 점에서 단편적인 성격을 띠게 된다. 만약 개인의 색깔 취향이 그가 속한 사회 문화적 삶과 관계를 맺고 그 취향이 실현하고자 하는 어떤 결과나 목적에 대한 의식을 수반하게 된다면 겉으로 보기에는 한 개인의 습관에 지나지 않는 것도 사회 문화적 차원으로 그 의미와 가치가 확대된다.

예를 들어, 원색에 가까운 강렬한 색상을 선호하는 화가 고갱의 색깔 취향은 순전히 개인의 삶에 국한된 단면적 습관도 아니고 그의 삶을 채우고 있는 여러 가지 습관들과의 관계에 있어서도 고립된 단편적 습관이 아니다. 일상인의 색깔 취향과는 달리 화가로서 고갱의 색깔 취향은 자극과 반응의 단순 결합을 특징으로 하는 체험이 아니라 상호작용, 곧 경험의 입체성과 다면성이 적극적으로 고려되어 형성된 의미론적 체험의 산물이라고 할 수 있다. 말하자면, 화가로서 고갱은 자신의 삶 자체에 대해서만이 아니라 그가 수행하는 사회 문화적인 활동과 그 습관을 자신의 활동 속에서 의도적으로 결합함으로써 습관의 질을 고양하고 확대한 것이다. 사회 문화적인 활동, 구체적으로 말하자면 자신의 직업적 활동과 관련된 하나의 습관의 질이 고양되고 확대된다는 것은 개인의 삶 전체를 요약해 주는 직업과 직업을 구성하고 있는 크고 작은 습관들 각각의 의미가 동시에 심화되고 확대되었다는 뜻이기도 하다. 즉 일반적으로 화가들의 삶을 대변해 주는 것으로 간주되는 몇몇 습관들, 가령 화가들의 도구사용법과 소재의 선택, 안료를 다루는 기술, 작업을 하는 일반적인 절차 등과 관련된 습관들이 고갱에게도 있었으며 이러한 습관들과 그의 독특한 색깔 취향이 결합됨으로써 다른 습관들의 의미만이 아니라 한 개인으로서 그의 삶이 실현하게 되는 의미와 가치까지도 심화되고 확장된다. 결국 일상인의 색깔 취향과는 달리 화가로서의 색깔 취향은 그의 생애에만 국한된 단면적인 습관 또는 직업적 활동과 인접해 있는 다른 습관들과 관련을 맺지 못하는 단편적인 습관으로 끝나지 않는다. 여러 가지 습관들 중에서도 특별히 직업과 관련한 습관 속에서 작용하는 상호작용은 경험세계의 영역, 보다 정확히 표현하자면 삶의 의미세계의 영역을 한 개인으로서 할 수 있는 것보다 훨씬 더 확대시켜 놓을 수 있다는 점에서 의의가 있다.

가장 적극적인 방식으로 이루어지는 의미론적 체험을 기준으로 생각해 보면 상호작용의 입체성과 다면성은 존재의 공간적 특성을 특별히 부각시켜서 이야기할 수 있는 부분이기도 하다. 물론, 의미론적 체험에서 말하는 '의미는 존재의 의미'이고 존재는 시간과 공간에 대한 사실적 구분을 허용하지 않는다(박이문, 1980: 103; 박철홍·편경희, 2003a: 97). 그래서 시간과 공간을 논리적으로 구분하고 존재의 특성을 언어화하게 되면, 존재의 시간적 특성은 공간적 특성 곧 삶의 범위와 대상에 대한 전환된 관점을 함의하는 것으로 설명된다. 반대로 존재의 공간적 특성은 삶의 시간에 대한 전환된 관점을 함의한다고 말할 수 있다. 이러한 설명의 연장선에서 다소 개념적인 구분에 의존한 설명이기는 하지만 시간적으로 볼 때 존재는 고정된 것이 아니라 역동적으로 전개되어 나가는 과정 자체이다. 과정으로서 존재는 공간적으로 볼 때 끊임없이 새로운 요소나 차원들과 만나서 변화하고 그 변화는 다음 순간 드러날 존재의 의미에 대해서는 물론이며 이전까지 성립되었던 존재의 의미를 바꾸어 놓기도 한다. 즉 의미론적으로 체험되는 시간은 직선적 흐름이 아니라 순환적으로 전개되는 것이며, 의미상의 계속성을 적극적으로 확보하기 위한 존재의 움직임이라고 말할 수 있다. 의미론적으로 체험되는 시간이 순환론적인 시간이고 이때 시간은 의미상의 계속성에 의해 성립된다는 사실은 존재가 움직여 나가는 범위, 테두리, 또는 환경에 대한 개념도 바꾸어 놓는다. 즉 존재의 공간적 특성은 개인의 생애에 있어 과거의 어떤 사건으로 가서 그 사건, 그 대상, 그 물건으로 다가가기도 하고 그가 속한 사회 문화적인 삶에 있어서도 과거에 일어난 특정 사건이나 그 사건이 전개된 삶의 상황으로 넘어가기도 한다. 또한 지금 현재 추구하고 있는 것이지만 아직 실현되지는 않은 일들과 관련해서 존재의 공간적 특성이 부각되기도 한다. 한마디로 존재의 공간적 특성은 입체적이고 다면적인 것이며, 존재의 기본단위로서 상호작용 곧 경험의 역동성과 경험 상황의 복잡성을 중심으로 이해할 수 있는 것이다. 사실 의미론적 체험에 있어 경험의 역동성과 경험 상황의 복잡성이 충분히 감안되어야 하는 이유는 존재의 이와 같은 특성에 기인하는 것이다.

사실 경험의 역동성과 복잡성이라는 특성 때문에 직업과 관련한 체험이나 습관은 여타의 체험이나 습관과 비교해서 삶의 의미세계를 적극적으로 확장해 주게 된다. 보통 개인의 삶은 탄생에서 죽음으로 이어지는 생애에 국한해서 이해되며, 삶을 채우고 있는 개별적 경험들은 매 순간 현재에 생겨나는 것으로만 간주된다. 그리고 경험의 범위와 경계는 현재의 삶의 상황과 그 순간에 부각되는 경험적 요소나 특성들에 의해 정해지는 것으로 생각한다. 하지만 실제 삶의 사태에서는 여타의 체험이나 습관에 대해서는 물론이거니와 특히 직업과 관련한 체험과 습관 속에서 부각되는 존재의 범위와 경계라는 것은 그 깊이와 넓이에 있어서 훨씬 더 깊고 훨씬 더 넓다고 말할 수 있다. 예를 들어, 밭을 갈다가 오래된 도자기 하나를 발견한 농부와 유물감정에 능숙한 역사학자나 고고학자가 있다고 하자. 농부의 경우에도 자신의 온갖 상식과 경험들을 동원해서 도자기를 보는 그 상황의 경험을 전개해 나갈 것이다. 이때 농부의 경험에서는 그 경험을 구성하는 중심소재의 특성상 상호작용의 역동성과 복잡성이 불거질 수밖에 없다. 그런데 유물을 다루는 독특한 사고방식과 유물을 감정하는 독특한 방법들을 체득하고 있는 역사학자나 고고학자의 경우라고 하면 그의 경험 속에서 부각되는 상호작용의 역동성과 복잡성이라는 것은 농부의 경우와는 비교할 수 없을 정도로 폭넓고 심화된 형태로 구체화될 가능성이 있다. 이때 역사학자나 고고학자의 경험은 그가 주력하고 있는 일의 성격상 사회 문화적인 가치들을 가장 적극적인 방식으로 그리고 가장 풍부하게 실현해 나가는 것이라고 말할 수 있다.

이런 예를 통해서도 짐작할 수 있듯이 삶의 의미세계의 확장은 자신이 주력해서 하고 있는 활동과 관련해서 일어날 때 더욱 견고해지고 보다 넓은 영역으로 발전될 가능성을 갖게 된다. 즉 유물발굴이나 해석과 관련한 일을 하는 사람이 도자기를 발견하고 그 도자기를 중심으로 전개하는 의미 탐구과정은 농부의 경우와 비교해 볼 때 그의 존재와 존재의미를 훨씬 더 넓고 깊게 확장해 나갈 수 있는 가능성이 더 많다는 것이다. 그 일은 단순히 한 개인의 삶의 의미를 확대한다는 점에서는 물론이며 그가 속한 사회 문화적 활동의 가치를 실현하고 그 활동을 통해 삶의 의미세계를 확대해 놓을 수도 있다는 점에서 의의를 갖는다. 마찬가지로 농부에게 농사와 관련된 어떤 경험들은 이와 같은 방식으로 설명될 수 있는 성격의 것이 될 것이다. 이런 점에서 직업은 한 개인으로서 실현할 수 있는 삶의 의미세계를 근본적으로 확대하고 확장해 주는 근간이라고 말할 수 있다. 맥킨타이어의 용어를 빌려 표현하면, 직업은 '사회적 인간활동'의 전형이기 때문에 의미 있는 삶의 형식으로 간주될 수 있다(홍은숙, 1999: 70-71).

> '사회적 인간활동(a practice)'은 사회적으로 성립된 협동적인 인간활동을 수행하는 일관되고 복잡한 활동양식이다. 사회적 인간활동에는 그에 적합한 탁월성의 기준이 있고 그 기준에 따라 특정한 사회적 활동양식의 의미가 부분적으로 규정된다. 그리고 탁월성의 기준을 성취해 나가는 과정에서 그 활동양식에 내재된 가치가 실현되고 그 결과로 탁월성을 추구하는 인간의 능력, 그 활동의 목적과 가치에 대한 인간의 사고가 체계적으로 확장된다. '사회적 인간활동'의 특성을 이렇게 정리하면 바둑알을 이리저리 배치하거나 기술적으로 축구공을 던지는 것은 사회적 인간활동이 아닌 반면, 바둑이나 축구는 사회적 인간활동의 예가 된다. 벽돌 쌓기는 사회적 인간활동이 아닌 반면, 농경은 사회적 인간활동이다. 물리학, 화학, 생물학의 탐구, 역사학자의 작업, 미술이나 음악 등도 모두 사회적 인간활동이 될 수 있다(MacIntyre, 1984: 187-188).

의미세계의 확장과 관련한 앞의 논의에 비추어 보면 직업과

관련한 체험과 습관들이 실현해 주는 의미세계는 고정된 것이
아니다. 앞서 언급한 바와 같이 직업은 인간의 삶에 있어 특
정의 시간대와 일정한 공간을 차지한다는 특성이 부각되는 삶
의 영역이다. 그래서 직업과 관련해서 형성되고 확장되는 의
미세계는 일반적으로 직업군이나 직업세계라고 말할 때에 직
업에 대한 생각에 비추어 그에 준하는 고정된 것으로 이해될
수도 있다.27) 하지만 의미세계라는 것은 일차적으로 존재의
의미 탐구과정에서 밝혀진 삶의 영역과 범위라는 뜻으로 이해
되어야 한다. 존재의 특성상 의미세계는 순환적 시간체험에

---

27) 여기에서 말하는 의미세계는 삶의 세계 또는 경험세계라는 말과 같은
　　것이다. 그런데 직업과 관련한 체험이나 습관의 관점에서 부각되는 의
　　미세계는 직업과 관련한 경험의 범위 또는 상호작용의 규모나 특성을
　　강조해 준다. 이런 점에서는 직업과 관련해서 설정되는 삶의 의미세계
　　는 자신의 일과 관련해서 부각되는 삶의 영역이나 규모를 대략적으로
　　제시해 주는 말이라고 할 수 있다. 사실상 명확한 경계를 제시할 수는
　　없다고 하더라도 실제 우리의 삶은 각자가 하고 있는 일을 중심으로
　　삶의 의미세계를 정리해 볼 수 있도록 해주는 측면이 있다. 앞서 설명
　　한 바와 같이, 의미세계의 범위와 특성은 특히 상호작용의 원리를 중심
　　으로 정리될 수 있다. 즉 직업과 관련한 체험이나 습관에서 부각되는
　　계속성의 원리는 일에 대한 소명의식을 형성하고 강화하는 데에 관여
　　하는 반면, 직업과 관련한 삶의 의미세계의 영역과 특성을 부각시켜 주
　　는 원리는 상호작용이다. 계속성의 원리와 소명의식 간의 관계에 대응
　　시켜 말하자면, 직업과 관련한 체험에서 부각되는 상호작용은 전문직
　　의식을 형성하고 강화하는 데에 관여하는 원리라고 말할 수 있다. 전문
　　직 의식은 우리의 전통사회에서는 장인정신이라고 불려왔던 것이고 오
　　늘날에는 프로정신이라는 말로 흔히 이해되는 것이다. 전문직 의식은
　　자신이 하고 있는 일의 특이성과 중요성에 토대를 두고 형성되는 자부
　　심과 같은 것으로 이해할 수 있다. 그리고 직업과 관련한 상호작용의
　　대략적인 범위는 일의 종류를 망라해서 자신의 일을 열심히 하고자 하
　　는 사람의 삶 속에서 나타나는 전문직 의식에 근간을 두고 설정되는
　　것이라고 말할 수 있다. 이 문제는 III장 2, 3절 그리고 IV장 2절에서
　　다시 논의될 것이다.

함의된 진행형으로서 공간개념 곧 역동적인 경험상황에 대한 탐구결과와 동일시될 수 있다. 그리고 같은 직업으로 분류되는 일을 하는 사람들이라고 하더라도 그들 간에 삶과 경험의 의미를 탐구하기 위한 순환적 시간체험이나 진행형으로서 공간개념과 공간에 대한 체험이 동일할 수는 없다. 가령, 동일하게 역사학자라고 불리는 직업을 갖고 있는 사람들이라고 하더라도 일과 관련해서 생겨나는 각자의 체험이나 습관 속에 똑같은 방식의 상호작용 또는 똑같은 경계와 범위를 시사하는 상호작용 같은 것은 성립하지 않는다는 것이다. 이런 점에서 직업과 관련해서 이야기되는 삶의 의미세계는 특정 직업군이나 직업세계에 대응되는 것이 아니다. 이 책에서 탐구하고 있는 본격적인 의미의 직업은 제도적 조직으로서 직업과는 구분된다. 일반적으로 말해서 제도적 조직으로서 직업에 대한 논의는 삶에 대한 거시적 담론으로 간주될 수 있다. 이러한 일반적인 이해방식에 견주어 여기에서 말하고자 하는 직업에 대한 담론의 성격을 굳이 밝힌다면 이 책에서 시도하는 것은 개인의 실질적인 삶의 과정을 주목하는 미시적 담론이라고 할 수 있을 것이다. 왜냐하면 이 책에서는 전체로서 인간의 삶을 직업이라는 독특한 삶의 현상을 중심으로 이해하고자 하며 이 과정에서 직업이 개인의 삶의 의미를 발생시키고 증폭시키는 중심축으로 작용한다는 것을 밝히는 데에 관심을 기울이고 있기 때문이다.

그런데 특정 직업을 가진 사람들만이 보이는 독특한 습관과 경험방식이 있고 그래서 그것을 유사한 일을 하는 사람들 사이에서 확고하게 정착시키기 위해서는 그 일과 관련된 지식과

정보, 기술과 훈련과정, 절차와 방법 등이 추상화되고 일반화될 필요가 있다. 이런 과정을 거친 이후에는 유사한 직업적 활동들 내에 명목상으로만 존재하는 것이라고 하더라도 삶의 형식으로서 직업에 대한 관념이 공유된다고 말할 수 있다. 물론, 직업적 활동이나 직업적 삶은 개인의 수만큼이나 다양하고 직업세계라는 것도 엄밀한 의미에서 보면 개인들에 의해 구현되는 각자의 삶의 의미세계를 뜻하는 것이다. 유사한 일을 하는 사람들 간의 공통점을 거시적인 관점에서 묶어서 분류할 때에 직업군이나 직업세계라는 말을 할 수 있다. 이런 경우라고 하더라도 직업군이나 직업세계라는 것은 끊임없이 재편되고 재구성되어 나간다. 그리고 직업적 활동으로 분류될 수 있는 개별적인 활동들의 경우에는 더욱더 종잡을 수 없이 다양하게 변화되어 나간다. 하지만 직업과 관련한 유사한 습관들을 묶어 냄으로써 육화된 행위양식으로서, 그리고 지적·정서적·신념적 태도까지를 포함하는 삶의 양식으로서 직업이라는 것을 대략적으로나마 분류해 낼 수 있다. 이런 특성들을 종합적으로 고려해 보면, 인간의 사회 문화적인 삶에 있어 공통분모는 고정된 실체로서 본질을 가정함으로써 설명될 수 있는 것은 아니라고 말할 수 있다. 오히려 비트겐슈타인의 용어로 표현하자면 인간 삶의 공통분모는 단지 '가족유사성'을 인정함으로써 설명되는 것이다(Wittgenstein, 1968: 67). 그리고 이러한 가족유사성의 중심에 직업이 놓여 있다고 말할 수 있다. 물론 인간 삶에 가족유사성을 부여해 주는 직업적 활동이나 직업적 삶은 고정된 것이 아니라 그 역시도 가족유사성만을 갖고 있는 것이기는 하다. 직업은 다양한 삶의 양상들 간에 보이지 않는 유대를 형성해 준다. 직업의 이러한 특성에 기초해서 한 개인의 삶은 직업적 활동을 통해 자연스럽게 다른 동료, 다른 사회 문화, 다른 세계로 뻗어 나가고 그 과정에서 개인의 삶의 의미와 가치가 심화되고 확장된다. 개인은 순전히 개인적인 관심사에 의해 추구하는 활동보다 직업적 활동과 관련된 삶을 통해 더 깊고, 더 넓은 차원에서의 삶의 의미와 가치를 실현한다. 이런 점에서 개인적인 관심사에서 출발한 활동이라고 하더라도 그 활동의 의미와 가치를 실현하고 확장하기 위해서는 사회 문화적인 활동과의 관련성을 확보할 필요가 있다. 이런 맥락에서 인간의 삶에 있어 직업은 의미 있는 삶의 형식이라고 말할 수 있을 것이다.

> 개인의 특이성이나 환경의 특수성으로 인하여 그 사태에 일회적으로 국한되는 내용은 다른 사람에게 활용될 수 없다. 그리하여 여러 경우에 공통된 것을 추상하여 적절한 상징으로 확실히 고정시켜 두는 일이 없다면, 경험이 가지고 있는 거의 모든 가치가 한 번 지나가고 나면 사라질 것이다. 그러나 추상하는 일, 그리고 추상된 내용을 적절한 용어로 기록하는 일은 개인 경험의 진짜 가치만을 뽑아서 인류 전체가 영구히 사용할 수 있도록 해준다(DE: 351).

사실 삶의 형식이라는 말은 실제의 삶과는 무관하게 삶에 앞서 제시되는 고정된 삶의 방식과 같은 말로 오해될 가능성이 있다. 따라서 직업이 삶의 형식이라는 주장 역시도 직업적 활동이나 직업적 삶이 상당히 정형화되어 있다는 생각을 받아들인다고 오해될 수 있다. 이와 같은 오해의 소지가 있음에도 불구하고 직업은 삶의 형식, 더 정확히 표현하자면 '의미 있는 삶'의 형식이라는 주장을 할 때에는 인간의 삶에 있어 직업의 의의를 강조하기 위한 것이다. 삶의 형식이라는 말은 고정된 삶의 방식이 있다는 인상을 주는 것은 사실이다. 그런데 따지고 보면 여러 가지 사회 문화적인 활동들 중에서 특별히 직업이라고 명명될 수 있는 활동들은 나름의 규칙과 질서, 가치기준, 신념과 태도 등을 갖추고 있는 것들이다. 따라서 직업이라는 개념이 적용되는 활동은 '어떤 특정한 장소나 시간에 구애됨이 없이 누구든지 취할 수 있는' 삶의 태도, 관점, 목적, 신념과 같은 것들을 대략적으로나마 시사하는 것이다(DE: 352). 일상의 삶에서 직업은 구체적인 행위나 활동들을 나열하는 방식이 아니라면 삶의 사태에서 발견되는 크고 작은 사건이나 활동들을 추상화하고 일반화해서, 요약적으로 이야기하는 것이다. 그래서 대부분의 사람들은 장래희망이나 삶의 목적을 이야기할 때 흔히 '어떤 일을 하는' '어떤 사람'에 대한 관념, 한마디로 직업에 대한 자신의 생각을 다양한 방식으로 진술하게 된다. 그 사람이 이야기하는 그 직업이 구체적으로 어떤 일을 하는 것이며 어떤 지적·정서적·신념적 태도 속에서 실현되는 것인지에 대해서는 실제로 그 일을 하는 동안에 제대로 밝혀진다.

하지만 인간의 삶에 있어 직업이라는 말로 특별하게 불리는 삶의 형태 또는 삶의 방식이 있다는 것은 개인의 존재가치나 삶의 의미세계가 직업적 활동을 수행하는 동안에 더욱더 심화되고 확장될 수 있다는 가능성을 시사하는 것이다. 이런 점에서 직업은 특별히 '의미 있는 삶'의 형식이라고 말할 수 있다. 그리고 이 말은 의미 있는 삶의 형식으로서 직업과 관련을 맺고 있는 개인의 삶은 그가 의식하든 의식하지 않든 간에 전체로서 삶의 과정 속에서 '실제에 유익하게, 새롭게 적용될 수 있는 범위가 넓고 자유롭게' 실현될 수 있음을 시사하는 것이다(DE: 352).

03 자유로운 삶과 직업의 관계

　본 장에서는 현대인의 삶의 조건에 부합되는 자유로운 삶의 의미를 밝히고자 한다. 이를 위해 적극적인 의미의 자유 개념을 대변하는 자아실현의 관점에서 자유로운 삶과 직업의 관계를 집중적으로 탐구하고자 한다. 직업과 자아실현의 관계는 일차적으로 직업이 개인의 삶에 대해서는 물론이며 사회 문화적 차원의 삶에 있어서 의미 있는 삶의 형식이라는 주장을 '삶의 과정'의 측면에서 깊이 있게 논의함으로써 밝혀질 수 있다. 포괄적인 의미의 삶의 과정을 직업의 관점에서 분석하게 되면 개인의 삶은 직업을 통해 사회 문화적 차원의 삶과 긴밀한 관련성을 갖게 되고 두 차원의 삶은 서로 유기적으로 통합되어 전개된다는 점이 부각된다. 특히 두 차원의 삶이 어디가 시작이고 어디가 끝인지를 말할 수 없을 정도로 긴밀하게 결합되고 순환적으로 전개되어 나갈수록 한 개인의 직업적 삶은 개인적이면서 동시에 사회 문화적인 자아실현에 충실한 삶으로 설명될 수 있다. 삶의 여러 영역에서 발생하고 발달해 나가는 자아 중에서도 직업과 관련한 자아는 작용하는 실제적 자아의 특성을 가장 잘 보여주는 것이다. 따라서 작용하는 실제적 자아의 특성과 자아실현의 구조를 분석함으로써 자유로운 삶과 직업의 관계를 깊이 있게 논의할 수 있을 것이다.

1. 삶의 과정으로서 직업의 논리

　직업은 삶의 의미세계를 확장하고 존재가치를 심화 고양시켜 주는 의미 있는 삶의 형식이다. 흔히 개인은 사회 문화적인 삶의 기본단위이며 사회 문화적인 삶의 구현체라고 한다. 직업이 의미 있는 삶의 형식이라는 말은 개인이 자신의 생애를 통해 직업적 활동에 참여함으로써 사회 문화적인 삶의 단위이자 사회 문화적인 삶이 구현하고자 하는 가치들을 실현하는 주체가 될 수 있다는 점을 시사한다. 개인은 자신의 관심사나 취향을 고수하는 삶이 아니라 사회 문화적으로 공인된 직업적 활동이나 직업적 삶을 살아감으로써 진정한 의미에서 사회 문화적인 삶의 주체가 되고 개인으로서는 상상도 할 수 없었던 다양한 사회 문화적 가치들을 실현해 나가게 된다. 그렇기는 하지만 직업이 의미 있는 삶의 형식이라는 말은 '가능성'으로 존재하는 삶의 의미지평을 이상적으로, 특별히 강조함으로써 성립되는 것이다. 왜냐하면 실제 삶은 정도상의 구분이긴 하지만 의미 있는 것일 수도 있고 무의미한 것일 수도 있기 때문이다. 따라서 직업의 의미와 가치에 대한 탐구는 가능성으로서 삶의 문제를 논의하는 것과 아울러 실제적인 삶의 질에 대한 문제를 논의함으로써 본격적으로 전개될 수 있다.

삶의 질은 삶의 과정을 통해 드러나는 것이다. 삶은 크고 작은 경험들로 구성되는 것이기 때문에 삶의 과정은 경험의 원리, 곧 계속성과 상호작용의 원리에 의해 설명될 수 있다. 앞서 설명해 온 바와 같이 계속성과 상호작용의 원리가 활발하게 작용하는 직업적 삶은 개인의 삶과 사회 문화적인 삶의 접점에 놓여 있는 것이다. 이 말은 개인이 직업적 삶을 살아감으로써 한편에서는 자신이 속해 있는 사회 문화적인 삶의 방식과 가치들을 계승하고 또 한편에서는 그러한 삶의 방식과 가치들을 자기화함으로써 자신의 삶 속에서 사회 문화적인 삶의 과정을 변형시킨다는 뜻으로 해석할 수 있다. 일반적으로 말하더라도 인간의 삶은 안정적인 측면과 변화하는 측면을 동시에 포함하는 것이다. 그런데 사회 문화적인 삶의 과정 속에 한 부분을 차지하고 있는 개인의 삶을 주목하게 되면 인간으로서 그의 삶이 표현해 주고 있는 삶의 안정적인 측면은 이전 세대의 삶과의 계속성과 관련된 것이거나 그가 속한 사회 문화적인 삶의 안정적인 측면에 대응되는 것이다. 그리고 변화하는 측면은 다른 누구의 삶이 아니라 바로 개인으로서 그의 삶을 통해 사회 문화적인 삶이 다음 세대로 전수되어 나가는 과정에서 생겨나고 부각되는 삶의 새로운 요소와 차원들의 문제로 설명될 수 있다.

이런 맥락에서 보면, 인간의 삶에 있어 직업의 의미와 성격을 파악한다는 것은 실제적인 삶의 과정에 대한 보다 깊이 있는 이해를 요청하는 것이다. 삶이라는 것은 기본적으로 "개인적인 것이건 인간 전체의 것이건 간에 넓은 범위의 경험 전체를 가리키는 것"이다(DE: 11). 그렇기는 하지만 교육의 관점에서 이야기하는 삶의 과정이라는 말은 사회화의 측면을 포함하는 것이다. 이 연구의 주제와 관련해서 말하자면, 삶의 과정에 대한 이해는 개인이 어떻게 해서 그가 속한 사회 문화적인 삶의 방식과 가치들을 습득해 나가고 결국에 사회 문화적인 존재가 되는가 하는 문제를 포함하게 된다. 이 문제와 관련해서 생각해 보면 직업은 이전 세대의 삶의 방식을 오늘에 재연하고 다음 세대로 창조적으로 전수해 나가는 삶의 과정의 핵심부를 차지한다. 이때 직업이라고 불리는 삶의 현상은 한편에서는 유사한 활동들 간의 가족유사성을 형성하는 것이지만 또 한편에서는 개인에 의해 체험되고 구체화되는 실제적인 삶의 과정 속에서는 크고 작은 변형을 일으킨다. 직업이 삶의 과정의 핵심부를 차지한다는 것은 이와 같은 이중적인 성격을 포함하는 말이다. 이러한 이중적인 성격 때문에 삶의 과정으로서 직업은 범위와 강조점에 따라 개인의 생애에 국한된 삶의 과정과 인간 전체의 삶의 과정으로 논리적 구분이 가능한 것이기도 하다. 따라서 삶의 과정적 특성을 세밀하게 분석함으로써 직업을 개념화하려면 논리적으로는 개인의 삶의 과정과 인간 전체의 삶의 과정 간의 관계를 역동적으로 조명해야만 한다. 직업의 의미를 파악하는 과정에서 고려해 볼 수 있는 개인의 삶과 인간 전체의 삶의 관계에 대한 논리적 설명방식으로는 다음과 같은 세 가지가 있다.

첫째, 인간 전체의 삶이 개인의 삶에 앞서 존재한다고 보는 방식이다. 이때 인간 전체의 삶은 개인의 삶에 앞서 제시되는 삶의 형식이며 삶의 형식이 가치 있으면 개인의 삶 또한 가치 있다고 간주된다. 엄밀한 의미에서 보면 삶의 형식으로서 인간 전체의 삶은 개념으로 존재하는 것이다. 하지만 인간 전체의 삶이 일정한 형식을 갖추고 있다는 생각 또는 믿음은 개인의 삶을 일정한 방향으로 이끌어 주는 역할을 한다. 인간 전체의 삶이라는 말 자체도 산술적인 의미로 해석될 수도 있지만 규범적인 차원에서 이해될 때 개인의 삶에 앞서 성립되는 것이자 개인의 삶을 가치 있게 이끌어 줄 수 있는 기준으로 간주된다. 이 측면을 강조해 주는 것이 인간 전체의 삶의 핵심부로 간주되는 사회 문화적인 삶 또는 사회 문화라는 말이다. 그리고 규범적인 차원에서 말하면, 개인의 삶의 과정은 그가 속한 사회 문화적인 삶이 제시하는 일정한 삶의 형식에 입문하는 과정으로 이해된다. 개인의 삶의 질은 그가 속한 사회 문화적인 삶의 질에 좌우된다. 개인의 질적 성장은 사회 문화적으로 제시되는 삶의 형식의 성격과 수준 그리고 개인이 일생을 통해 그가 속한 사회 문화적인 삶의 형식에 입문하는 정도에 좌우된다. 개인의 삶은 사회 문화적인 삶에의 입문 과정 또는 사회화 과정으로 이해된다.

개인과 사회 문화의 관계를 이와 같이 파악하게 되면 직업은 일차적으로 변화하는 것이 아니라 사회 문화적인 삶에 의해 규정되는 고정된 삶의 양식을 대변하게 된다. 일반적으로 직업은 크고 작은 습관들로 가시화되는 실제적인 활동과 실제적인 삶의 영역을 대변한다. 직업이 '고정된' 삶의 양식으로 간주될 수 있는 것은 직업을 구성하고 있는 기본단위로서 습관의 성격을 고정된 것, 정형화된 것, 변화하지 않는 것, 순전히 육체적인 것으로 규정하는 데에서 기인한다. 즉 습관이라는 삶의 현상을 개인의 삶이나 인격과의 관련성 없이 형성되어 유사한 상황에서 특정한 신체적 행위를 단순 반복하는 것으로 이해하기 때문이다. 습관이 고정된 것이라는 생각은 직업적 습관의 경우에 훨씬 더 강력하게 견지되는 것이다. 개인과 사회 문화라는 두 차원을 다소 구분하면 개인의 삶에서 출현하는 것은 습관이라고 하고 사회 문화적인 삶의 과정에서 제시되는 것은 관습이라고 말할 수 있다. 따라서 인간의 삶에 있어 직업이라는 현상의 독특한 위치와 성격 때문에 직업과 관련한 습관은 관습으로도 명명될 수 있다. 특히 인간 전체의 삶이라는 관점에서 보면 직업은 개인의 생애보다 더 길고 개인의 경험세계보다 더 넓은 영역에서 설정되는 '관습들의 복합체로서 사회 문화적인 삶의 방식'으로 이해될 수 있다(FC: 76). 그리고 관습들의 복합체로서 사회 문화적인 삶을 대변하는 직업적 삶은 관습을 중심으로 전개되는 것인 만큼 '자신을 유지하려는 경향성'이 강하다(FC: 76). 이러한 경향성은 "선천적인 본성이나 인간성보다 훨씬 더 강력한 것"이라고 말해도 무방할 것이다(FC: 68).

인간 전체의 삶이 개인의 삶에 비해 더 크고, 더 강력하다는 입장에서 보면 직업은 크고 작은 관습들로 이루어진 '관습의 복합체'로 규정된다(FC: 76). 그리고 직업은 개인의 삶에 앞서 제시되는 '소여문화(a given culture)'의 전형이 된다(FC: 68). 직업이 개인의 삶에 앞서 제시된다는 말은 직업적 활동이나 직업적 삶이 개성적인 것이라기보다 정형화된 행동패턴이나 정형화된 삶의 양식으로 간주된다는 뜻이다. 이 입장에서 보면 사회 문화적인 삶의 단위로서 개인은 전 생애를 통해 소여문화로서 직업을 자기화하는 과정을 밟아나가야 한다. 소여문화로서 직업의 자기화 과정은 가능한 한 전통적인 삶의 방식에 충실하게, 전통적인 삶의 가치들을 복원하고 유지하는 방식으로 전개되어야 한다. 이 과정에서 처음에는 '언어도 신념도 관념도 또 사회적 기준도 갖추지 못한' 미숙하고 무력한 존재였던 개인은 더 넓은 범위와 더 긴 시간대에 걸쳐 전개되는 삶을 살아가게 된다(DE: 11). 이러한 삶의 과정의 중심에 직업적 활동과 직업적 삶이 놓이게 된다. 즉 개인들이 실제적인 활동을 주로 하는 직업적 삶을 의식하고 직업적 삶을 살아가면서부터 그가 속한 사회 문화적인 삶이 추구하는 가치, 신념, 지식, 정보와 같은 것들이 자연스럽게 체득되고 이러한 삶의 결과는 다음 세대의 삶 속으로 스며들어 가게 된다. 삶의 이러한 특성은 전통적인 삶의 방식과 전통적인 삶의 가치들을 강조하는 입장에 의해 더욱더 주목받는다.

그런데 있는 그대로 재현해 내야 할 대상으로서 사회 문화적인 삶의 방식이 있고 그 연장선에서 직업이 정형화된 것으로 존재한다는 가정은 몇 가지 측면에서 문제가 있다. 먼저 사회 문화적인 존재로서 개인의 실제적인 삶을 소여문화로서 직업의 자기화 과정으로 보게 되면 이전 세대로부터 전수된 직업과 직업적 삶에 있어서의 변형이나 새로운 직업의 출현이라는 삶의 사실이 설명되지 않는다. 또한 삶의 과정에 대한 이해에 있어 안정적이고 획일적이고 공통적인 측면만이 강조되고 변화하는 측면이나 개성적인 측면에 대해서는 주의를 기울이지 않게 된다. 그 결과로 인간 전체의 삶을 논의할 때에 삶의 이중적인 성격이나 대조적인 측면들 간의 관계를 소홀히 다루게 된다. 개인의 삶을 논의할 때에는 자유로운 사고나 개성적인 경험의 가치에 대해 별다른 주의를 기울이지 않게 될 가능성이 높다. 나아가 개인의 성장이 전체로서 인간 삶에 어떤 영향을 미치는가 하는 문제에 대해서도 간과하게 될 가능성이 높다. 사실 미숙하고 무력한 존재로 태어난 개인이 생존해 나가는 방식은 자신의 일생을 통해 앞서 전수된 크고 작은 습관들을 체득하고 그가 속한 사회 문화적인 삶이 요구하는 여러 가지 관습들을 체득해 나가는 과정으로 설명된다. 이러한 삶의 과정은 개인의 실제적인 삶의 질이 어떠한가 하는 문제와는 별개로 그 자체로 가치 있는 것으로 간주되고 개인에게 강요되는 경향이 있다. 그리고 그 연장선에서 사회 문화적인 삶의 전형이라고 할 수 있는 직업적 활동이나 직업적 삶의 영역은 인과론적 체험으로 가득 채워지기도 한다. 이때 삶의 과정의 의미와 가치는 전적으로 이전의 삶의 방식과 가치들이 오늘날에도 유지되고 있으며 앞으로도 유지될 것이라는 가정에 의해 설명된다.

둘째, 개인의 삶을 통해서 인간 전체의 삶이 비로소 생겨난다고 보는 것이다. 이때 개인의 삶은 인간 전체의 삶에 앞서 존재했던 삶의 실질적인 차원이자 실질적인 내용을 대변한다. 이 입장에서 보면 인간 전체의 삶은 개인의 실질적인 삶을 떠나서는 성립되지도 존재하지도 않는 실체 없는 허구이거나 내용 없는 형식에 불과하다. 따라서 인간 전체의 삶이나 인간 전체의 삶을 규범적인 차원에서 집중적으로 부르는 사회 문화적인 삶이라는 것은 개인들의 삶을 묶어서 부르는 복수형으로 이해된다. 자연 상태에서 개인의 삶은 종잡을 수 없이 움직여 나가는 변화 그 자체를 특징으로 한다. 그렇기 때문에 개인들의 삶을 묶어서 부르는 인간 전체의 삶 또는 사회 문화적인 삶은 언제나 변화를 특징으로 한다. 어느 수준에서이든 삶의 질은 개인의 실질적인 삶과 삶의 과정에 달려 있는 문제가 된다. 포괄적인 의미의 삶의 과정은 개인들의 삶이 보여주는 전체적인 변화 동향으로 요약될 수 있다. 이때 사회 문화적인 삶의 실제적인 양태를 대변해 주는 직업은 형식에 있어서는 뭐라고 이야기하든지 간에 실질적으로 개인들의 삶에 좌우되는 개인의 삶과 삶의 과정에 따라 나오는 결과물로 이해된다.

　사실 낱낱의 삶으로 분해될 수 있는 인간 전체의 삶을 가정하게 되면 규범적인 성격이 가미된 사회 문화적인 삶이라는 말 자체가 성립되지 않는다. 하지만 실제의 삶의 사태를 가만히 들여다보면 사회 문화적인 삶이라고 하더라도 안정과 전통이라는 특성과 동시에 변화와 진보의 특성을 포함한다는 것을 알 수 있다. 물론 앞서 언급한 바와 같이 전통의 형성과 유지라는 측면에서 주목받는 관습은 한 개인이 자신의 삶을 통해 형성하는 습관에 비해 훨씬 더 강력한 것이다. 따라서 인간적인 삶의 핵심을 이루는 사회 문화는 '관습의 복합체'로 정의된다(FC: 76). 하지만 이러한 관습도 발생적인 측면에서 보면 '집단적 행동, 즉 개인들 사이의 어느 정도 고정된 상호작용의 체계'에 지나지 않는다(HNC: 58). 이 말은 관습이 개인들의 삶과 실질적인 경험들이 일정한 체계와 조직을 이루어 형성된 것이며, 나아가 한 번 형성된 관습이라고 하더라도 개인들에 의해 재연되지 않는다면 관습으로서의 의의를 상실하게 된다는 것까지를 시사한다.

이런 맥락에서 관습보다 개인의 삶에 더 밀착된 개념이라고 할 수 있는 습관의 차원에서 직업에 대해 생각해 보면, 한 개인이 자신의 생애를 통해 획득한 크고 작은 습관들의 조합이 개성적이고 인격적인 하나의 직업을 만들어 낸다는 논리가 성립된다. 사실 모든 습관은 어떤 결과와 목적을 실현해 나가기 위한 체계적인 상호작용의 과정에서 생겨난다. 습관은 인간 삶의 어떤 활동과도 비교할 수 없을 정도로 개인에게 있어서는 물론이며 그의 주변 사람들에게까지 그 활동이 낳는 결과와 가치를 가시적인 수준에서 확인시켜 준다는 특징이 있다. 물론 한 번 형성된 습관은 그 습관에 내재된 결과나 목적에 대한 의식이 약화되거나 소멸됨으로써 일정한 절차와 육체적 행위들의 무더기로만 남게 되기도 한다. 하지만 모든 습관에 내재된 결과나 목적이 한 개인의 삶을 넘어서서 집단의 삶에 유익한 것으로 판단되면 집단의 삶이 추구하는 어떤 결과나 목적에 부합되는 다른 습관들과 함께 그 습관은 특정의 사회 문화적인 활동을 구성하는 중요한 요소로 간주된다. 삶의 과정을 이와 같은 방식으로 생각해 보면, 개인의 삶이 인간 전체의 삶을 구성하고 이끌어 가는 실질적인 단위이며 직업과 관련한 개인의 삶은 특별히 사회 문화적인 삶의 실제적인 양태를 대변하는 사회 문화적인 삶의 기본단위라고 말할 수 있다. 이 과정에서 설명되는 삶은 변화와 진보를 주된 특징으로 한다. 따라서 인간 삶의 또 다른 특징으로서 안정과 전통, 특히 전통의 형성과 유지라는 측면을 적절히 설명하는 데에는 한계를 지닌다.

이상 두 가지 설명방식은 인간 전체의 삶과 개인의 삶을 어느 한편에서 강조한다는 점에서 구별된다. 논리학의 추론방식에 대응시켜 앞의 두 가지 설명방식을 구별하면 각각 연역법과 귀납법을 구사하는 것이라고 말할 수 있다. 그리고 이 두 가지 설명방식은 인간 전체의 삶과 개인의 삶을 통합적으로 조명하는 것이 아니라 특정의 관점에서 선택적으로 강조한다는 점에서는 공통적이라고 말할 수 있다. 반면 이하의 논의를 통해 비중 있게 검토될 세 번째 방식은 논리학의 추론방식에 있어서는 연역적 귀납법으로, 일상적인 삶의 사태에서는 귀추법으로 불리는 것이다. 이 방식은 인간 전체의 삶과 개인의 삶을 '삶의 과정'이라는 관점에서 통합적으로 그리고 순환적으로 조명한다는 점에서 연역법이나 귀납법의 논리에 따라 개인과 사회 문화 또는 삶과 직업의 문제를 조명하는 앞의 두 경우와는 구별될 수 있다.[28]

---

28) 연역적 귀납법은 과학의 실험적 방법의 특성에 근거한 추론방식으로 과학철학에서 말하는 abduction과 같은 것이다. abduction에 대한 국내 번역어로는 귀추법(歸趨法), 불명추론(不明推論), 가추법(可推法)과 같은 것이 있지만, 본문에서는 이 추론방식이 일상적인 삶의 사태에서 사용되는 보편적인 것이기도 하다는 점에서 귀추법이라는 번역어를 사용하고 있다. 왜냐하면 귀추법은 일상의 삶의 사태에서 어떤 일이나 사건의 결과에 대한 관심을 표현할 때 사용하는 "귀추가 주목된다"는 말로 가장 잘 설명될 수 있는 것이기 때문이다. 보통 귀추가 주목된다고 말할 때에는 현재 상태에서 대략적으로나마 짐작되는 결과가 있기 마련이다. 하지만 이 말이 사용될 때 짐작되는 결과대로 사건이 마무리될지 어떨지에 대해서는 최종판단을 유보해 둔 상태이기 때문에 귀추법의 가장 큰 특징은 오류의 가능성을 인정한다는 점에 있다. 또한 짐작되는 결과에 대한 관심이 지속되는 동안에는 사건의 전후관계나 전모 그리고 추론 가능한 확정된 상태에 대한 모든 논의가 계속적인 진행형으로 처리된다. 한마디로 명확한 것은 없고 사건 진행의 과정만이 본질적인 것으로 간주된다. 조금 어렵게 표현하면, 프래그머티스트로 알려진 퍼스(Peirce)가 이 추론방식을 처음 소개하면서 제시한 설명과 같이, 귀추법은 소전제가 불명확한 삼단논법이라고 설명할 수 있다.

연역적 귀납법 또는 귀추법에 따르면 사회 문화적인 삶과 개인의 삶은 '개인의 실질적인 삶의 과정' 속에서 통합적이고 순환적인 관계를 형성하고 있는 것으로 설명된다. 이 논리에 따르면 사회 문화적인 삶이나 개인의 삶은 고정된 실체가 아니라 어떤 문제를 중심으로 어떤 방향으로 개념화되느냐에 따라 달라질 수 있는 것이다. 개인의 실질적인 삶의 과정은 여러 가지 계기와 동기에 의해 사회 문화적인 가치와 의미들을

이렇게 보면 귀추법은 이 논문의 이론적 토대가 되고 있는 듀이의 경우는 물론이며 화이트헤드의 문제의식과도 상당히 밀접한 관련을 맺고 있는 것이다. 먼저 화이트헤드의 경우에는 진보의 기준을 논의하는 과정에서 오류의 인간적 가치를 주장한 것과 관련이 있다. 즉 화이트헤드는 "오류를 두고서 겁내는 것은 진보의 종말"로서 "진리를 사랑하는 길은 곧 오류를 보호하는 것"이며(Whitehead, 1938: 16), "오류는 인류의 교사이자" "진보를 위해 우리가 치르는 값진 대가"라고 주장한다(Whitehead, 1929a: 350). 이러한 주장은 오류의 가능성을 안고 있는 과정의 중요성을 중심으로 도전과 모험으로 성취되는 진보된 상태를 설명하는 것으로 해석될 수 있다. 그리고 듀이의 경우에는 습관이나 목적에 대한 논의가 귀추법의 가정이나 강조점을 견지하고 있는 것으로 해석될 수 있다. 습관은 앞서 설명해 온 바와 같이 지금까지 형성된 일정한 삶의 패턴에 따라 미래의 삶의 모습을 추론할 수 있도록 해주는 근거이면서, 동시에 매 순간의 경험에 따라 재구성될 수 있는 것이다. 그리고 듀이가 주장하는 목적은 고정된 것이 아니라 진행 중인 활동 속에서 자연스럽게 출현하고 재구성되는 과정적 목적이다. 습관과 목적, 나아가 이 논문에서 삶의 목적을 축약해 주는 실제적인 활동으로 제시하고 있는 직업에 대한 논의까지 포함해서 듀이 교육사상의 핵심적인 아이디어들은 귀추법의 가정이나 강조점을 견지하고 있는 것으로 판단된다(DE: chs. 9, 17; EN: ch. 9). 따라서 이하의 논의, 특히 이하에서 제시되는 세 번째 설명방식은 귀추법의 입장에서 삶으로서 직업의 실현과정을 구체화하기 위한 시도임을 밝혀둔다. 귀추법과 관련한 보다 자세한 설명은 김성도(1998), 김영택(1994), 소흥렬(1984; 1990)을 참조할 수 있다. 그리고 오류에 대한 재평가라는 관점에서 귀추법의 논리적 가정과 강조점을 이해하기 위해서는 탁석산(2001)을 참조할 수 있다.

풍부하게 실현하는 삶을 지향하기 마련이다. 이때 개인의 실질적인 삶은 그가 속한 사회 문화의 지도를 받는다고 말할 수 있다. 그런데 우리 각자의 경험에 비추어 보면 사회 문화라는 것은 우리가 지금까지 살아오면서 겪어온 것들을 배경으로 추상적으로 개념화해 놓은 일종의 관념이라고 말할 수 있다. 이때 개인의 실질적인 삶의 과정에서 보다 직접적으로 체험되는 삶의 요소나 차원들은 개인이 관념화하는 사회 문화의 개념이 된다. 하지만 어느 정도 성숙한 개인이라고 하면 사회 문화에 대한 관념은 다른 상황에서 다른 형태로 구성될 수도 있고 논리적으로 보면 자신이 상상할 수 있는 것보다 더 넓고 더 큰 영역의 총체로서 사회 문화라는 것을 상상적으로 허용하게 된다.

이렇게 보면 개인의 실질적인 삶을 지도하는 것은 실체로서 사회 문화가 아니라 각자에 의해 구성된 관념으로서 사회 문화라고 말할 수 있다. 관념으로서 사회 문화는 개인의 삶의 경험을 배경으로 형성된 것이기 때문에 실질적인 삶의 방향을 지시하고 지도하는 실제적인 성격의 것이기도 하다. 하지만 개인의 실질적인 삶의 과정을 통해 개념화된 관념으로서 사회 문화는 경험들의 누적과 재편에 의해 재구성될 수 있는 가변적인 것이다. 따라서 개인의 실질적인 삶의 과정 속에는 사회 문화도 개인도 수시로 변화하는 것이고 어느 한쪽이 변화하면 다른 한쪽이 그 영향을 받아 실질적인 삶의 전개방향이나 실제로 실현될 구체적인 삶의 내용에 영향을 미친다.

실질적인 삶의 과정 속에서 논리적으로 더 큰 것으로 가정되는 사회 문화는 개인의 삶과 결합되어 개인으로서 꿈꿀 수 있는 이상적인 삶의 모습, 이상적인 삶의 방향을 시사하는 역할을 한다. '이상적인' 삶이라는 말에는 아직까지 현실화되지는 않았지만 앞으로 현실화될 가능성이 있다는 뜻이 담겨 있다. 그리고 이러한 삶은 현재로서 꿈꿀 수 있는 가장 인간적인 삶, 즉 자신의 삶의 가치가 가장 풍부하게 실현되고 삶의 의미지평이 최대한으로 확대된 삶의 상태를 뜻한다. 이상적인 삶에 대한 상상은 개인의 실질적인 삶의 과정에서 사회 문화에 대한 관념과 개인의 삶, 더 구체적으로 말하면 개인이 지금까지 겪어 온 경험들이 결합되어 형성되는 것이다. 하지만 이상은 여전히 현실과는 대비되는 것이기 때문에 구체적이고 실제적인 활동들을 통해 구현되어야 한다. 이상적인 삶의 모습이 실제적인 활동들로 구현되는 가장 일반적인 방식은 직업적 활동을 수행하거나 직업적 삶에 대한 구체적인 계획과 목표를 설정하는 것이다. 이상적인 삶에 대한 상상이 현실화되는 정도는 연령에 따라, 가령 유아나 청소년 그리고 성인의 경우로 대별될 수 있는 차이를 보인다고 말할 수 있다. 따라서 본격적인 의미에서 이상적인 삶에 대한 논의는 성인의 직업적 활동이나 직업적 삶에 대한 계획을 중심으로 이야기할 수 있다.

하지만 유아들이 막연하고 추상적이긴 하지만 이상적인 삶에 대한 상상을 한다는 것은 엄연한 사실이다. 그리고 이 사실은 포괄적인 의미에서 이야기할 수 있는 삶의 과정을 거시적으로 접근해서 한계를 짓는 데에는 유익하기까지 하다. 유아들은 자신이 주로 하는 놀이나 관심거리와 인접해 있는 어른들의 일을 장래희망으로 제시하기도 하고 현재 자신이 하고 있는 것과는 상당한 거리감이 있는 어른들의 활동을 막연히 자신의 장래희망이라고 제시하기도 한다. 어느 경우이든지 간에 유아들의 상상 속에서 활동하는 사회 문화라는 관념 또는 사회 문화적인 삶의 방식이라는 것은 그 유아가 속해 있는 사회 문화적인 삶의 범위나 가치 지향점을 시사한다. 예를 들면, 오늘날 한국 사회에 태어난 아이는 의사가 되겠다, 교사가 되겠다, 화가가 되겠다, 축구선수가 되겠다, 패션 디자이너가 되겠다는 식의 장래희망 또는 직업생활에 대한 계획을 갖고 살아간다. 반면, 부시맨 유아는 사냥꾼이 되겠다, 족장이 되겠다는 식의 삶의 계획을 갖게 된다. 유아의 상상 속에 있는 어른들의 삶은 그들의 삶의 목적으로 간주된다. 그리고 삶의 목적이 되는 어른들의 삶은 사실상 그들이 속해 있는 사회 문화적인 삶의 대략적인 테두리를 시사하고, 그 테두리 속에서 실제적인 활동들을 중심으로 전개되는 직업의 문제로 축약해서 정리되고 관념화된다. 이때 직업은 삶의 실제적인 차원에서 성숙한 인간의 삶이나 이상적인 삶의 상태, 더 나아가 사회 문화적인 삶의 중심축으로 간주된다. 하지만 이 정도의 발달단계에 있는 개인의 삶의 과정에서는 사회 문화 또는 사회 문화적인 삶이라는 것은 관념적인 성격이 짙은 것이고 개인의 삶과 통합적이고 긴밀한 관계에 있는 것으로 직접적으로 체험되는 것은 아니라고 말할 수 있다. 이 단계에서 사회 문화에 대한 관념은 개인의 지금까지의 삶과 경험에 비해 더 넓고 더 깊은 차원의 삶이 있으며 이 차원의 삶은 개인의 삶에 비해 세련되고 원숙한 것으로서 인간적인 가치가 풍부하게 내재되어 있으리라는 짐작의 수준에 있는 것이라고 할 수 있다.

가장 적극적인 의미에서 이야기되는 사회 문화적인 삶과 개인의 삶 간의 통합적이고 순환적인 관계의 형성이라는 것은 두 가지 경우로 나누어 설명해 볼 수 있다. 이하에서 제시되는 두 경우는 모두 '연대기적 방법(chronological method)' 또는 '발달적·심리적 방법'에 의해 개인이 사회 문화적인 삶의 실제적인 양태로서 직업적 활동과 직업적 삶을 실현해 나가는 과정을 설명하는 것이다(DE: 343). 연대기적 방법은 '학자나 전문가들이 구사하는 논리적 방법에 대비된다는 점'에서 발달적 방법 또는 심리적 방법으로 이해될 수 있다(DE: 343).[29]

---

29) 연대기적 방법의 의미를 설명할 때 듀이는 사실상 다음과 같은 세 가지 측면을 지적한다. 즉 이 방법이 일반인들이 생각하는 심리적 방법과 유사한 것이라는 점, 학자나 전문가들이 구사하는 세련된 논리적 방법과 구분된다는 점, 그리고 이 방법은 처음부터 학자나 전문가들의 논리적 방법을 흉내 내는 것과는 달리 시간이 많이 걸리더라도 결과적으로 미성숙한 학습자에 합당한 교육방법이라는 점을 지적하는 것이었다(DE: ch. 17). 이러한 듀이의 설명방식에 근거해서 이홍우는 「민주주의와 교육」을 번역할 때 chronological method에 대한 번역어로 '발달적 방법'이라는 용어를 채택한다. 그런데 연구자가 판단하기에 학습을 고정된 지식을 받아들이는 과정으로 규정하지 않는다면, 교과를 학습하는 상황에서 상상적으로 개입되는 학자나 전문가 또는 교과의 대변자로서 교사나 성인 역시 미성숙한 학습자와 마찬가지로 chronological method를 계속적으로 구사하는 존재로 드러나야 한다. 따라서 인생의 전반적인 과정을 염두에 두고 규범적으로 사용할 경우를 제외하고, chronological method는 아동과 성인 각각에서 일어나고 있는 사건들을 최대한 중립적으로 표현해 주는 용어로 해석될 필요가 있다. 연구자가 생각하기에, 듀이의 의도를 최대한 살려서 번역할 수 있는 적절한 단어를 계속 모색하기는 해야겠지만, 현재로서는 '연대기적 방법'이라는 용어를 대안적으로 채택해 볼 수 있을 듯하다. 발달과 성장이라는 측면에서도 '연대기적 방법'이라는 번역어를 쓸 수 있는 근거로는 듀이가 「시간과 개성(Time and individuality)」에서 시간과 존재 또는 일생과 인간에 대해 논의하는 것을 참조할 수 있으리라 판단된다. 연대기적 방법의 구체적인 전개과정은 Ⅲ장 3절에서 직업적 자아실현의 구조와 성격을 논의하면서 다시 한번 설명될 것이다.

하지만 여기에서는 의식적으로 추구되는 규범적인 삶이 아니라 우연적인 계기들로 연속되는 일상적 삶의 한 측면을 강조할 때에는 연대기적 방법이라는 용어로 설명한다. 그리고 규범적인 삶의 가치를 의식하고 적극적으로 추구해 나가는 인간적인 삶의 특성을 강조할 때에는 발달적·심리적 방법이라는 용어를 사용한다. 이런 맥락에서 제시되는 첫 번째 경우는 연대기적 방법에 의해 개인이 사회 문화, 특히 사회 문화적인 삶의 실제적인 양태를 대변하는 직업과 통합적이고 순환적인 관계를 형성하는 경우라고 말할 수 있다. 즉 개인이 유년시절부터 삶의 전 과정을 통해 형성하고 발달시켜 온 무엇에 대한 흥미와 무엇을 하는 취향이 어른이 되어서 보니 특정 직업세계나 직업군에서 자주 발견되는 주요한 습관이나 태도와 닮아 있을 때를 생각해 볼 수 있다.

예를 들면, 어떤 사람이 되겠다는 생각이 뚜렷했던 것은 아니지만 어린 시절에는 선생님 놀이를 즐겨 하고 피아노를 치는 데에 관심이 있었고 대학에 가서는 다른 전공을 선택해서 공부를 했지만 여전히 피아노를 즐겨 쳐 온 사람이 어느 시점에 유아들을 대상으로 하는 피아노 학원 선생님이 되는 경우를 생각해 볼 수 있다. 피아노 학원 선생님이 되기로 결심하고 실제로 그 일을 업으로 삼게 되면서부터 한 개인으로서 그의 삶은 사회 문화적 차원으로 확대되고 연장되기 시작한다. 그 사람은 경우에 따라 지금까지 별로 의식하지 못했던 그 일과 관련한 크고 작은 문제들을 직면하고 해결해 나가면서 그 일을 하는 사람들이 유사하게 갖게 되는 습관적 행동들을 하게 될 것이다. 물론 또 한편에서는 그 일과 관련한 그만의 노하우를 형성하게 될 수도 있다. 어찌 되었든 이 과정에서 그의 삶은 사회 문화적인 삶으로 본격화된다.

그런데 이런 경로로 직업을 갖게 된 경우는 개인의 삶과 사회 문화적인 삶이 긴밀하게 통합된다고 볼 수 없다. 왜냐하면 개인의 흥미와 취향, 그리고 성장 결과로 획득된 몇몇 습관들이 우연히 그가 속한 사회 문화적인 삶이 긍정하는 어떤 직업적 활동에서 요구되는 그것들과 유사해서 개인의 삶의 과정이 더 넓고 더 긴 시간대의 삶으로 확대되고 연장된 경우이기 때문이다. 이 경우에 실질적인 삶의 과정은 개인의 삶과 사회 문화적 삶 간의 연결이라는 측면이 포함되기는 하지만 이 연결은 상대적으로 느슨하고 조악한 방식의 단순 결합을 의미하게 된다. 직업은 한 개인의 일생을 통해 자연스럽게 생겨난 삶의 목적과 일치할 때에 개인의 삶과 사회 문화적 삶 간의 가장 긴밀한 통로가 될 수 있다. 하지만 개인의 삶의 목적과 직업적 활동이 서로 충돌하거나 우연적으로 결합하는 경우에 직업은 노예적 삶의 전형으로 체험될 위험이 있다. 이때 직업은 개인의 삶에 부가되는 외적인 것으로 체험되기 쉽기 때문에 직업은 사회 문화적인 삶의 실제적인 양태이자 일정한 행위방식들로 채워진 삶의 형식으로 간주될 가능성이 있다. 이런 경우에 사회 문화라든가 사회 문화적인 삶의 실제적인 양태로서 직업은 인격적이고 개성적인 것으로 취급되기 어렵다.

이와 구별되는 또 한 가지는 적극적인 발달적·심리적 방법에 의해 삶으로서 직업을 실현하는 경우이다. 구체적으로 말하자면, 개인이 자신의 삶의 과정을 통해 '무엇에 대한 흥미'와 '무엇을 하는 취향'을 체계적이고 조직적인 방식으로 긴 시간 동안 삶의 다양한 차원과 영역으로 의식적으로 발달시켜 나가는 경우이다. 인간이 전 생애에 걸쳐 형성하게 되는 흥미와 취향은 크고 작은 습관들로 정착된다. 흥미와 취향은 서로 유사하게 묶일 수 있는 것들도 있고 어떤 방식으로든 무리를 형성할 수 없는 것들도 있다. 그에 준해서 습관이라는 것도 어떤 것들은 유사한 것들로 분류되고 또 어떤 것들은 홀로 고립된 채로 일생 동안 유지될 수도 있다. 그런데 어떤 흥미나 취향들은 동일한 범주로 원활하게 포섭되고 다른 범주에 속한 다른 종류의 흥미나 취향과는 확연히 구별될 수 있다. 마찬가지로 어떤 습관들은 동일한 범주로 묶어내기가 수월하고 또 동일한 범주로 묶인 습관들 간의 관계가 긴밀하게 지각되는 경우도 있다. 이와 같이 유사성 또는 인접성이 두드러지게 부각되는 흥미들, 취향들, 그리고 습관들은 그의 삶이나 현재 경험이 염두에 두는 '예견된 결과가 개인의 장차 운명에 대해 가지는 의미, 그리고 그 예견된 결과를 얻기 위하여 행동할 열의를 강조해서 표현'해 준다(DE: 196). 따라서 실제적인 수준에서 이러한 흥미들, 취향들, 습관들은 보다 나은 삶에 대한 복잡한 생각, 한마디로 삶의 총체적 이상을 형성하는 데에 적극적으로 개입된다. 발달적·심리적 방법에 의해 형성된 삶의 총체적 이상은 실제적인 수준에서 탐색되고 추구되는 것이기 때문에 실제적인 삶의 영역을 대변하는 직업과 쉽게 동일시된다. 그리고 삶의 총체적 이상과 동일시되는 직업은 한 개인의 삶에 있어 독특한 의미로 채색되기 마련이어서 다른 사람들이 갖고 있는 것과 유사한 습관적 행위들로 구성된 직업이라고 하더라도 그 직업의 의미는 각자의 삶만큼이나 다양하다고 할 수 있다.

그렇기는 하지만 삶의 이상적인 모습을 대변하는 직업적 삶을 실현하고자 하는 의지가 강한 사람의 삶은 전 생애에 걸쳐 자신이 꿈꾸는 그 일과 관련된 크고 작은 습관들을 체득하고 더욱더 세련되게 하는 데에 할애된다. 크고 작은 습관들 중에는 그 직업에서 주로 사용되는 도구나 소재에 대한 단편적인 지식과 정보를 다루는 것은 물론이며 일정한 절차와 체계에 따라 진행되는 훈련과정과 기술의 획득 그리고 그 과정에서 요구되는 일정한 사고방식과 관련된 것들이 포함된다. 실제적인 활동과 기술을 연마하는 과정으로 본격적으로 진입하게 되면, 한 개인의 삶은 그가 주력하고 있는 직업적 활동을 중심으로 그가 속한 사회 문화적 삶의 가치들을 받아들이고 구현하는 데에 은연중에 개입하기 시작한다. 물론 이러한 변화를 의식할수록 개인의 삶과 사회 문화적인 삶 간의 질적인 통합과 순환이 활발하게 일어난다. 이 단계에서 삶의 과정을 공간적으로 확장하고 시간적으로 연장해 나가고자 하는 능동적이고 적극적인 태도는 직업적 활동으로 구체화된 삶의 총체적 이상에 대한 의식에 좌우되는 것이다. 한 개인이 추구하는 삶의 총체적 이상은 단순히 어떤 결과나 도달점을 의미하는 것이 아니라 그가 바라는 이상적인 삶의 상태에 대한 총칭이다. 삶의 총체적 이상 또는 목적에 대한 의식은 한 개인이 추구하는 신념과 가치, 삶에 대한 열의와 포부를 포함한다. 개인의 신념, 가치, 열의, 포부는 물론이며 개인이 기대하고 계획하는 것들은 삶의 상황에 따라 변화하는 것이다. 즉 삶의 총체적 이상은 삶의 과정 속에서 끊임없이 재구성된다. 보다 구체적으로 말하자면, 삶의 총체적 이상은 개인이 주력하는 직업적 삶의 과정에서는 물론이며 직업적 삶을 구성하는 크고 작은 습관들을 획득하는 과정이나 매 순간의 의미 있는 경험들의 진행과정 속에서 재구성되는 것이다.

이런 맥락에서 개인을 넘어선 영역에서 상당히 고정된 것으로 간주되는 사회 문화라는 것은 사실상 고정된 실체가 아니라 실질적인 삶의 과정에서 귀추가 주목되는 변화 가능한 목적에 해당하는 것이라고 할 수 있다. 즉 사회 문화는 과정으로서 사회 문화라고 말할 수 있고, 과정으로서 사회 문화는 개인의 실질적인 삶이 실현할 수 있는 성장의 방향을 시사하는 것이자 가장 최대치로 확장된 삶의 의미지평을 대략적으로 암시해 주는 것이다. 실질적인 삶의 과정 속에서 사회 문화라든가 사회 문화적인 삶의 실제적인 양태로서 직업은 삶의 목적이나 방향에 상응하는 관념적인 성격의 것이기는 하다. 그렇지만 인간의 삶에 있어 사회 문화의 역할이나 사회 문화적인 삶을 대변하는 직업의 성격에 비추어 보면 실질적인 삶의 과정에서 사회 문화나 직업이라는 것은 크고 작은 습관들(habits) 또는 삶에 대한 태도(Habit)로 구체화될 수 있다. 사회 문화적인 존재로 성장해 나가는 삶과 순전히 개인적인 세계에 안주하는 삶을 대조해서 말하자면, 사회 문화적인 삶과 개인의 삶 간의 통합적이고 순환적인 관계를 계속적으로 모색해 나가는 실질적인 삶의 과정 속에서 사회 문화는 '넓은 인간적 관심에 대한 세련된 태도'와 동일시될 수 있는 것이다(DE: 190). 그리고 이때 사회 문화적인 삶의 실제적인 양태로서 직업은 인격적이고 개성적인 성격을 띠게 된다.

문화는 적어도 무엇인가 세련된 것, 원숙한 것을 의미하며, 조잡하고 덜 된 것에 반대가 된다는 것은 분명하다. ‘자연’이 조잡한 것과 동일하다면, 문화는 이른바 ‘자연적 발달’이라는 것에 반대된다. 문화는 또한 ‘인격적인(personal)’ 것이다. 그것은 학문과 예술, 넓은 인간적 관심에 대한 세련된 태도를 나타내는 것이다(DE: 190).30)

문화의 정의로서 가장 적합한 것이 있다면 그것은 ‘‘의미지각의 범위와 정확성’을 부단히 확장하고 향상시켜 나가는 능력’이라는 정의일 것이다(DE: 194).

개인의 삶의 목적은 대체적으로 말해서 삶의 안정적인 요소와 차원들로 구성된, 그가 속한 사회 문화적 삶과 연결되어 있거나 그것의 부분적 구현체에 해당되는 것이다. 개인의 삶의 목적은 그의 선대들의 삶의 결과로 그가 물려받은 것이며 상당한 정도로 이전 세대의 삶을 이어받고 다시 그를 통해 다음 세대로 전수될 것이다. 물론 개인의 삶이 상당한 정도로 인간 전체의 삶의 과정과 그 결과에 의존한다는 점에서 이러

---

30) 사실 듀이에게 있어 문화란 무엇인가 하는 문제는 듀이 자신에게 있어서, 그리고 듀이 연구자들에게 있어서도 미완의 과제인 셈이다. 왜냐하면 문화라는 주제어는 그가 아흔이 넘어 서거하기 얼마 전까지 지금까지 자신의 철학 및 교육사상을 축약적으로 대변해 준 경험 개념을 대체할 목적으로 주목받은 것이기 때문이다. 하지만 따지고 보면 듀이가 제안하고 있는 모든 주제어들 가령 경험, 성장, 자유, 도덕, 직업 그리고 문화에 이르는 모든 주제어들은 우리 각자의 문제의식과 결합된 각자의 설명방식을 고안해 내지 않는 한 하나의 형식어로서의 운명을 벗어날 수 없을지도 모른다. 그렇기는 하지만 경험과 자연의 관계라는 듀이 철학 전체에 걸쳐 있는 가장 난해한 문제를 조명하는 과정에서 ‘경험과 자연’을 ‘문화와 자연’으로 바꾸고자 한 의도를 어떻게 파악할 것인가 하는 문제는 듀이의 문화 개념에 대한 탐구에 있어 또 다른 난점이라고 할 수 있을 것이다(LW1: 361).

한 설명은 삶의 사실에 어느 정도로 부합된다고 말할 수 있다. 하지만 인간 전체의 삶의 과정 속에 녹아들어 가는 개인의 삶은 동시에 인간 전체의 삶이 구현하고자 한 '신념, 이상, 희망, 행복, 불행, 그리고 실제(practice)의 재창조'를 또 하나의 특징으로 삼는다(DE: 11). 또한 개인의 삶에 앞서 제시되는 정형화된 삶의 방식이나 습관적 행위들이 있다고 하더라도 그것은 구현하는 사람에 따라 의미에 있어 전적으로 다른 것이 된다. 다른 활동영역에 비해 직업적 삶과 직업적 활동은 뚜렷하게 실제적인 것이며, 크고 작은 습관들로 구성되어 있기 때문에 여러 활동들 가운데에서도 가족유사성을 형성하는 데에 용이하다. 그렇기는 하지만 실제 삶의 과정 속에서 그 일이 누구의 삶 속에서 어떤 방식으로 전개되고 삶의 어느 지점에서 어떤 성격을 띤 것으로 체험되고 있느냐에 따라 그 일의 의미는 상당히 달라진다. 간혹 직업은 삶의 다른 영역에 비해 가족유사성을 형성하는 것이 용이하다는 이유에서 시대나 사회 문화적 환경과는 무관하게 똑같이 '재인($re-cognition$)' 또는 복사할 수 있는 것으로 오해된다(EN: 328). 하지만 개인의 삶과 사회 문화적인 삶이 직업과 관련한 실질적인 삶의 과정 속에서 유기적으로 결합하게 되면, 개인에 의해 구현되는 사회 문화적인 삶이나 직업이라는 것은 '창조적 재연(再演)'의 과정을 밟아나가게 된다(박철홍, 2003). 이러한 삶의 사실을 주목하는 것은 경험의 계속적인 재구성에 기초한 이론의 가장 중요한 특징이기도 하다.

다른 교육관과 대조하여, 계속적인 재구성으로서의 교육이라는 생각이 나타내고 있는 가장 중요한 특징은, 그것이 목적과 과정을 동일한 것으로 보는 데 비하여 다른 교육관은 어느 한쪽만을 강조한다는 것이다. 목적과 과정이 동일하다는 것은 언어상으로 볼 때 모순이지만, 오직 언어상으로만 모순이다. 목적과 과정의 동일성이라는 것은 곧 하나의 활동 과정으로서의 경험이 일정한 시간 동안 진행되고 그 뒷부분이 앞부분을 완결한다는 뜻이다. 이 뒷부분은 이때까지 보이지 않던 새로운 관련을 드러낸다. 그리하여 그 뒷부분의 결과는 앞부분의 의미를 밝혀주며 여기에 비하여 경험 전체는 이 의미를 가진 사물 쪽으로 나아가려는 경향성을 확립시킨다. 이러한 계속적인 경험 또는 활동은 어떤 것이든지 교육적 성격을 가지고 있으며, 교육은 어떤 것이든지 그러한 경험을 가지도록 하는 것이다(DE: 125－126).

따라서 가장 적극적인 의미의 삶의 과정은 창조적 재연을 특징으로 한다고 말할 수 있다. 창조적 재연은 계속성의 원리에 입각해서 말하자면 "한편에서는 [이전 세대의 삶과의] 완전한 단절을 거부하면서 다른 한편에서는 동일성의 단순한 반복을 배제하는" 삶의 방식이다(LTI: 23). 상호작용의 원리에 따르면, 창조적 재연이란 "낯익은 것들을 [오늘의 사회 문화적 삶과 그 속의 개인의 삶이라는] 새로운 맥락에 도입"함으로써 새로운 삶의 세계를 열고 새로운 삶의 세계로 진입해 나갈 때 생겨난다(DE: 251). 이때 낯익은 것들은 크고 작은 관습이나 습관 또는 그것들을 구성하고 있는 도구, 소재, 훈련과 기술 등을 지칭하는 것으로 이해할 수 있다. 또는 "개인들 간의 어느 정도 고정된 상호작용의 체계" 자체를 말하는 것으로 이해할 수도 있을 것이다(HNC: 58). 특히 개인들 간의 어느 정도 고정된 상호작용의 체계라는 것은 관습의 기본적인 구조를 의미하는 것으로, 일정한 방식의 상호작용의 체계와 조직을 그

것이 원래 추구해 온 결과나 목적과는 구별되는 전혀 다른 결과나 목적을 실현하기 위해 도입함으로써 삶의 안정적 측면과 변화하는 측면들 간의 조화와 균형이 유지된다. 또는 개인의 실질적인 삶의 과정에서 재연되는 동안에 전체로서 삶의 안정적 측면이 계승되고 동시에 새로운 요소들이 개입된다고도 말할 수 있다.

2. 자아와 직업적 자아실현

　어린 시절부터 자신의 인생계획에 충실하게 그 계획을 실현하는 데에 매진하는 사람은 의지가 강한 사람 또는 자아실현을 추구하는 사람이라고 한다. 삶에 대한 의지와 의지력은 목적에 대한 태도와 결부된 삶의 특성을 지칭하는 말이다. 목적에 대한 태도를 형성한다는 것은 성장원리로서 계속성의 주된 특징이다. 특히 목적을 추구하고 실현하고자 하는 열망이 강한 사람의 삶에는 성장원리로서 계속성의 원리가 활발하게 작용한다. 목적을 실현하고자 하는 열망은 그 목적이 삶의 과정에서 자연스럽게 생겨난 것이고 그래서 경험자에 의해 자발적으로 추구될 때 강렬해지기 마련이다. 특성상 자연발생적이고 자발적인 목적을 추구하고 실현해 나가는 삶의 과정은 '성장의 과정' 또는 존재에 대한 의식이나 존재가치의 고양이라는 측면을 강조할 때에는 특별히 '자아실현의 과정'이라는 말로 조명되는 것이다. 자아실현은 자아를 어떻게 규정하느냐에 따라 의미가 달라지기는 하지만 어느 경우이든 실현이라는 말에 강조점을 두고 생각해 보면 어떤 결과를 낳는 데에 대단히 관심이 있다는 뜻이다. 즉 자아실현이라는 말은 어떤 목적을 갖는다는 뜻을 포함한다. 이런 점에서 자아실현은 계속성의 원리가 활발하게 작용하는 삶의 진행 상태를 표현해 준다. 자아의 성립방식과 발생적 과정을 주목하면 자아는 경험, 보다 구체적으로 말하자면 상호작용의 산물이자 '상호작용 자체'를 의미하는 것이다(AE: 13; LTI: 25).

따라서 자아실현에 함의된 목적에 대한 관심과 계속성의 원리, 자아와 상호작용의 원리 간의 관련성에 토대를 두고 직업적 활동에서 출몰하는 자아의 의미와 자아실현의 구조를 규명하는 것은 의미 있는 작업이 될 것이다. 왜냐하면 자아실현은 자유의 적극적인 의미를 대변하는 것이기 때문에 직업적 활동과 자아실현의 관계를 분석하는 것은 자유로운 삶을 실현하는 데에 직업의 역할과 의미를 탐구하는 한 가지 방식이 될 수 있기 때문이다. 앞 절의 삶의 과정으로서 직업의 논리에서 논의된 바와 관련해서 말하자면, 이러한 접근방식은 개인의 실질적인 삶이 직업과 관련해서 전개될 때 삶은 개인적인 것이면서 동시에 사회 문화적인 성격을 띠게 되며 자아실현이라는 측면에서는 개인적 자아실현과 사회 문화적 자아실현이 통합적으로 전개된다는 점을 명확히 해 줄 수 있다. 그리고 듀이의 교육사상을 직업의 문제와 관련해서 재조명한다는 측면에서도 직업적 활동에서 출몰하는 자아와 자아실현의 의미를 탐구하는 것은 일반적인 의미의 자아와는 구별되는 듀이의 '작용하는 실제적 자아'의 의미와 성격을 파악하는 것과 직결된 문제이다(SM: 44). 작용하는 실제적 자아는 듀이 이전의 교육이론들이 가정해 온 자아 개념과의 대비를 통해, 그리고 듀이가 밝히고자 한 자아의 성격과 특성을 적극적으로 밝힘으로써 그 의미가 구체화될 수 있다.

이전의 교육이론들이 가정해 온 자아 개념과 작용하는 실제적 자아 간의 차이점을 명확히 하는 것은 듀이 자아관의 대전제를 확인하는 것이라고 할 수 있다. 듀이가 말하는 자아는 고정된 자아와 잠복된 자아 또는 관념적 자아에 대비되는 개념이다. 듀이 이전의 교육이론은 물론이며 사실상 최근의 교육이론에서조차 자아는 '고정된' 자아이자 '잠복된' 자아 또는 '관념적' 자아로 가정된다(정범모, 1997; DE: ch. 5). 전통적인 교육 특히 전통적인 교육의 지나친 이상주의적 성향은 자아를 부정적인 입장에서 고정된 것으로 규정한다. 부정적인 의미의 자아는 통제되지 않은 자연적인 삶의 상태에서 표출되는 이기적인 자아이다. 그리고 의미 있는 자아는 관념적 성격의 합리적 자아 또는 이성적 자아로 제한한다.[31] 반면 근대 이후의 계발주의나 자연주의 교육 또는 순진한 낭만주의에 빠진 진보주의 교육은 자아를 긍정적인 입장에서 고정된 것이면서 잠복된 것으로 간주한다. 자아를 부정적인 의미에서든 긍정적인

---

31) 그런데 합리적 자아나 이성적 자아를 추구한다고 하더라도 자아라는 개념 자체를 고정된 것으로 규정하는 한 이 입장은 '이기적' 자아관을 견지할 수밖에 없다. 왜냐하면, 이기적이라는 말을 어떻게 해석할 것인가 하는 문제를 논외로 접어두면, 논리적으로 볼 때 이 입장은 합리적 자아나 이성적 자아를 '더 많이 소유하고자 한다'는 점에서 자아의 이익 또는 이해를 추구한다고 말할 수 있기 때문이다.

의미에서든 고정된 것으로 본다는 것은 자아를 양화해서 설명할 수 있다고 가정하는 것이다. 그리고 자아실현은 가치 있다고 판단된 자아가 삶의 과정을 통해 양적으로 많이 누적된다거나 되도록 많이 표현된다는 뜻의 성장과 동의어가 된다. 즉 전통적인 교육의 입장에서 자아실현은 자연적인 삶의 상태에서 출몰하는 이기적인 자아가 억제되고 합리적 자아 또는 이성적 자아가 많이 출현하는 상태를 뜻한다. 반면 근대 이후의 교육은 대체적으로 자아실현을 잠복된 채로 있던 의미 있는 자아가 오염되거나 좌절되지 않고 가능한 한 순수한 상태로 원활하게 그리고 가급적 다양하게 표출되는 것으로 본다. 결국 자아는 삶의 과정을 넘어서서 존재하는 것이거나 삶의 이면에 숨겨져 있는 것이기 때문에, 본질적으로 삶의 변화과정에 영향을 받거나 영향을 주지 않는다. 이런 점에서 어느 경우이든 자아는 진공상태에서 존재하는 것으로 간주된다고 말할 수 있다.

두 입장은 모두, 자아라는 것은 고정된, 따라서 고립된 양을 나타낸다고 가정한다. 그 결과로, 자아의 이해(interest)를 위하여 행동하는 것과 이해를 떠나서 행동하는 것 사이에 엄격한 딜레마가 있다고 생각하게 된다. 만약 자아라는 것이 행위[또는 삶의 과정]에 앞서 존재하는 고정된 그 무엇이라면, 이해에 입각하여 행동한다는 것은 그 고정된 자아가 무엇인가를 더 많이 소유하려고 한다는 뜻으로 해석할 수 있을 것이다. [그리고 자아실현은 이러한 자아관의 연장선에서 자아가 이전보다 더 많은 것을 소유한 상태로 설명된다.] 그렇지만 어느 쪽의 편견도 없이 공정한 판단을 해본다면, 한 가지 틀림없는 사실은, 사람은 그가 하는 [실제적인 활동 곧] 일에 당연히 '이해' 또는 '관심'을 가져야 하며, 그렇지 않으면 그 일을 할 리가 없다는 것이다. 가령, 전염병이 퍼졌을 때 생명의 위험을 무릅쓰면서 계속 환자들을 돌보는 의사는 그의 직업을 효율적으로 수행하는 데에 틀림없이 '관심' 또는 '이해'를 가지고 있다고 보아야 하며, 자신의 육체적 삶의 안전보다도 여기에 더 관심을 가지고 있다고 보지 않으면 안 된다. …… 자아라는 것은 이미 만들어져 있는 것이 아니요, 행동의 선택에 의하여 끊임없이 형성되고 있다는 것을 인정하는 순간에 [서로 다른 자아 개념에서 생겨나는 대립과 갈등, 삶과 자아의 부조화라는] 모든 문제는 사라진다. 어떤 사람이 생명의 위험을 무릅쓰면서 그의 일을 계속하는 데에 관심을 가지고 있다는 것은 그의 자아가 그 일을 하는 가운데에 나타난다는 뜻이다. …… 사실상, 자아와 이해는 동일한 사실을 다른 이름으로 부르는 것이다. 한 사물에 대하여 능동적으로 표시하는 관심의 종류와 양이 곧 그 사람의 자아의 질을 나타내며 그것을 가늠하는 척도가 된다. 이해 또는 관심이라는 것은 자아와 사물의 활동적, 유동적 '동일성'을 뜻한다는 사실을 염두에 두면, 자아를 위하는가 아니면 자아를 버리는가 하는 문제는 스스로 해결되고 만다(DE: 525－527).

앞의 두 경우에 반해 듀이가 말하는 자아는 진공상태가 아니라 삶의 상태 곧 상호작용으로 존재하는 것이다. 이전의 자아 개념과 대조해서 말하자면 고정된 자아에 대해서는 변화하는 자아, 보다 구체적으로 말하자면 개별적인 삶의 과정을 통해 형성되고 질적으로 변화하는 자아를 의미한다. 그리고 관념적 자아나 잠복된 자아라는 말과 대조해서 생각해 보면 작용하는 실제적 자아라는 말로 보다 직접적인 설명이 가능하다. 이러한 대비점은 듀이에게 있어 자아는 세계와의 상호작용, 보다 정확히 표현하자면 세계와 자아의 구분 이전에 존재하는 '상호작용 자체'로 규정되기 때문에 생겨나는 것이다(AE: 13;

LTI: 25). 상호작용 자체로서 자아는 앞의 두 경우와 마찬가지로 자아들의 양적 누적으로서 자아실현에 대한 아이디어를 함의한다고 생각될 수도 있다. 하지만 상호작용으로서 자아는 삶의 질적 변화에 토대를 둔 자아실현의 개념을 가정한다(HWT: ch. 7; QT; EE: ch. 3; TI). 상호작용으로서 자아는 삶의 변화과정이나 삶의 다양한 요소들 간의 관계 속에서 형성되고 재구성되는 가변적이고 상황적인 것이다. 자아는 삶과 무관한 진공상태에서 존재하면서 삶에 제삼의 요소로서 영향력을 미치는 것이 아니라 '삶 속에서 형성되고 삶의 활동들을 통해 드러나는' 것이다(DE: 526). 따라서 가장 큰 규모에서 개념화되는 작용하는 실제적 자아의 시작과 끝은 한 사람의 인생으로 가늠되며 그 구체적인 양상과 특징들은 한 사람의 삶의 활동들 가운데에 나타난다. 이런 점에서 가장 큰 규모의 자아는 통합적 인격체로서 한 사람에 대응되고 이 수준에서의 자아는 크고 작은 무수히 많은 자아들로 구성된다고 말할 수 있다.

결국 상호작용으로서 자아는 극단적으로 말하자면 삶 전체로 확대해서 개념화되는 자아와 수시로 출몰하는 순간적 측면에서 개념화되는 자아로 대별된다. 이때 순간적 측면에서 개념화되는 자아들 중에는 산발적인 점조직의 형태로 출몰하는 것들도 있고 전체로서 자아와의 관련 속에서 가족유사성을 형성하면서 조직과 체계를 만들어 나가는 것들도 있다. 가장 대표적으로 직업적 활동을 하는 동안에 나타나는 자아나 직업적 삶의 과정에서 출현하는 자아들은 일정한 패턴을 형성하면서 가족유사성을 형성하는 경우가 많다. 왜냐하면 직업적 활동은 특정한 목적이나 결과를 실현하기 위해 비교적 장시간 또는 장기간에 걸쳐 진행되는 일체의 계속적인 활동, 즉 '목적이 있는 계속적인 활동'의 전형이기 때문이다(DE: 469). 따라서 의미론적 체험방식에 의해 진행되기만 한다면 직업적 활동은 계속성이 있는 상호작용의 원리에 의해 전개되는 대표적인 활동으로 간주될 수 있다. 그리고 이때 직업적 활동을 통해 드러나는 자아는 '계속성이 있는 상호작용의 원리'에 의해 설명된다. 이런 맥락에서 보면 직업과 관련한 자아, 한마디로 '직업적 자아'는 성장원리에 의해 설명된다는 점에서 작용하는 실제적 자아를 교육적으로 의미 있게 논의할 수 있도록 해주는 자아의 한 양태를 대변한다고 말할 수 있다(DE: 524 - 529).[32] 그 이유는 작용하는 실제적 자아의 다음과 같은 두 가지 특성

---

32) 이 논문에서 제안하는 '직업적 자아'라는 용어는 사실상 경계와 기준에 있어 상당히 애매모호한 것이다. 왜냐하면 가장 포괄적인 의미에서 직업적 자아는 모든 자아들에 대한 또 다른 이름이라고도 할 수 있기 때문이다. 이하에서 설명하겠지만, 모든 자아는 사실상 작용하는 실제적 자아이고 작용하는 실제적 자아의 주요한 특징은 세계 지향적이면서 이해관계에 원천을 둔다는 데에 있다. 따라서 다른 자아들과 구별해서 특별히 '직업적' 자아라고 부를 수 있는 근거를 제시한다는 것은 그리 간단한 문제가 아니다. 사실 이 논문은 전체로서 삶이라는 관점에서 현재의 어떤 자아가 이후에 출현하고 조직되는 자아들에 대해 어떤 역할을 하고 어떤 가치를 부여하게 되느냐에 따라 모든 자아를 직업적 자아로도 볼 수 있다는 입장을 취하고 있다. 그렇기는 하지만 본문의 몇 부분에서는 여러 가지 자아들 중에서도 특별히 '자아의 사회 문화적인 성격'이 부각되는 경우에 '직업적' 자아라는 용어를 사용하고 있음을 밝혀둔다. 직업적 자아를 일상적인 어법에 따라 가장 간단히 설명하면 '직업과 관련한' 자아라고 말할 수 있다. 하지만 엄밀히 따지자면, 자아는 상호작용 자체이며 세계 지향적인 것이자 이해관계에 원천을 두기 때문에, 직업적 자아의 본격적인 의미는 '직업과 관련한' 자아가 아니라 '어떤 자아의 특별한 성격으로서' 사회 문화적 또는 직업적 성격이 부각된다는 뜻으로 이해되어야 한다.

에 비추어 보다 자세히 설명될 수 있다. 이하에서 설명되는 작용하는 실제적 자아의 두 측면은 성장하는 삶과 활동의 주된 특징에 대응되는 것이기도 하다.

첫째, 작용하는 실제적 자아는 전적으로 개인적인 것으로 규정되는 자아가 아니라 개인적이면서 동시에 세계지향적인 자아이다. 자아를 전적으로 개인적인 것으로 보게 되면 자아는 두 가지 방식으로 좁게 규정된다. 즉 자아는 순간적인 감정에서 즉흥적인 선택으로 이어지는 개인적 기호의 태도 또는 편협한 취향을 고수하는 개인의 심리 정도로 간주된다. 반면 우리의 삶 속에서 작용하는 실제적 자아는 한순간에 나타났다 사라지는 순간적이고 즉흥적인 자아가 아니다. '작용하는' '실제적' 자아라는 말은 인간의 삶이 일련의 활동을 통해 어떤 결과를 실현할 목적으로 계속적으로 움직이고 변화해 나간다는 사실을 함의한다. 자아는 삶의 과정과 구체적인 활동들을 통해 확인할 수 있는 '한 사람이 특정한 사물들에 대하여 나타내는 능동적인 관심의 종류'를 뜻한다(DE: 526). 그리고 개별적인 자아들의 작용방향이나 실제적인 목적이 어느 정도 명확할 경우 가장 넓은 범위에서 개념화되는 자아는 낱낱의 관심사들 간의 질적 결합과 누적으로 설명된다. 이렇게 보면 어느 경우이든 자아는 '개인적 기호의 태도'와 밀접한 관련을 맺고 있는 개인에 속한 것이면서 반드시 "어떤 '대상' 즉 예견되는 결과에 대한 태도"를 포함한다(DE: 196). 따라서 자아는 '사태의 진전 속에서 세계와 맞물려' 존재한다고 말할 수 있다(DE: 197).

자아가 '세계와 맞물려' 존재한다는 사실은 자아가 사회 문화적 성격이 부각되는 활동을 통해 나타나고 이러한 활동을 통해 사회 문화적 가치를 풍부하게 드러낼 때 개인 이상의 것이 된다는 점을 시사한다(DE: 197). 세계와 맞물려 있는 자아는 아무런 기준도 없이 비합리적으로 움직이는 자아가 아니라 간주관적이며 합리적인 성격의 자아이다. 대상세계나 삶의 상황에 연결되어 있는 자아는 사태의 변화에 능동적으로 유연하게 대처하는 지적인 자아이기 때문에 활동 속에서 작용하면서 그 과정 속에서 스스로를 실험적으로 재구성하는 실험적 자아이다. 동시에 자아는 자신의 역사를 갖는 역사적 자아이기도 하다. 특정의 활동 속에서 작용할 때 그 활동에 집중하는 만큼 역사적 자아는 지적이면서 실험적인 성격을 띠게 되고 이 과정에서 삶 전체와 특정의 활동 간의 유기적인 결합을 통해 역사적 자아의 변형이 일어난다. 자아의 이러한 특성들은 자아가 자유의지를 적극적으로 발휘할 때, 즉 자신과 질적으로 연결되어 있는 대상세계나 활동상황을 폭넓게 그리고 의식적으로 탐구하고 그 과정에서 자아의 진행방향이나 실제적인 목적들을 선택할 때 부각되는 것이다.

> 자아는 그것과 거리가 먼, 또는 무관한 고려사항들과 담을 쌓고 그것들을 몰아내는 것이 아니라, 너그러운 마음을 가지고 그 활동 범위 속에 들어 있는 모든 관계들을 자기 자신과 동일시한다. 그리고 자아는 그 자신의 과거의 아이디어를 재조정하고 확장하여 거기서 새롭게 드러나는 결과들을 받아들인다(DE: 527).

둘째, 작용하는 실제적 자아의 원천은 심리학적 의미의 흥미(interest)가 아니라 심리학적 의미와 규범적 의미를 동시에 포함하는 이해관계(interest)이다.33) 작용하는 실제적 자아는 개인적 관심에 국한된 개인적 기호의 태도를 유지하고 개인적인 욕구충족에 매몰된 고립된 자아가 아니다. 작용하는 실제적 자아는 세계와의 관계나 상황과의 관계 또는 규범적인 성격을 부각해서 말하자면 사회 문화적인 관계 내지 인간적인 관계에 의해 성립되고 전개되는 것이다. 특히 자아의 전개과정에서 자유의지가 발휘되면 될수록 관계들을 선택하고 재구성하는 작업이 수반된다. 이렇게 보면 작용하는 실제적 자아는 원래부터 규범적인 성격을 포함하고 있는 것이며 자유의지가 발휘될수록 더욱더 인간적인 가치와 성격을 드러내게 된다고 하겠다. 한마디로 작용하는 실제적 자아는 이해관계에 원천을 두는 것이다. 따라서 작용하는 실제적 자아는 사회 문화적인 차원에서 개인적 기호의 태도를 세련화하고자 하는, 사회 문화적인 존재로서 성장하고자 하는 자아라고 말할 수 있다(DE: 537). 앞에서도 언급한 바와 같이, 이러한 삶의 특성과 인간적

---

33) 본문에서 '흥미'와 '이해관계'는 모두 interest의 번역어이다. 교육학에서 interest를 흥미로 번역할 때에는 대체로 개인의 내부에서 일어나는 욕구나 지속적인 성향 또는 취미와 같은 뜻으로 사용된다. 이해관계로 번역할 때에는 개인에게 가치 있는 것이면서 이로운 것을 추구하는 성향과 관련해서 설명된다. 교육에 있어 interest 개념의 애매모호성을 분석하고 있는 피터즈에 따르면 전자는 '심리학적 의미'로, 후자는 '규범적인 의미'로 사용된 경우라고 할 수 있다(Peters, 1966: 226-227). 이하의 논의를 통해 구체화되겠지만, 본 연구에서는 이와 같은 개념상의 문제를 염두에 두면서 인간의 삶의 양식 중 사적인 이해관계와 공적인 이해관계의 접점에 놓여 있는 직업적 활동을 주목하고 직업적 활동 속에 개입되어 있는 개인적 관심사 곧 흥미의 측면을 부각시키는 접근방식을 취하고 있다. 따라서 이 논문에서는 interest를 이중적인 의미로 사용한다고 말할 수 있다. 하지만 본문의 핵심적인 주장을 파악하는 데에는 '이해관계'라는 용어가 보다 유효하다고 하겠다.

인 과정에 비추어 보면, 고립된 자아는 개념상으로만 존재하는 허구라고 할 수 있다. 말하자면 개인의 심리에 매몰된 고립된 자아의 개념은 자아의 발생적 원천이자 실제적인 진행방향을 시사하는 이해관계의 측면을 간과함으로써 성립되는 관념적 조작의 산물이라고 말할 수 있다.

그러나 정도상의 문제로 보면, 작용하는 '실제적' 자아의 적극적인 측면이 잘 드러나지 않는 경우의 자아는 고립된 자아라는 말로 표현될 수 있다. 이때 자아의 주된 특징은 심리학적 의미의 흥미라고 할 수 있을 것이다. 인간의 삶에 있어 흥미는 주로 개인의 내부에서 일어나는 욕구의 핵심을 이루는 것으로 이해된다. 반면 이해관계는 의미 있는 결과의 산출, 가치의 고하, 가치의 분배, 동료집단 및 기타 집단 간의 관계, 사회 문화적 특성, 정치 경제적 역학관계와 같은 가치 및 평가문제가 적극적으로 개입되는 삶의 상황의 주요한 요소로 간주된다. 특히 어딘가를 향해 진행되는 작용하는 실제적 자아에게 이해관계가 의식된다는 것은 이익에 대한 추구 또는 더 좋은 상태에 대한 지향이 있다는 뜻이다. 하지만 이런 경우라고 하더라도 특별히 이해관계가 부각되는 활동, 대표적으로 말하자면 직업적 활동 속에서 작용하는 실제적 자아는 개인의 심리로부터 출발하는 힘과 자원을 포함하고 활용하는 자아일 수밖에 없다. 그 이유는 인간의 삶에 있어 이해관계의 측면이 부각되는 활동의 발생적 성격과 진행과정에 비추어 이해할 수 있다.

인간이 생각하는 주체로서 미래에 발생할 이익이라는 목표를 위해 이미 설정된 규칙을 좇아 대상과 관계를 맺는 방식을 일이라고 할 수 있다. 일은 규칙이 전제되어 이루어지기 때문에 규칙의 발견과 학습이 경험된 이후에 가능하다. 일은 이익과 손해에 대한 장기적 판단에 기초하여 계획되고 추진되기 때문에 사전에 많은 준비가 따른다. 이런 관계로 일은 규칙에 따른 관계 맺음이 이익에 대한 강한 기대를 유발할 수 있어야 시작되고 지속된다. 그리고 한 번 시작된 일은 이해관계가 복잡하게 얽혀 있는 경우에는 비록 손해가 초래되더라도 쉽게 포기하기 어렵다. 인간은 일을 통해 심각한 이해관계를 관철하기 때문에 규칙의 설정과 변경을 매우 신중하게 다룬다. 인간은 일의 방식으로 규칙을 좇아서 이해관계를 실현시켜 나가는 과정에서 관계의 방법과 내용을 심화·발전시킬 수 있는 적극적인 계기를 마련하는 일이 많다(최봉영, 2000a: 162).

이상 설명한 작용하는 실제적 자아의 두 가지 특성은 직업적 활동을 통해 출현하고 성장하는 직업적 자아의 측면에서 뚜렷하게 부각된다. 즉 직업적 자아는 다른 활동에서 출현하는 자아들에 비해 개인적이면서 동시에 세계 지향적인 성격이 강하다. 또한 개인에 강조를 둘 때에는 심리학적 의미의 흥미에 원천을 둔 것으로, 사회 문화적 삶과의 관계에 강조를 둘 때에는 이해관계에 원천을 둔 것으로 설명된다.[34] 따라서 직

---

34) 특히 직업적 활동의 측면에서 이야기할 수 있는 '이해관계'의 인간적인 가치는 '직업적 자아실현'의 관점에서 부각된다. 경영학자로서 일과 보상체계의 문제를 중심으로 경영의 효율성에 대한 새로운 담론을 모색하고 있는 토마스는 현대사회의 특징을 '열정과 몰입의 시대'라는 말로 요약한다. 그리고 외적 보상체계의 한계를 지적하면서 '내적 보상체계의 힘'과 '일에 있어 의미발견의 중요성'을 주목하고 있다(Thomas, 2000). 그의 이러한 설명에 비추어 직업적 활동 속에서 부각되는 이해관계의 의미를 간단히 말하면, "직업적 '자아실현'"이 강력한 '내적 보상체계'에 해당하는 것이라고 말할 수 있다.

업적 자아는 활동 속에서 개인적인 삶의 특성과 사회 문화적인 삶의 특성이 자연스럽게 통합된다는 사실을 명확히 해준다. 그런데 직업적 활동은 사람에 따라 각자가 의식적으로 추구하는 의미 있는 활동과 일치하는 것일 수도 있고 일치하지 않는 것일 수도 있다. 이 말은 활동적인 시간의 많은 부분에서 출현하는 직업적 자아와 시간적으로는 짧은 부분에서 출현하지만 경험자가 의식적으로 추구하는 의미 있는 자아가 분리될 수도 있다는 뜻이다. 개념적으로 분리해 놓고 보면 직업적 자아와 의미 있는 자아의 관계는 일치하는 경우와 불일치하는 경우로 대별된다. 그리고 교육적 의미의 자아실현은 직업적 자아와 의미 있는 자아가 일치하는 경우로 제한적으로 해석될 수도 있다. 하지만 '작용하는 실제적 자아'의 입장에서 보면 자아는 고정된 것이 아니라 활동적인 것이고, 자아실현은 어느 한순간에 완성되고 끝나는 명사형이 아니라 계속적으로 진행되는 동사형이라고 할 수 있다(SM: 44). 그리고 자아실현이 동사형이라는 말은 자아실현에는 '정적인 방향'의 자아실현과 '부적인 방향'의 자아실현이 있다는 것을 함의한다(박철홍, 1993; 1994b; 2002; 2004b).

직업적 활동의 관점에서 보면, 정적인 방향의 자아실현은 이미 추구되고 있는 의미 있는 자아와 직업적 자아 간의 일치상태에서 삶의 매 순간에 '조화와 균형의 미'를 유지하면서 전체로서 삶이 폭과 깊이에 있어 성장의 양상을 띠게 되는 경우라고 말할 수 있다(DE: 537; AE: ch. 3; Raphael, 1981). 이때 전체로서 성장은 직업적 자아를 중심으로, 직업적 활동과 직업적 삶을 중심으로 긴밀하게 그리고 체계적으로 전개된다. 반면 부적인 방향의 자아실현은 물리적인 시간대에서 출현하는 직업적 자아와 의미론적 시간대에서 의식적으로 추구되는 의미 있는 자아 간의 불일치 현상을 출발점으로 해서 양자 간의 조화와 균형의 상태를 추구하고 실현해 낼 때 성립되는 말이다.

사실 직업적 자아와 의미 있는 자아 간의 불일치 현상은 삶의 곳곳에서 발견되는 것이다. 그래서 이러한 현상은 일반적으로 현대인의 불행을 단적으로 보여주는 것으로 해석되고, 삶과 교육의 심각한 문제현상이자 직업과 교양 또는 자유를 철저하게 분리시킬 수밖에 없는 현실적인 이유로 간주되는 경향이 있다. 하지만 인간으로서 추구할 수 있고 실천할 수 있는 바람직한 삶의 상태를 생애의 초기 단계부터 의미 있는 자아와 직업적 자아가 일치하는 경우로 한정해서 논의해야만 하는 필연적인 이유는 없다. 오히려 인간의 삶이 자아들 간의 분열이 수시로 일어나는 상황의 연속이라면 이 사실을 삶과 교육을 논의하는 출발점으로 삼아야만 하는 이유야말로 거의 필연적인 것이라고 할 수 있을 것이다. 그리고 자아들 간의 분열, 또는 낱낱의 자아들을 개념적으로 구분할 때 성립되는 의미 있는 자아와 직업적 자아 간의 불일치를 극복하고 해소하는 것은 정적인 방향에서 전개되는 자아실현보다 훨씬 더 적극적인 의미의 자아실현 곧 성장이라고 할 수 있다. 또한 정적인 방향에서 수행된 자아실현에 비해 부적인 방향에서 이루어진 자아실현은 지적·정서적·신념적 차원에서 더 큰 해방감을 안겨다 줄 가능성이 있다.[35] 작용하는 실제적 자아와

---

35) 따라서 이하에서는 부적인 방향의 자아실현을 중점적으로 검토한다. 사실 부적인 방향에서 출발하더라도 '자아실현'의 적극적인 과정에 들어

동사형으로서 자아실현의 입장을 견지할 때 생겨나는 교육학적 의의와 특이점은 바로 이와 같은 부적인 방향의 자아실현을 긍정한다는 데에 있다. 즉, 일상적인 삶의 사태에서 빈번하게 출현하는 문제현상을 삶과 교육이 직면해야 할 불가피한 사실이자 적극적인 의미의 성장을 추구하기 위한 출발점으로 해석한다는 점에서 교육적 의미와 가치가 풍부하다고 말할 수 있다.

부적인 방향의 자아실현은 직업적 자아와 의미 있는 자아 간의 부조화와 불균형의 상태에서 출발해서 소극적으로는 양자 간의 조화와 균형의 상태, 적극적으로는 양자 간의 일치 상태에서 일단락되는 성장 방식을 말한다. 그런데 소극적인 의미의 부적인 자아실현은 의미 있는 자아와 직업적 자아 각각에 대해 손실을 안겨다 준다고 말할 수 있다. 그 이유를 밝히기 전에 먼저 확인해 두어야 할 사항은 소극적인 의미의 부적인 자아실현은 정적인 자아실현과는 대조적으로 의미론적 시간대에서 의식적으로 추구하는 의미 있는 자아와 물리적 시간대에서 발생하는 직업적 자아가 개념적으로 구분될 뿐만 아니라 사실적으로도 구분되는 경우라는 것이다. 이때 의미 있는 자아와 직업적 자아 간의 조화와 균형이라는 것은 논리적으로만 성립되는 것이고 실질적인 삶의 과정에서는 두 차원의 자아가 어정쩡한 타협을 하는 것에 그칠 가능성이 크다.

보다 구체적으로 말하자면, 두 차원의 자아가 개념적으로는

___

선 상태에서는 부적이라는 말과 정적이라는 말의 구분이 사라진다. 이런 점에서 부적인 방향의 자아실현에 대한 이하의 설명에서 '자아실현'의 적극적인 과정과 방법에 대한 논의는 정적인 방향에서도 그대로 적용되는 것이라고 말할 수 있다.

물론이며 사실적으로도 양립되는 경우에는 사적으로 추구되는
의미 있는 자아에 강조점을 둠으로써 공적으로 또는 사회 문
화적으로 표현되는 직업적 자아가 소홀히 되는 경향이 있다.
직업적 자아와 구분되는 의미 있는 자아를 강조하는 경우란
개인이 자신의 관심사를 일생 동안 추구했지만 사회 문화적으
로 공인된 삶의 양식 곧 자신의 직업으로 승화시키지는 못한
경우이다.36) 자신의 관심사에 충실하게 어떤 일을 계속적으로
추구한다는 것은 한 개인으로서는 상당히 의미 있는 것이라고
말할 수 있다. 하지만 그 일이 사회 문화적인 삶의 차원에서
실제적으로 전개되지 못한다면 그의 일은 그의 삶이 다하는
순간에 끝나 버리고 만다. 그리고 그 일은 순전히 개인적인
관심사에 국한된 것, 그래서 사회 문화적인 삶의 과정이라는
측면에서 보면 개인의 현재적 삶에 갇힌 단편적이고 고립된
성격의 것이 된다. 특히, 이러한 삶의 한 측면에서 직업적 삶
과 직업적 자아가 인과론적 체험방식에 좌우될 때 초래되는
문제는 대단히 심각한 것이다. 직업적 자아는 인간 삶의 특성
상 개인의 삶의 많은 부분에서 상당히 긴 시간대에 걸쳐 출현
한다. 그런데 의미 있는 자아는 직업적 활동과는 별개의 활동
에서 출현하고 직업과 관련한 활동에서 출현하는 자아는 인과
론적인 방식으로 나타났다 사라지기를 반복하게 되면, 결과적

---

36) 사회 문화적인 양식으로 승화되지 못한 의미 있는 활동은 그 활동에서
    생겨나는 삶의 의미나 존재가치가 개인의 생애에 국한될 수밖에 없다
    는 한계가 있다. 그리고 전체로서 삶에 대해서도 개인의 생애에 국한된
    가치들을 추구한다고 말할 수 있다. 성장원리의 측면에서 보면 이런 경
    우는 본격적인 의미의 계속성과 상호작용이 약하게 혹은 느슨하게 작
    용하고 있는 것이며, 전체적으로 말해서 현재적 삶의 노예가 된 상태로
    해석될 수 있다.

으로 활동적인 삶의 대부분은 노예적인 삶의 속성을 띠게 된
다.37) 이런 경우에는 직업적 활동이나 직업적 행위라는 것이
정형화된 삶의 양식으로서 개인의 실질적인 삶의 과정이나 작
용하는 실제적 자아에 앞서 존재하는 것으로 간주된다. 따라
서 직업적 활동을 순간순간 요구되는 행위들의 나열로 취급하
게 된다. 물론 직업이라는 말이 붙는 대부분의 활동은 정해진
행위나 절차에 따라 진행되는 경향이 있다. 하지만 직업적 활
동을 인과론적인 방식으로 처리하기만 한다면 활동적인 시간
의 대부분을 통해 출현하는 직업적 자아는 무의미하고 무기력
한 성격을 띠게 된다. 더 나아가, 삶 전체의 측면에서 보면 의
미 있는 자아와 직업적 자아 간의 부조화와 불균형을 방치하
는 결과를 초래하게 된다.

　언급한 바와 같이, 부적인 방향의 직업적 자아실현은 의미
있는 자아와 사회 문화적인 활동을 통해 출현하는 직업적 자
아가 일치하지 않는 경우를 출발점으로 한다. 이 경우에 직업
적 자아실현이라는 독특한 삶의 현상이 부각되는 것은 의미
있는 자아가 사회 문화적으로 공인된 직업적 활동들을 통해

---

37) 여기에서 노예적이라는 말은 직업적 활동이 인과론적 체험방식에 의해
　　수행되고 있다는 점에서 성립되는 것이다. 그런데 더 근본적으로 따져
　　보면 직업적 활동이 인과론적으로 체험되는 이유는 직업적 활동이 외
　　부에서 제시된 어떤 결과나 목적을 산출하기 위한 것이라는 데에 있다.
　　이런 경우와 반대로, 직업적 활동 속에서 자연발생적으로 생겨나는 목
　　적이 있고 그 목적을 실현하기 위한 의지가 발휘될 때에 직업적 활동
　　은 의미론적으로 체험된다고 말할 수 있다. 이때 직업적 활동을 수행하
　　는 동안에 나타나는 자아는 의미 있는 자아가 된다. 그리고 자아가 더
　　높은 존재가치를 추구하고자 하고 더 넓은 삶의 의미세계를 실현하고
　　자 할 때에 성립되는 자아실현이라는 지향점은 개인적이면서 동시에
　　사회 문화적인 성격을 띠게 된다. 이런 측면은 정적인 자아실현의 인간
　　적인 가치를 적극적으로 설명해 주는 것이라고 말할 수 있다.

표현되고 체계적으로 전개될 때를 말한다. 어린아이의 경우라면 직업적 자아실현은 정적인 방향으로 삶의 과정 속에서 일생 동안 자연스럽게 전개되는 것으로 가정할 수 있다. 하지만 부적인 방향의 자아실현이라는 말의 의미상 여기에서 말하는 자아실현은 어른의 경우에 적용되는 것이라고 할 수 있다. 어른의 경우를 생각해 보면 앞의 설명은 어린아이만이 아니라 어른도 자신의 진로나 직업적 삶을 확정적인 것으로 간주해서는 안 된다는 사실을 함의한다. 또한 어른이 추구해야 할 자아실현이라는 것도 어린아이와 마찬가지로 시간이 많이 걸리더라도 연대기적 방법 또는 발달적·심리적 방법에 의해 점진적으로 진행되어야 한다는 것을 함의한다.

만약 경험자가 어느 순간 스스로 판단하기에 활동적인 시간의 대부분에 출현하는 자아가 자신이 의미 있다고 생각하는 활동에서 출현하는 자아와 부조화와 불균형의 상태에 있다고 생각되면 그는 자신의 삶의 실제적인 목적이나 방향을 재구성한다. 그리고 자신이 선택한 의미 있는 활동 속에서 작용하는 실제적 자아들을 의식적으로 조직하고 체계화해 나간다. 즉 현재 상태에서 자신이 의미 있다고 믿고 있는 일들을 의미론적으로 체험해 나가는 과정에서 삶의 의미연쇄를 형성하고 그것을 다시 의미체계와 신념체계로 발전적으로 조직한다. 이러한 일련의 과정은 사회 문화적으로 공인된 실제적인 활동을 통해 전개된다. 사회 문화적인 활동, 특별히 직업적 활동을 중심으로 이러한 과정이 전개되면 삶의 의미체계가 형성되는 측면은 직업적 자아 중에서도 특별히 전문직적 자아의 형성과 관련을 맺게 된다. 그리고 삶의 신념체계가 형성되는 측면은 소명직적 자아의 형성과 관련을 맺는다. 전문직적 자아와 소명직적 자아의 출현은 직업적 자아실현의 과정에 있어 중요한 사건이라고 할 수 있다. 그리고 각각은 본격적인 의미의 직업적 자아실현의 중요한 측면들을 대변한다.

각각의 차이를 중심으로 간략하게 설명하자면, 전문직적 자아는 자아가 실제적으로 작용하는 활동의 종류나 영역, 자아가 관심을 드러내는 대상을 중심으로 개념화되는 직업적 자아의 한 측면이다. 소명직적 자아는 전문직적 자아의 활동을 배경으로 구체화되는 삶의 태도 또는 삶의 가치 지향점에 대한 의식이나 목적실현에 대한 의지와 직접적인 관련을 맺고 있는 직업적 자아의 한 측면이다. 일상적인 삶의 사태에 빗대어 말하자면, 전문직적 자아는 무엇에 대한 흥미나 무엇을 하는 취향이 드러나는 삶의 실제적인 영역과 관련된 자아이고 소명직적 자아는 삶의 목적 또는 방향과 관련된 자아이다. 직업적 자아의 두 측면을 중심으로 말하자면, 본격적인 직업적 자아실현은 전문직적 자아정체감이 어느 정도 형성되고 그에 따라 소명직적 자아가 빈번하게 출현할 때 활발하게 전개된다. 그리고 이 단계에서 직업이라는 것은 자신의 삶이자 삶의 소명으로 여겨진다. 각각의 직업적 자아에서 부각되는 심리적 특성을 말하자면, 전문직적 자아는 삶의 주된 활동영역에서 수행되는 구체적인 일들에 대한 자부심을 수반하고 소명직적 자아는 그러한 일들을 수행하면서 가치관이나 인생관 또는 세계관을 형성하고 그 과정에서 자기 자신의 존재가치가 고양되고 있다는 강렬한 느낌을 동반한다. 특히 소명직적 자아정체감이 어느 정도 형성되면서부터는 전문직적 자아가 활동하는 무대

144 잡노마드 시대 존 듀이 다시 읽기

는 삶의 어느 한 측면이나 영역에 국한되지 않고 삶의 다양한
영역과 활동들로 자유롭게 오가고 그 과정에서 직업은 자신의
삶이나 인격과 유기적으로 통합된 것으로 의식된다.[38] 즉 삶
으로서 직업에 대한 의식이 명료화된다는 것이다. 이때부터
전문직적 자아가 활동하는 실제적인 삶의 영역은 어떤 직업세
계나 직업군과도 완전히 일치하지 않고 어떤 사람의 직업과도
일치하지 않는 자신의 고유한 삶의 의미세계로 의식된다. '자
아실현'이라는 것에 주안점을 둘 때, 이러한 과정은 부적인 방
향에서는 물론이며 정적인 방향에서도 개인적 존재가 사회 문
화적인 존재로 성장해 나가는 과정에서 거쳐 나가는 것이라고
말할 수 있다. 이런 점에서 직업적 자아실현의 과정은 개인적

---

38) 따라서 소명직적 자아정체감이 부각될수록 전문직적 자아와 소명직적
자아의 구분이 약화된다고 말할 수 있다. 왜냐하면 소명직적 자아가 적
극적으로 작용하면 소명직적 자아가 활동하는 영역을 시사하는 전문직
적 자아는 독특한 관점과 태도를 견지하되 특정의 활동영역에서만 제
한적으로 출현하지는 않기 때문이다. 오히려 이때부터는 소명직적 자아
와 전문직적 자아라는 구분보다 하나로 통합된 개별적 인격체의 삶 속
에서 자아 전체가 삶의 과정 자체에 몰입하게 된다고 말할 수 있다.
이런 점에서 진정한 의미의 본격적인 직업은 각자의 삶 자체이며, 이
논문에서 주제어로 부각시키고 있는 삶으로서 직업 개념은 이런 의미
와 맥락에서 제안되는 것이다. 따라서 삶으로서 직업이라는 개념은 통
념상의 직업과는 구별되는 것이다. 그런데 삶으로서 직업의 사회 문화
적 성격을 강조하면 이때 직업은 당대의 사회 문화적인 관심이 집약되
어 있고 많은 사람들의 주의를 끄는 실제적인 활동으로 규정될 수 있
다. 그리고 이 정의는 상당한 정도로 통념상의 직업 개념의 한 측면과
중첩되는 것이라고 말할 수 있다. 하지만 이 논문에서 명료화하고자 하
는 가장 적극적인 의미의 삶으로서 직업은 개인의 삶의 목적이 사회
문화적인 활동들을 수행하는 동안 형성되고, 다시 역으로 사회 문화적
인 활동들을 통해 구현됨으로써 전개되는 성장의 과정과 같은 것이다.
이런 의미의 성장에 관한 보다 자세한 설명은 III장 3절에서 다루어질
것이다.

인 것이면서 동시에 사회 문화적인 성격을 띠는 것으로서 교육적 자아실현의 이상적인 모델이라고 말할 수 있다.

지금까지의 논의에 비추어 보면 부적인 방향의 자아실현은 전체적인 삶의 목적과 방향을 재탐색하고 명료화하는 문제로 수렴되는 삶의 현상과 관련된 것이다.[39] 직업적 자아와 의미 있는 자아가 구별될 때 전개되는 부적인 방향의 자아실현은 현재 상태에서 의식적으로 추구되고 있는 의미 있는 자아가 사회 문화적인 활동을 통해 표현되고 체계화됨으로써 의미 있는 자아와 직업적 자아가 균형을 이루거나, 더 적극적으로는 의미 있는 자아가 곧 직업적 자아가 되는 경우를 말한다. 직업은 활동적인 삶의 시간의 대부분을 차지하는 것이기 때문에 사회 문화의 실제적인 양태로서 직업적 활동을 통해 의미 있는 자아의 성장이 체계적으로 전개된다면 삶 전체가 노예적인 특성을 벗어버리게 된다. 이런 점에서 직업적 자아실현은 인

---

39) 실제적인 삶의 차원에서, 특히 성인에게 있어 삶의 목적과 방향은 직업의 문제로 요약된다. 그리고 삶의 목적과 방향을 대변하는 직업은 일생 동안 한 직장, 한 직종에 국한될 수 없는 것이라는 삶의 사실을 받아들일 때 부적인 방향의 직업적 자아실현의 의미와 가치를 제대로 이해할 수 있을 것이다. 최근 현대인을 '직업적 유목민'으로 규정하고 오늘날의 삶의 조건과 삶의 방향을 논의하고 있는 엥리슈(Englisch, 2001)의 연구에서도 이런 측면을 엿볼 수 있다. 그에 따르면 현대인은 전통사회에서와 같이 평생 한 직장, 한 지역, 한 가지 업종에 정착할 수 있는 직업적 정착민이 아니라 '언제 어디서든 원하는 대로 일할 수 있는' 직업적 유목민이라는 것이다(Englisch, 2001: ch. 3). 이 논문에서는 이러한 주장을 의미론적으로 개념화함으로써 각자의 소명이 되고 있는 삶이 곧 직업이라는 '삶으로서 직업' 개념을 제안하고 있다. 특히 이 논문에서는 직업적 활동을 통해 개인이나 그가 속한 사회 문화가 전체적으로 조화와 균형의 상태를 추구해 나감으로써 개인의 삶과 존재의 의미가 심화되고 확장된다는 입장을 견지한다. 이런 점에서 이 논문에서 주장하는 직업과 엥리슈의 경우는 강조점의 차이가 있다고 판단된다.

간의 삶을 전체적으로 두고 볼 때 가장 주력해서 보장하고 실
천해야 할 삶의 궁극적인 목적이라고 말할 수 있다. 인간적인
삶의 궁극적인 목적으로서 직업적 자아실현은 앞서 언급한 바
와 같이 출발점에서의 특성을 중심으로 정적인 방향에서 전
개되는 경우와 부적인 방향에서 전개되는 경우로 대별된다.
정적인 방향의 직업적 자아실현은 '이미 추구되고 있는 목적
에 더 가까이 가는' 형태의 자아실현이다(DE: 347).40) 반면 부
적인 방향의 직업적 자아실현은 이전의 목적과는 다른 '새로
운 목적을 형성하고' 새로운 목적을 추구하고자 하는 형태의
자아실현이다(DE: 347). 이 절에서는 자아들 간의 부조화와 불
균형 또는 삶의 여러 차원과 요소들 간의 부조화와 불균형을
극복하는 것의 가치를 주목함으로써 부적인 방향의 직업적 자
아실현의 의의를 부각시켰다. 하지만 본격적인 직업적 자아실
현의 과정에 들어섰을 때 정적인 경우와 부적인 경우 간의 근
본적인 차이는 사라진다. 오히려 더 근본적인 차이는 이전까
지 추구해 오던 목적이든 새롭게 재구성되거나 전혀 다른 것
으로 전환된 목적이든 간에 목적에 대한 의식이 있는 삶과 목
적에 대한 의식이 모호한 삶 간의 차이라고 말할 수 있다. 그
리고 목적의 문제를 중심으로 보면 직업은 실제적인 차원에서

---

40) 이미 추구되고 있는 목적에 더 가까이 가는 형태의 자아실현은 정적인
   방향의 자아실현의 의미와 특성을 가장 뚜렷하게 부각시켜 주는 경우
   이다. 하지만 정적인 자아실현에는 이런 경우만이 아니라 불투명하거나
   없는 것에 가까웠던 삶의 목적이 생겨나는 경우가 포함된다. 삶의 목적
   이 생겼다는 것은 자아실현 또는 성장의 중요한 한 측면이다. 왜냐하면
   삶의 목적이 생겼다는 것은 삶의 목적이나 방향에 대한 의식이 없이
   낱낱의 사건과 활동들이 분절되었던 이전의 삶과는 질적으로 다른 형
   태의 삶이 전개된다는 뜻이기 때문이다.

삶의 목적으로 간주될 수 있는 것이고 자아들 간에 혹은 삶의 여러 차원과 요소들 간에 조화와 균형을 보장해 줄 수 있는 구심점의 역할을 한다.

3. 자유로운 삶의 토대로서 직업

자유란 무엇이며 자유로운 삶을 사는 자유인이란 어떤 존재인가 하는 문제는 교육학에서뿐만 아니라 사회 문화적으로 그리고 학문적으로 광범위한 관심을 끌고 있다. 따라서 이 문제에 대해 하나의 결론을 도출한다는 것은 사실상 불가능하다. 하지만 자유의 개념을 정립하기 위해 취할 수 있는 접근방식으로 삶의 외적·신체적 차원을 주목하는 방식과 내적·정신적 차원을 주목하는 방식이 있다는 것은 자유 개념 연구자들 간에 대체적으로 합의된 사항이라고 말할 수 있다.[41] 이 말은 자유의 의미를 명료화할 때 삶의 두 차원을 동시에 통합적으로 고려해야 한다는 뜻으로도 해석될 수 있고 어느 한 차원에 강조점을 두고 자유에 대한 구체적인 진술을 시도할 수 있다

---

[41] 벌린은 각 차원에 대한 강조점을 살려 '소극적' 자유와 '적극적' 자유의 개념을 제안한 대표적인 인물이다(Berlin, 1969). 그의 구분방식에 따라 말하자면, 벌린이 이러한 제안을 한 이후의 자유 개념에 대한 연구는 대체로 적극적인 차원의 자유를 명료화하는 방향으로 나아가고 있다(박철홍, 1997; 박철홍·편경희, 2003a; 서병훈, 2000; 이기상, 1988; Arblaster, 1984; Green, 1888; Macpherson, 1975; 1977).

는 뜻으로도 해석될 수 있다. 교육의 관점에서는 대체로 어느 한 차원, 즉 삶의 내적·정신적 차원에 강조점을 두는 것이 일반적인 경향이었고 이 입장에서 교육학의 주류담론이 형성되어 왔다. 특별히 교육학에서는 내적·정신적 차원에서 이야기되는 자유의 의미를 자아실현의 개념을 중심으로 구체화하고자 해왔다. 따라서 교육학에서 제안되는 자아실현의 개념은 내적·정신적 차원의 자유를 구체적으로 지칭하는 것이라고 말할 수 있다. 이 입장에서 보면 자아실현의 본질은 '내적·정신적'인 것이지 외적·신체적인 것과 관련된 것은 아니다.

그런데 이 연구에서 주제어로 제시하고 있는 자아실현은 외적·신체적인 성격이 부각되는 '직업적' 자아실현이다. 동시에 직업적 자아실현도 자아실현이기 때문에 직업적 자아실현은 내적·정신적인 측면을 포함한다. 따라서 여기에서 말하는 자아실현은 외적·신체적 차원과 내적·정신적 차원을 동시에 통합적으로 고려함으로써 제안되는 자유의 개념을 함의한다. 즉 '직업적' 자아실현은 일원론적인 자유 개념에 대한 구체적인 진술로 간주될 수 있다는 뜻이다. 지금까지 논의한 바에 비추어 말하자면, 이 책에서는 개인의 흥미나 관심사와 맞닿아 있는 직업적 활동을 수행하는 과정에서 실현되는 성장은 개인적인 자아실현의 측면과 사회 문화적인 자아실현의 측면이 서로 분리될 수 없이 통합된 삶의 과정 자체라는 것을 주장해 왔다. 그리고 자유에는 외적·신체적 차원과 내적·정신적 차원이 있다는 일반적인 논의방식에 비추어 보면, 직업적 자아실현은 사회 문화적인 가치가 풍부하게 담겨 있는 실제적인 활동들을 통해 발달적으로 누적된 '내적 충만감의 외적 발현과정'이라고 정의할 수 있다(박철홍·편경희, 2003a: 101). 이하에서는 자유로운 삶과 직업의 관계를 보다 직접적으로 설명하기 위해서 이 정의를 구조적으로 살펴봄으로써 직업이 자유로운 삶을 실현하기 위한 실제적인 토대라는 주장을 재검토하고자 한다.

직업적 자아실현의 과정은 앞서 언급한 바 있는 전문직적 자아와 소명직적 자아의 관계를 통해 설명할 수 있다. 그리고 전문직적 자아와 소명직적 자아는 각각 심리적 상태를 중심으로 기술되는 내적·정신적 차원과 습관을 중심으로 설명되는 외적·신체적 차원을 동시에 포함한다. 인간 또는 자아는 매 순간 상호작용의 상태로 존재하기 때문에 내적·정신적 차원과 외적·신체적 차원을 시간적 전후관계로 설명하는 것은 그다지 타당한 방식이 아니다. 하지만 어느 정도로 직업적 자아정체감이 형성된 상태를 가정하고 말하자면 직업적 자아실현은 사회 문화적으로 가치를 인정받고 있는 크고 작은 '직업적' 습관들을 형성해 나가는 과정으로부터 시작된다. 요리를 한다거나 연을 만든다거나 뜨개질을 한다거나 피아노를 치는 것과 같은, 굳이 말하자면 외적·신체적 특성이 부각되는 체험을 하는 과정에서 크고 작은 습관들이 형성된다. 습관이 형성되는 과정에서 사회 문화적인 삶에 대한 의식이 있는 개인은 직업적 삶에 대한 계획이나 직업적 삶이 요구하는 것들에 대한 생각을 하게 된다. 그리고 이런 과정이 오랫동안 반복되고 누적되면 특정한 직업영역에서 요구하는 것들과 자신의 크고 작은 습관들이 많은 부분에 있어 중첩된다는 것을 의식하는 순간이 온다. 경우에 따라서는 특정한 직업영역을 염두에 두면서 그 영역에서 요구하는 직업적 습관들을 익히는 방식으로 삶이 전개되기도 한다.

그런데 이러한 직업적 습관이 형성되는 이면에서는 자부심이나 자긍심과 같은 심리적인 특성들이 생겨나고 변형되는 과정이 계속적으로 전개되어 나간다. 일상적인 경우로 예를 들자면, 한 아이가 친구들과 연 만들기를 하면서 자신이 친구들보다 더 잘하는 것 같다고 느끼거나 더 잘하기 위해 다방면의 노력을 기울인 이후에 멋지게 연 만드는 방법을 터득했다면 그 아이는 연 만드는 기술과 관련된 습관을 획득한 것이라고 말할 수 있다. 그리고 그가 갖고 있는 습관의 이면에는 자부심이나 자긍심이라는 심리적 특성에 기초한 자기존중감과 자아정체감이 자리 잡게 된다. 유사한 습관들(habits)이 계속적으로 누적되어 나가고 그 결과로 특정한 활동영역에 대한 관심이 체계적으로 발달하고 조직되면 이때부터 "습관은 좋은 것을 숭상하고 탁월한 것을 추구하는 것, 즉 '취향'의 경지에까지" 이르게 된다(DE: 366). 이 지점에서 습관의 이면에 자리 잡게 되는 심리적 특성들은 프로정신이라든가 장인정신과 같은 말로 설명된다. 그리고 특정한 직업적 활동과 관련된 개별적 습관들 간에는 물론이며 삶의 여러 차원과 요소들이 하나의 활동영역을 중심으로 유기적으로 묶인다. 또한 직업적 자아의 내적·정신적 차원과 외적·신체적 차원이 동시적·통합적으로 결합하고 순환한다. 이와 같이 전개되는 직업적 활동을 하는 과정에서 경험자는 전체적인 삶을 살아가는 일관된 태도(Habit)를 형성하게 된다. 여기에서 말하는 삶의 태도는, 앞에서 설명해 온 바와 같이, 실제적인 활동을 하는 과정에서 생거나고 실제적인 활동들을 통해 확인할 수 있는 것이기 때문에 일종의 습관이라고 말할 수 있다. 따라서 삶의 태도는 자아실현의 외적·신체적 차원에서 이야기할 수 있는 것이다. 그리고 삶의 태도가 형성되는 과정에서 또는 형성된 이후에 경험자에 의해 자신의 사회 문화적인 존재가치가 직접적으로 인식되면 소명의식 또는 소명감이라는 심리적 특성이 부각되기 시작한다. 이때부터 전문직적 자아는 특정의 활동영역이나 특정의 습관들에 대해 제한적으로 출현하고 발달하는 것이 아니다. 오히려 전문직적 자아는 주된 활동영역이나 크고 작은 습관들을 소명의식에 의해 조율하고 재편한다. 그리고 이와 같은 전문직적 자아의 활동은 다시 소명의식을 공고히 하고 삶의 태도로서 습관을 세련되게 하는 과정으로 수렴된다.

이런 맥락에서 보면, 직업적 자아실현은 앞서 제시한 바와 같이 실제적인 활동들을 통해 발달적으로 누적된 내적 충만감이 외적으로 표현되어 나가는 과정으로 정의될 수 있다. 물론 내적 충만감의 외적 발현이라는 것은 진행과정 속에서는 시작과 끝을 구분할 수 없는 순환 관계 자체를 말하는 것이다. 왜냐하면 진행과정에서 외적 발현은 즉각적으로 내적 상태를 변화시키는 원인이 되고 다시 내적 상태의 변화는 외적으로 표현되어 나가는 연속적이고 순환적인 과정이 전개되기 때문이다. 따라서 직업적 자아실현의 아이디어는 일원론적 자아실현의 실제적인 모델이자 교육의 이상적인 모델로 간주될 수 있다. 이때 일원론적이라는 말은 어떤 차이점이나 강조점도 없이 모든 것을 동시에 똑같이 취급하고 하나의 실체로 환원시킨다는 뜻이 아니다. 오히려 여기에서 일원론적이라는 것은 맥락적이고 상황적인 삶의 과정에서 상호작용이 있는 계속성의 원리가 작용하고 있다는 측면을 강조해서 요약적으로 표현하는 것이라고 하겠다. 이렇게 보면 직업적 자아실현에 대한 앞의 설명은 '몸을 마음 안으로 되돌려 놓는' 연속적이고 순환적인 과정에 대한 구조적인 설명을 시도한다는 점에서 일원론적인 성격을 부각시킨다고 할 수 있다(노양진, 2000: 7; Johnson, 1987). 그리고 직업적 자아실현이라는 말의 '직업적'이라는 수식어는 자아실현의 실제적인 토대와 실질적인 전개과정을 시사하는 말로 이해될 수 있다. 자유의 관점에서 달리 표현하면, '직업적' 자아실현은 자유와 자유로운 삶의 구체적인 양상을 대변하는 것이고 이때 직업은 자유로운 삶의 실제적인 토대가 된다.

그런데 혹자는 이 지점에서 직업이 자유로운 삶의 '실제적인' 토대라는 말을 직업의 여러 가지 종류만큼 다양한 자유로운 삶의 '종류'가 있다는 말로 받아들 수도 있을 것이다. 직업이 자유로운 삶의 실제적인 토대라는 말은 직업적 자아실현의 과정을 염두에 둘 때 성립되는 것이다. 그리고 직업적 자아실현이라는 말은 어법상 학문적 자아실현이나 예술적 자아실현과 같은 말을 허용하는 것처럼 보일 수도 있다. 하지만 지금까지의 논의에 비추어 보면 본격적인 의미의 직업적 자아실현은 활동의 종류나 삶의 영역 구분을 가정하는 말이 아니다. 직업적 자아실현과 대등하게 나열될 수 있는 자아실현의 종류로서 학문적 자아실현이나 예술적 자아실현이라는 것이 있다고 하더라도 이러한 자아실현은 주된 관심의 대상이나 활동상의 특성을 강조해서 부르는 것에 불과하다. 그리고 엄밀히 따져보면 학문적 자아실현이나 예술적 자아실현이라고 하는 것은 실제적인 삶의 세계에서는 직업인의 삶과 활동을 중심으로 이야기되는 것들이다. 즉 학자나 예술가의 활동에서 자아실현의 측면이 부각될 때 각각의 활동은 '직업적' 자아실현의 구체적인 양상으로 이해될 수 있다. 이때 직업은 삶의 실제적인 토대이고 삶의 실제적인 방향과 목적을 시사해 주는 것이다. 직업의 역할이 이와 같기 때문에, 직업적 자아실현의 측면에서 논의되는 적극적인 의미의 자유는 '전체 삶에 대해 질서'를 부여하고 '삶 자체에 대한 책임감'을 갖는 것을 특징으로 한다. 이 두 가지 특징은 인간적으로 살아가는 것 자체를 소명으로 받아들일 때, 보다 구체적으로 말하자면 직업적 삶을 살아가는 데에 헌신할 때 부각되는 것이기 때문에 개인의 삶에 대해서도 그리고 사회 문화적인 삶에 대해서도 적용되는 것이다.

> 인간은 자연으로부터, 또 인간 상호간으로부터 [외적·신체적 거리를 둠으로써] 자유로워지려는 그런 어리석은 노력을 한 것이 아니다. 인간은 자연 '속에서', 또 사회 '속에서' 더 큰 자유를 얻으려고 노력하였다. 인간은 사물과 동료 인간의 세계에 변화를 일으킬 힘을 증대시키고자 했던 것이며, 활동의 범위, 그리고 그 활동에 내포된 관찰과 관념의 자유를 증대시키고자 했던 것이다. 인간은 세계로부터 고립됨으로써 자유로워지려고 한 것이 아니라 세계와의 더 밀접한 관련을 통해 자유로워지고자 했다. 인간은 전통을 통한 간접적인 방법에 의해서가 아니라 직접 자기 스스로 세계에 관한 신념을 형성하기를 바랐다. 인간은 동료 인간들과 더 밀접하게 한 덩어리가 되어, 보다 효과적으로 서로에게 영향을 주며 공동의 목적을 위하여 서로의 활동을 규합하기를 바랐다(DE: 447).

이런 맥락에서 일을 통한 자아표현과 자아성장이 자유로운 삶이나 자유인의 실현과 관련해서 시사하는 바는 다음과 같은 세 가지 측면에서 강조해서 설명할 수 있다. 첫째, 현대인은 자신의 일을 통해 노동과 여가 그리고 학문이 서로 유기적으로 관련된 것이라는 체험을 할 수 있다. 이러한 체험이 가능한 것은 직업적 활동의 성격 때문이다. 오늘날 직업과 관련한 여러 가지 활동들은 인류의 지적 탐구결과들을 토대로 발전된 것으로 과학, 예술, 학문, 종교, 정치, 경제 등 삶의 여러 영역들과 깊은 관련을 맺고 있다. 따라서 종류를 망라해서 사회 문화적으로 공인된 직업과 직업적 활동은 인간 삶의 '엄청나게 다양한 세부사항들 속을 뚫고 지나가는 축'의 기능을 하게 된다(DE: 470). 직업적 활동은 실제적인 목적과 결과를 추구해야 하는 '긴박감 밑에서 수행'되기 때문에 경험자에게 그 일의 '생생한 의미'를 체험하게 하는 데에 용이하다(DE: 470). 특히 직업적 활동은 협동적이고 사회적인 행위이기 때문에 사람들 간의 다양한 관심사나 경험들 그리고 각자가 갖고 있는 정보, 아이디어, 지적 성취와 관련을 맺는다. 따라서 직업은 다양한 관심사와 경험, 정보, 아이디어, 지적 성취들을 자신의 삶의 문제로 '끌어당기는 자석'이 된다(DE: 470). 따라서 한 개인에 의해 수행되는 직업적 활동은 특정 사회 문화가 직접 감염시키거나 직접 주입할 수 없는 그 사회 문화의 이상, 희망, 기대, 표준, 의견, 가치, 신념, 안목, 사고방식이나 삶의 양식 등을 간접적이고 우회적으로 전수하는 통로라고 말할 수 있다. 인간의 삶에 있어 직업이 차지하는 위치와 역할을 이렇게 정리하면 직업적 활동은 개인이 실현할 수 있는 자유로운 삶의 폭과 깊이를 직업적 활동을 수행한다는 한 가지 사실 때문에 훨씬 더 확장하고 심화한다고 할 수 있다.

> '직업'이라는 것은 다른 사람에게 봉사를 하는, 그리고 결과를 얻을 목적으로 개인의 힘을 사용하는 일체의 계속적 활동을 말한다. 직업과 교육과의 관계 문제는 사고와 신체 활동, 개인의 의식적 발달과 단체생활, 이론적 교양과 명백한 결과를 내는 실제적 행동, 생활의 수단을 얻는 것과 고상한 여가를 즐기는 것 사이의 관련에 관한 여러 문제들을 하나의 초점으로 집중시켜 준다(DE: 482).

둘째, 직업을 통한 자아표현과 자아성장의 과정은 개인을 지적으로 자유롭게 만들어 준다. 인간의 삶을 구속하는 많은 요소들 중에 각 영역에서 탁월성을 발휘하고 있는 사람들의 탐구결과를 정리해서 항목화해 둔 지식의 체계를 꼽을 수 있다. 사실 그 가치를 직접적으로 느끼고 음미할 수 없는 것이라면 아무리 영향력이 있는 지식이라고 하더라도 그것을 접하는 사람에게 어떠한 감흥도 불러일으키지 못한다. 그런데 직업적 활동은 상당히 실제적인 목적에 종속되는 활동이기 때문에 그 활동 속에서 출현하는 자아가 드러내는 관심은 직접적인만큼 강렬하고 긴박하게 전개된다. 그리고 오늘날 대부분의 직업적 활동들은 인류 전체의 기술적, 과학적, 예술적, 도덕적 업적에 기초하고 있다. 따라서 직업적 활동을 수행하는 동안에 이전 세대의 지적 탐구결과로서 받아들이는 지식이나 그가 그 순간에 구성하는 지식은 실제적인 '필요와 직결된 생생한 의미'를 드러낸다(DE: 470). 교과화된 지식을 배우는 상황과 비교해서 말하자면, "순전히 추상적인 목적을 위하여 사실들을 분류하고 선택하고 배열해 놓은 의식적으로 만들어진 교과는 확실성이나 효과의 측면에서 볼 때 직업적 활동을 수행해야 한다는 긴박감 밑에서 단단하게 조직된 그런 지식과는 도저히 비교가 되지 않는다"(DE: 470). 사실 오늘날의 직업은 '그전에 비하여 무한히 많은 지적 내용과 무한히 큰 교양적 가능성을 가지고' 있다(DE: 476). 인류문화의 소산이 직업적 활동에 깊숙이 개입됨으로써 모든 직업적 활동들이 지적 자원을 풍부하게 갖게 되었고 개인은 자신의 일을 통해 '일에 내재된 지적 가능성을 실현'할 수 있게 되었다(DE: 476). 특히 협동적이고 사회 문화적인 행위라는 직업적 활동의 특성과 일을 통한 지적 가능성의 실현이라는 측면이 결합되어, 직업적 활동을 통해 실현되는 자유는 '의미지각의 범위와 정확성을 부단히 확장하고 향상시켜 나가는 능력'의 형성과 확대를 뜻하게 된다(DE: 194).

셋째, 직업을 통한 자아표현과 자아성장의 과정은 도덕적으로 자유로운 삶을 보장해 준다. 도덕적으로 자유롭다는 말은 도덕이라는 가치어가 각자의 삶에 부과되는 의무조항이 아니라 삶의 과정에서 자연스럽게 실현되고 있으며 또한 실현될 수 있다는 뜻이다. 사실 인간의 삶을 노예적인 특성들로 점철되게 하는 주된 요인 중 하나로 항목화된 덕목들이 의식적으로 강요되는 삶의 상황을 꼽을 수 있다. 이때 도덕적인 행위나 활동은 일상적인 삶과는 구별되는 특별한 시간과 공간에서 이루어지는 것으로 간주된다. 그 결과로 삶은 도덕적인 행위를 하는 삶과 그 이외의 활동들을 하는 일상적인 삶으로 구분되고 각각의 영역에서 출몰하고 성장하는 자아들 간에는 분열이 일어난다. 도덕의 측면에서 보면 이러한 현상의 근본적인 원인은 '좋은 목적에 붙들려 있으면 기계적인 관례 역시 좋은 것'이라는 가정에 있다(HNC: 63). 이 가정을 전체 삶의 문제로 연장해 보면, 이 입장은 경험자가 특정 행위의 도덕적 가치를 어느 정도로 체험하고 있는가 하는 문제와는 별개로 원래부터 좋은 행위라는 것이 있고 그 행위와 삶의 다른 부분들 간의 부조화와 불균형은 도덕과 관련한 문제가 아니라는 주장을 견지하는 것이다. 하지만 '선의 진정한 골자는 현재의 삶과 행위를 위해 여러 조건들을 효과적으로 조정하는 일'에 있다(HNC: 63). 이 입장에서 보면 '도덕적으로 선한 삶'이란 한마디로 '자아가 통일된 삶'을 의미한다(정의채, 1995: ch. 7; SM). 자아가 통일된 삶으로서 도덕적 삶은 인간의 삶을 도덕적인 것과 그 이외의 것으로 구분하지 않는다. 또한 삶의 여러 차원들 간의 분열이나 자아들 간의 분열을 방치하고 형식적으로 그리고 제한적인 범위 내에서 선을 추구하는 자기기만적인 삶을 거부한다. 이 입장에서는 도덕적으로 심각한 문제가 있는 것으로 보이는 삶의 상황에 대해서 '부도덕하다'거나 '나쁘다'는 식의 확정적인 평가와 판단을 하는 것이 아니라 그러한 삶의 상황을 개선될 수 있는 것으로 보고 개도하고자 한다(정의채, 1995; ch. 7; SM; DE: 479－480; CF).[42]

  자아가 통일된 삶이 도덕적으로 선한 삶이라는 입장에서 보

---

42) 이런 맥락에서 이 논문의 이론적인 배경이 되고 있는 듀이의 도덕교육론은 개도주의를 표방하는 것으로 평가된다. 사실 III장 전체에 걸쳐 논의되고 있는 바를 도덕교육의 관점에서 재진술한다면 개도주의적 도덕 개념과 선의 개념을 제안하는 것이라고 말할 수 있다. 이와 관련한 보다 자세한 논의는 IV장 2절에서 이루어질 것이다.

면, 직업적 활동이나 직업적 삶은 두 가지 측면에서 도덕적으로 선한 삶을 실현하는 데에 용이하다. 우선, 직업적 활동이나 직업적 삶을 살아가는 동안에 나타나는 자아들은 삶의 다른 영역에서 나타나는 자아들에 비해 체계적이고 조직적으로 결합한다. 그리고 그 결과는 개인의 전체 삶과 통합되어 개별적 인격체로서 자아와 자아정체감을 형성하는 데에로 수렴된다.43) 특히 인간의 전 생애를 기준으로 생각해 보면 직업적 활동을 중심으로 자아의 통일성이 실현되어 나가는 삶은 전체로서 자아의 통일성을 확보하는 데에 유리하다. 즉, 삶의 긴 시간대에 걸쳐 있고 삶의 다양한 요소와 차원들 간의 관계에서 성립되는 직업적 활동을 통해 자아들 간의 조화와 균형이 보장될 때, 전체로서 자아의 통일성은 직업적 활동을 중심으로 해서 삶의 다른 영역이나 다른 활동들로 자연스럽게 확대되어 나간다. 이러한 측면 이외에 직업적 활동은 삶의 다른 영역에서 이루어지는 활동에 비해 '도덕적' 성격이 풍부하다는 특징이 있다. 왜냐하면 직업은 '다른 사람들과의 협동을 필요로 하는 활동에 종사하는' 것을 말하며 협동적 활동은 '그렇게 부르건 부르지 않건 간에 도덕적' 성격을 띠고 있기 때문이다(DE: 533). 뿐만 아니라 일반적으로 이야기되는 도덕적 삶의 핵심적인 가치로서 사랑, 평화, 봉사, 협력과 같은 것들이 실천될 수

---

43) 구조적으로 보면, 이런 측면은 전문직적 자아정체감에 토대를 두고 소명직적 자아정체감이 형성될 무렵부터 부각된다. 그리고 이때부터는 역으로 소명직적 자아정체감 때문에 전문직적 자아정체감이 훨씬 더 폭넓게 그리고 긴밀하게 형성된다. 이렇게 보면 전문직적 자아와 소명직적 자아 간의 연속적이고 순환적인 관계 속에서 개별적 인격체의 성장이 이루어진다고 말할 수 있다.

있는 구체적인 토대를 제공하는 것이 직업적 활동이다. 봉사의 측면에서 도덕적 삶을 생각해 보면 직업적 활동을 수행하는 동안에 실천되는 봉사는 개인의 흥미나 관심사와 연결된 자발적인 목적을 추구하는 과정에서 자연스럽게 실현되는 것이다. 그는 자신의 일을 잘 해냄으로써 동료집단이나 그 집단이 구현하고 있는 사회 문화적인 삶의 가치와 신념들을 실천하게 된다. 연대기적인 인간의 삶의 과정에 비추어 보면, 어린 아이는 그때그때 출몰하는 자신의 관심사나 삶의 목적에 충실하게 자아를 표현해 나감으로써 성인이 되어 직업적 삶을 살아갈 때에 이와 같은 넓은 차원의 통일된 삶을 실현해 나간다고 말할 수 있다. 이렇게 보면 인간 전체의 삶에 대해 포괄적으로 말할 때 도덕적으로 살아간다는 것은 시기마다 자신의 삶의 목적과 관심에 충실하게 자아들 간의 조화와 균형을 이루기 위해, 그리고 삶의 가치를 보다 넓고 깊게 실현하기 위해 노력해 나간다는 뜻이 된다.

> 교육의 과정은 그 자체가 목적이며, 나중에 할 일을 위한 충분한 준비는 오직 당장 현재의 삶을 가장 충실히 사는 것이라는 원리를 말하였다. 이 원리는 교육의 직업적 측면에서 가장 풍부하고 완전한 의미를 드러낸다. 모든 시대 모든 인간에게 가장 중요한 사명 즉 제1의 직업은 삶을 사는 것, 보다 정확히 말하면 지적·도덕적으로 성장하는 삶을 이룩하는 것이다(DE: 470-471).

직업의 도덕적 성격과 가치를 이와 같이 정리하게 되면, 현대인의 삶에서 발견할 수 있는 "최대의 악은 빈곤이나 거기에서 생기는 고통과 같은 것이 아니라, 그토록 많은 사람들이 그들에게 매력도 없는 직업에 오직 금전적인 보상 때문에 종사한다는 사실"에 놓이게 된다(DE: 479). 그리고 일을 통한 자아표현과 자아성장이 이루어지는 삶은 적극적인 의미에서 자유로운 삶이라고 말할 수 있다. 따라서 자유로운 삶을 실현하기 위한 최소조건은 자신의 현재 직업으로부터 소외되는 노예적 삶을 살지 않는 것이다. 그리고 자유로운 삶의 최대조건은 자신이 하고 있는 직업적 활동을 통해 자아를 표현하고 자아성장을 촉진함으로써 자유를 직접 체험하는 것이다. 이런 맥락에서 오늘날의 삶의 조건에 비추어 볼 때 자유로운 삶을 살기 위한 첫걸음은 자아를 표현하기에 용이한 사회 문화적인 활동영역을 찾는 것이다. 그런데 자아의 통일성을 추구한다면 자아표현의 적절한 양식을 찾는 것은 연대기적 방법 또는 발달적·심리적 방법에 의해 모색되어야 한다.

자신이 무엇을 하기에 적합한가를 찾아내고 그 일을 할 기회를 얻는 것은 행복의 관건이다. 자신이 참으로 삶에서 무슨 일을 해야 하는지를 찾지 못한다든지, 이리저리 방황하다가 또는 우연적인 상황 때문에 억지로 엉뚱한 직업에 들어가게 된 것만큼 비극적인 것은 없다. 올바른 직업이라는 것은, 간단하게 말하여, 그 사람의 적성이 잘 발휘되면서 최소한의 마찰과 최대한의 만족을 얻을 수 있는 그런 직업을 말한다.[44] 지역사회의 다른 사람의 입장에서 보면, 어떤 사람이 이와 같이 올바른 직업을 가졌다는 것은 곧 다른 사람들이 그 사람으로부터 최선의 봉사를 받고 있다는 뜻이다. 대체로 알고 있는 바와 같이, 예컨대 노예의 노동은 순전히 경제적인 관점에서 보더라도 궁극적으로는 낭비가 된다. 노예의 노동에는 노예의 에너지를 이끌 만

---

44) 올바른 직업을 갖는다는 것의 의미와 노예 노동의 특성에 대한 이하의 설명은 현대판 노예의 특성을 시사하는 것으로도 해석될 수 있다.

한 충분한 자극이 없으며, 여기에 낭비가 따른다. 뿐만 아니라, 노예들은 사전에 규정된 일만 하게 되어 있으므로 노예가 가지고 있는 재능의 많은 부분이 사회에 활용되지 못한 채 사장되며, 따라서 심각한 손실이 생긴다. 노예의 경우에는 이 점이 두드러지게 나타나거니와 이러한 현상은 개인이 그의 일 속에서 자기 자신을 찾지 못할 때는 어디서나 어느 정도로는 반드시 일어나게 되어 있다. 자기가 종사하는 직업이 경멸의 대상이 되고, 문화의 관례적인 의미가 모든 사람에게 똑같이 획일적으로 적용되는 상황에서는 일 속에서 자기 자신을 완전히 찾는다는 것은 불가능하다(DE: 468－469).

이런 맥락에서 보면 자유로운 삶은 한순간에 완성되는 목적지가 아니라 일생 동안 추구해야 하는 삶의 과제라고 말할 수 있다. 하지만 확연히 부각되는 자유로운 삶의 측면은 앞 절에서 언급한 바 있는 직업적 자아, 특히 소명직적 자아의 본격적인 출현을 기준으로 이야기할 수 있다. 소명직적 자아는 직업적 자아의 종류라기보다 양태라고 말할 수 있으며 직업적 자아의 발달과정에서 부각되는 특정 측면을 집중적으로 부르는 것이다. 소명직적 자아의 특성은 자신의 직업을 삶의 목적과 동일시하고 일을 통해 삶의 가치를 심화하고 삶의 영역을 확장해 나간다는 데에 있다. 직업이 삶의 목적과 동일시된다는 것은 직업적 활동이 삶의 이상적인 모습을 실현하는 실제적인 토대이자 중심축으로 의식된다는 뜻이다. 따라서 이런 경우에 직업에 종사한다는 것은 엄밀한 의미에서 보면 자신의 삶 자체에 헌신적으로 몰입하고 열정적으로 살아간다는 뜻으로 이해할 수 있다. 결국 소명직적 자아는 실제적인 활동영역이나 활동방식을 염두에 두면서 삶 자체에 헌신하는 태도와 관련된 것이다. 삶에 헌신하는 태도는 열심히 사는 것 자체가 자신의 소명으로 인식되고 이 소명을 실천하기 위한 실제적인 활동영역이 있을 때 구체화된다. 심리적인 특성을 중심으로 표현하면, 소명감은 자신의 내면에서부터 서서히 불거져 나오는 '이 일이 나의 일이구나' 또는 '이렇게 사는 것이 나의 길이구나' 하는 절체절명의 부름을 의식하고 그렇게 사는 방식을 모색하는 과정에서 생겨난다. 소명감은 한순간의 획기적인 사건에 의해 생길 수도 있지만 일반적으로는 일련의 삶의 과정이 누적되어 서서히 형성된다. 따라서 소명직적 자아는 연대기적 방법 또는 발달적·심리적 방법을 통해 삶으로서 직업을 획득함으로써 자연스럽게 생겨나기 시작하고 삶으로서 직업의 초점이 경험자 자신에게도 명확해질 때 본격적으로 활동하는 자아이다.

소명직적 자아가 연대기적 방법에 의해 설명된다는 것은 전문직적 자아와의 관련성을 시사하는 것이다. 연대기적 방법은 삶의 질적 도약이 아니라 삶의 진행과정과 역사성에 근간을 둔다. 그리고 즉각적이고 가시적인 방식으로 불거져 나오는 사건은 아니더라도 일련의 삶의 과정이 누적되어 생겨난 일 또는 사건에 주의를 기울인다. 또는 즉각적이고 가시적인 방식으로 나타난 삶의 사건이라고 하더라도 그 사건을 단순히 그곳이나 그때에 국한된 일이 아니라 일련의 삶의 과정에서 따라 나온 필연적이고 연속적인 사건으로 해석한다. 이런 맥락에서 보면 자아는 연대기적으로 표현되어 왔고 연대기적인 삶의 방식에서 일련의 체계를 갖추어 품성이나 인격 또는 개성과 같은 큰 규모의 자아를 형성했다고 말할 수 있다. 삶의 실제적인 영역과 관련해서 생각해 보면 연대기적으로 표현되고 그 과정에서 체계화되는 자아는 특정의 직업군이나 직업세계에서 가치 있다고 간주하는 지적·정서적·신념적 특성들을 드러냄으로써 '직업적' 자아의 면모를 갖추게 된다. 직업적 자아는 처음에는 어떤 대상이나 사물에 대한 흥미 또는 어떤 활동에 대한 소질과 취향에서 시작된다. 따라서 직업적 자아는 개인이 의미 있게 받아들이고 의미 있게 구성해 나가고 있는 환경의 범위를 시사하게 된다. 즉 소리에 대한 흥미, 청음에 대한 소질, 악기 다루는 것에 대한 취향의 형태로 표현된 자아는 음악과 관련한 개인의 의미세계를 시사한다. 자아가 드러내는 의미세계는 관념적인 것이 아니라 작용하는 실제적 자아와 맞붙어 존재하는 실제적인 것이다. 의미세계의 실제성은 특정 직업세계나 직업군과 관련된 것일 때에 더욱더 부각된다. 따라서 의미세계를 시사하는 자아, 특히 의미세계의 실제성을 부각시켜 놓는 자아는 직업적 자아라고 말할 수 있다. 더 구체적으로 말하자면 이때 출현하는 직업적 자아는 독자적이고 개성적인 활동영역이나 범위를 시사하는 것이기 때문에 전문직적 자아라고 부를 수 있다. 반면 소명직적 자아는 어떤 일에 헌신하는 삶이 자신의 삶 전체를 가치 있게 해줄 것이라는 절대적인 신념에서 본격화되는 직업적 자아이다. 그리고 소명직적 자아는 전문직적 자아들의 출현과 조직화 과정에서 연대기적 방법에 의해 발달한다.

전문직적 자아의 출현과 전문직적 자아들 간의 조직화 과정은 발달적·심리적 방법에서 시작된 삶의 방식이 논리적 성격을 띠는 형태로 세련화되는 과정을 포함한다. 이때 논리란 '탐구결과를 진술하는 [표현]형식'으로서 성장의 결과로 획득되는 일종의 습관이라고 말할 수 있다(DE: 341). 습관으로서 논리는 경험을 하는 일종의 방법으로서, 습관이기 때문에 연대기적 방법 또는 발달적·심리적 방법에 의해 형성되고 형성된 이후에도 이러한 방법들의 중요한 특성들을 포함한다. 논리적 방법은 어느 날 갑작스럽게 강요되는 경우가 많다. 하지만 논리적 방법은 연대기적 방법 또는 발달적·심리적 방법에서부터 시작될 때에만 경험자에게 '뛰어난 이해와 생생한 흥미'를 안겨다 준다(DE: 343). 전문직적 자아의 성장과 관련해서 말하자면, 이 설명은 사회 문화적 의미가 풍부한 실제적인 활동을 수행할 때 그 활동과 관련된 전체적인 분위기에 익숙해지고 그 속에서 대략적으로나마 그 일에 종사하는 사람들의 기본적인 삶의 태도에 감염되는 과정이 필요하다는 뜻으로 이해할 수 있다. 분위기에 익숙해진 이후에는 그 활동과 관련한 크고 작은 습관들을 형성함으로써 의식적으로 또는 무의식적으로 어떤 일과 관련한 논리적 방법이 자연스럽게 체득된다고 말할 수 있다.

발달적·심리적 방법과 논리적 방법 간에 성립되는 삶의 계속성과 경험방법상의 상호관련성은 도제식 교육의 출발점과 발달과정을 대략적으로 설정해 봄으로써 이해할 수 있다. 특히 도제식 교육에서 상정되는 성장은 기술적인 면에서의 숙련 정도나 그 일에 대한 마음가짐 또는 신념만이 아니라 안목의 획득이라는 데에 강조를 둔다. 활동의 종류나 영역 간의 차이를 넘어서서 어떤 일이든지 그 일과 관련한 안목이 있는 사람은 안목획득 이후에 전통적으로 그 영역에서 주로 다루어 온 소재, 도구, 기술, 사고방식 등으로부터 자유로워진다. 그에게는 삶을 구성하는 모든 사물과 사건들, 더 정확히 표현하면 자신이 겪고 직면하고 있는 삶 자체가 자신의 일과 긴밀하게 관련된 것으로 의식되고 나아가 어떤 종류의 사건이든지 간에 자신의 일과 관련해서 해석되고 의미가 부여된다. 간혹 그의 일과 직접적인 관련이 없다고 생각되는 활동 속에서 자신의 일을 새로운 방식으로 전개할 수 있는 소재나 아이디어를 얻기도 한다. 크고 작은 습관들을 형성하는 과정에서 보였던 직업적 삶에 대한 태도는 이 시기부터 삶 전체에 대한 태도로 본격화된다. 삶 전체에 대한 태도는 성장의 결과로, 삶의 결과로 생겨나는 것이고 매 순간의 삶을 어떻게 살아왔느냐에 따라 질적으로 엄청난 차이를 낳는 것일 수도 있다. 질적으로 우수한 삶의 태도는 직업과 관련한 실제적인 활동영역을 중심으로 삶과 세계의 다양한 영역과 차원으로 관심사를 확대하고 자신의 삶의 목적 자체를 심화해 나가는 것까지를 포함한다. 이 지점에서 그의 일은 세계관, 가치관, 인간관, 인생관 등을 형성하는 구심점이자 자유실현의 실제적인 토대가 된다. 그리고 일을 열심히 해야 한다는 것은 자신의 삶에 대해서는 물론이며 사회 문화적인 삶의 과정을 보다 나은 상태로 고양시키기 위한 절체절명의 소명으로 의식된다. 소명으로서 삶의 실제적인 양상은 그의 일, 그의 직업적 활동과 직업적 삶을 중심으로 추론할 수 있고 구조상으로 보면 그의 일을 중심축으로 삶과 세계의 다양한 영역과 차원으로 뻗어나간다고 말할 수 있다. 따라서 소명직적 자아는 겉으로만 보면 자신의 일을 삶의 목적과 동일시하면서 자기 자신에게만 충실한 것처럼 보이지만 사실상 삶의 의미라는 차원에서 보면 사회 문화적인 삶의 과정에 깊이 개입하고 그 과정의 주체가 되는 측면이 있다.

> 사실에 있어서, 개인은 누구나 사회적 환경 속에서 자라왔고 또 앞으로도 그 속에서 자랄 수밖에 없다. 그의 반응이 지적인 것이 되고 의미를 가지게 되는 것은 오직 그가 모든 사람들에게 받아들여지는 의미와 가치를 매개로 하여 그 분위기 속에서 살고 행동하기 때문이다. 사회적 상호작용을 통하여, 신념을 구현하는 활동에 참여함으로써 개인은 점차 자기 자신의 마음을 획득하게 된다. 마음은 자아가 순전히 따로, 혼자서 가지고 있다고 생각하는 것은 사실과는 정반대이다. 자아는 사물에 대한 지식이 그 주위의 삶에 그대로 살아 나타남으로써 마음을 '성취'하는 것일 뿐, 혼자서 지식을 새롭게 건설해 나가는 고립된 마음이 바로 자아라고는 말할 수 없다(DE: 449).

이런 맥락에서 보면 개인의 삶은 직업적 자아의 발달과정 또는 직업적 자아실현의 과정에서 개인의 삶에 국한되지 않고 사회 문화적인 삶의 과정에 적극적이고 능동적으로 참여하게 된다고 말할 수 있다. 따라서 개인의 삶은 직업적 자아의 표현과 성장을 통해 보다 확대된 차원의 자유를 실현하게 된다. 이 사실을 개인이라는 미시적인 관점에서가 아니라 사회 문화라는 거시적인 관점에서 생각해 보면, 개인이야말로 사회 문화적 삶의 성장을 이끄는 원동력이라고 말할 수 있다. 개인의 삶이 사회 문화적인 삶의 한 부분이자 기본단위로서 인간 전체의 삶과 계속성을 유지한다는 것은 이중적인 의미가 있다. 개인의 실제적인 삶은 한편에서는 이전 세대, 보다 구체적으로 말하자면 자신이 속한 직업군이나 직업세계가 물려준 관습이나 '습관에 동화'됨으로써 '사회유지의 원동력'이 된다(DE: 452). 또 한편에서 개인은 자신이 속한 직업군이나 직업세계에서 가치 있게 평가되는 '습관'들을 재연하고 스스로 획득하는 과정에서 필연적으로 생겨나는 여러 가지 형태의 '변형' 때문에 '사회진보의 원동력'이 된다(DE: 452). 왜냐하면 모든 경우의 직업적 습관이 그런 것은 아니지만, 직업적 습관은 개인을 사회 문화적인 삶의 과정에 깊이 개입시키는 통로이고 특히 직업적 습관이 '남과는 다른 지적 경향' 곧 '관찰, 상상, 판단, 창의'에 기초한 개성적인 것일 때에는 개인을 전체로서 삶을 변화시키는 원동력으로 조명해 주기 때문이다(DE: 452).[45]

이런 점에서 "이른바 '새롭다'고 하는 관념—즉 현재 받아들여지고 있는 신념과는 다른 방식으로 사물을 파악하는 것—은 어떤 것이든지 개인에 그 기원을 둔다"고 말할 수 있다(DE: 451). 물론 인간 전체의 삶을 변화와 진보로 이끄는 정도는 개인의 삶의 질에 좌우된다. 이때 개인의 삶의 질은 안목 획

---

45) 이 입장은 '개인'에 대한 헤겔의 견해와는 정반대이다. 헤겔은 "개인은, 세계정신의 선택된 수족인 몇몇 위대한 '영웅들'을 제외하고는 세계정신의 작용에 하등의 역할도 하지 않는다"고 보았다(DE: 96). 반면 이 논문의 이론적 배경이 되고 있는 듀이는 교육적인 의미와 가치가 풍부한 개인의 삶은 그 자체가 사회 문화적인 특성들을 풍부하게 내포하고 있으며 사회 문화적인 삶에 비해 더 근본적인 것이라고 본다(EN: 411). 특히 직업과 관련한 실제적인 삶에 토대를 둘 때 개인의 삶은 한 생애에 국한되지 않고 인간 전체의 삶을 변화시키는 주체로서 존속된다고 본다(HNC: 23; FC: 68). 생물학적 존재로서 개인의 유한성을 사회 문화적 삶의 의미차원으로 영속하는 근간은 성장의 이정표로서 습관이다. 간혹 개인적인 성장의 표현물—전구, 컴퓨터, 전화와 같은 도구나 기기—에 주의를 집중한다고는 하더라도 그러한 산물로부터 계속적인 성장이 가능한 것은 산물 자체 때문이 아니라 개인의 삶을 통해 형성된 포괄적인 의미의 습관 곧 지적·정서적·신념적 태도의 전수에 의해서이다.

득의 유무나 안목 획득의 정도 문제로 이해할 수 있다. 그런데 안목은 반드시 '무엇에 대한', '무엇을 하는' 것과 관련된 안목이다. 따라서 안목은 실제적인 삶에 토대를 둘 때에 생겨날 수 있는 것이다. 삶의 실제적인 토대는 삶의 여러 현상들 가운데에서도 직업을 통해 구체화된다. 직업은 작용하는 실제적 자아가 표현되는 대표적인 영역이며 이 영역에서 성장하는 자아는 개인적인 것일 뿐만 아니라 사회 문화적인 것이기도 하다. 따라서 직업과 관련해서 표현되고 성장하는 자아는 삶의 실제적인 영역을 '개인의' 의미세계로 제한하지 않고 개인의 의미세계 자체를 '사회 문화적인' 성격의 의미세계로 만들어 나간다. 반대로 표현하면 삶의 실제성에 기초한 자아의 표현과 성장은 그 자체가 사회 문화적인 성격을 띤 것이라고 말할 수 있다. 따라서 직업과 관련한 자아의 표현과 성장, 한마디로 직업적 자아실현은 개인의 삶을 더 넓은 범위와 차원으로 확대시킴으로써 자아의 해방을 추구하고 사회 문화적인 삶이라는 관점에서도 인간 전체의 삶의 과정을 변혁함으로써 열린 세계의 이념을 지향한다.

04 직업적 활동을 통한 자유교육

본 장에서는 지금까지 살펴본 삶으로서 직업의 교육적 성격과 가치에 근거해서 새로운 자유교육의 의미를 밝히고자 한다. 서론에서 언급한 바와 같이 삶으로서 직업의 아이디어는 전통적인 자유교육이 비판해 온 '직업을 위한 교육'이 아니라 '직업적 활동을 통한 자유교육'을 시사하는 것이다.[46] 직업적 활동을 통한 자유교육은 좋은 삶 또는 인간적인 삶이란 무엇이며 이러한 삶은 어떻게 실현될 수 있는가 하는 문제에 대해 새로운 관점을 제시해 줄 것이다. 이때 새로운 관점이란 삶의

---

46) Ⅱ장과 Ⅲ장에서는 성장을 특징으로 하는 삶에 있어 직업의 위치와 성격, 나아가 역할을 명료화하기 위해 직업 개념을 재정립하는 데에 일차적인 관심을 기울였다. 따라서 이 과정에서 논의되는 직업은 통념상의 직업 개념과 몇 가지 측면에서 차별화되는 것이면서 동시에 이 논문의 적극적인 주장이나 근본적인 관심사와 관련지었을 때에는 삶과 동일시되는 삶으로서 직업 개념이라는 말로 요약될 수 있는 것이다. 반면 Ⅳ장에서는 삶으로서 직업 개념에 함의된 교육적 시사점과 의의를 교육현상과 관련지어 논의하기 위해 직업의 '활동적' 측면을 부각시키고자 한다. 따라서 이하에서는 직업관이나 직업 개념을 이야기할 때에는 삶으로서 직업이라는 용어를, 직업과 교육현상 간의 관련성을 이야기할 때에는 '직업적 활동'을 통한 교육 또는 자유교육이라는 용어를 사용할 것이다.

특성과 인간적인 삶의 과정에 기초한 삶과 교육에 대한 통합적인 접근이라는 말로 설명될 수 있다. 보다 구체적으로 말하자면, 이하에서는 삶의 세계에 대한 통합적인 접근과 교육의 종류 및 양상에 대한 통합적인 접근이라는 두 측면에서 삶으로서 직업의 교육적 의미를 명료화하고자 한다. 특히 삶에 대한 통합적인 접근은 전통적인 자유교육의 형이상학적 가정을 비판적으로 검토하고 이상세계와 현실세계의 통합을 추구하는 일원론적 자유교육의 철학을 제시하고 정당화하는 형태로 구체화된다. 교육의 종류 및 양상에 대한 통합적인 접근은 교육의 여러 가지 목적들 간의 관계를 체계적이고 일관성 있게 설명하는 과정에서 구체화된다. 이러한 논의에 기초해서 전통적인 자유교육과 좁은 의미의 직업교육 간의 갈등을 극복하고 현대인의 삶의 조건에 부합되는 새로운 자유교육을 제시하고자 한다.

1. 삶의 통합적 목적으로서 자유교육의 정당화

좋은 삶이란 무엇이며 좋은 삶은 어떻게 실현될 수 있는가 하는 문제는 시대와 사회 문화에 따라 달리 조명될 수 있는 것이다. 교육의 관점에서 보면 이 문제는 자유교육의 핵심적인 관심사이고 자유교육은 주로 직업교육과의 차이를 중심으로 논의된다. 자유교육이라는 주제영역은 지금까지 교육학의 주류담론을 형성해 온 것으로 전통적인 이원론의 철학에 기반을 둔 교육관을 견지한다. 따라서 전통철학에 기반을 둔 자유교육, 한마디로 전통적인 자유교육이 직업교육과의 차이를 중심으로 논의된다는 것은 자유교육이라는 담론이 일과 노동, 신체적 행위, 실제와 실천이 아니라 그 반대영역에 있는 것들 즉 여가와 교양, 학문, 정신적 행위, 관념과 이론을 주목한다는 뜻이다. 사실 전통적인 자유교육의 철학은 육체를 지닌 인간의 한계를 직시하고 육체적 삶을 넘어선 더 높은 차원의 삶의 가치를 실현하는 데에 관심을 기울였다고 말할 수 있다. 왜냐하면 인간이 육체를 지닌 존재라는 사실은 인간이 물욕을 지닌 이기적인 존재로서 물질적 가치에 쉽게 현혹되고 '현재의 사소하고 편협한 것들에 대한 관심과 집착'에 안주하기 쉽다는 점과 연결되어 있는 것이기 때문이다(Bailey, 1984: 29). 육체적 존재로서 인간이 관심을 기울이게 되는 것들은 대체로 표피적일 뿐만 아니라 현재라는 순간에 국한된 가치를 지닌다. 게다가 이때 포착된 삶과 세계의 가치는 세련된 것이라기보다 조악하고 비근한 것일 때가 많다. 반면 인간의 정신이 포착하는 삶과 세계의 가치는 현재라는 시점에 국한된 것이라기보다 장기적이고 보편적인 가치를 지닌 것들이다. 따라서 육체를 타고난 인간이 더 높은 차원의 삶의 가치들을 실현하도록 하기 위해서는 이성을 구사함으로써 정신능력을 강화하고 단련시킬 필요가 있다는 것이다.

결국 전통적인 자유교육의 철학은 인간이 육체를 타고났지만 동시에 이성을 구사할 수 있는 존재라는 사실을 출발점으로 한다. 이 사실은 전통적인 자유교육의 기원이 된 고대 그리스 시대의 사회 문화적인 삶의 조건과 결합해서 교육대상과 교육내용의 성격을 기준으로 설명되는 자유교육의 개념을 정착시킨다. 즉, 당시에 이성을 구사하는 특별한 교육을 받을 수 있는 사람은 신분상으로 자유로운 사람들로 제한된다. 이들은 노동으로부터 해방되어 있었고 지적·학문적 내용들을 다루고 탐구함으로써 정신적인 해방감을 체험하는 사람들이었다. 이런 의미에서 보면 오늘날에는 노예라든가 자유인과 같은 신분적인 차별이 없다는 한 가지 이유에서라도 자유교육의 시대라고 말할 수 있다. 그리고 자유교육의 시대에 살면서 정신적인 해방감을 체험해 나간다면 자유교육이 실현된 것이라고 말할 수도 있다.47) 그럼에도 불구하고 오늘날 학문적으로 또는 사회문화적으로 전통적인 자유교육의 철학에 대한 반론이 진지하게 제기되는 것은 이 입장에서 체계화된 철학사상의 성격과 한계 때문이다. 특히, 전통철학의 대부로 불리는 플라톤이 본

---

47) 전통적인 자유교육을 옹호하는 사람들은 대체로 이런 이유에서 오늘날 전통적인 자유교육이 견지되어도 하등 문제 될 것이 없다고 생각한다. 그런데 자유교육을 이런 식으로 이해하게 되면 자유교육이라는 것은 신분적인 차별이 없는 자유 민주사회에서는 선택적으로 취할 수 있는 교육의 종류로 간주된다. 이때 교육의 출발점에서의 차별이 없다는 것은 교육대상을 기준으로 제한적으로 규정되는 전통적인 자유교육의 의미가 현대적으로 각색되었다고 생각하는 근거가 된다. 그리고 본격적인 자유교육의 과정에서는 교육내용의 성격을 기준으로 규정되는 특별한 교육으로서 자유교육을 이전보다 더 철저하게 수행하고자 하는 경향성을 보인다. 이러한 사고방식에 따라 오늘날에도 유지되고 있는 전통적인 자유교육의 결과는 삶과 세계의 분열이며 이러한 분열을 초래하는 이원론적 철학의 존속이라고 말할 수 있다. 이하의 논의를 통해 자세히 다루어지겠지만, 이들은 우리 시대의 삶의 특성과 인간적인 삶의 조건에 부합되는 자유교육은 교육대상이나 교육내용의 성격을 기준으로 설명되는 것이라기보다 삶과 경험의 '질'을 기준으로 설명된다는 사실을 간과한 것이다(EE: chs. 2, 3).

격적인 철학체계를 정립해 나가는 과정은 육체적 삶과 관련된 현실세계와 이성적 삶과 관련된 이상세계를 철저하게 구분하는 한편으로 이상세계를 우위에 둠으로써 삶의 내적·정신적 가치를 중심으로 삶과 세계를 설명하는 방식으로 전개된다. 이상세계의 핵심 개념은 이데아(Idea)이다. 이데아는 전통철학의 형이상학적 가정이 되는 개념으로 초월적인 것, 영원한 것, 변화하지 않는 것, 확실한 것을 대변한다. 따라서 현실세계와 반대되는 이상세계는 성격상 닫힌 세계이고 폐쇄된 세계로 규정된다.

> 플라톤적인 사고에 의하면 우리가 직면하는 세계는 탐구된 지식들로 꽉 짜이고 진리로 이루어진 완벽하게 정리된 세계이다. 그런데 이 잘 짜여진 세계를 염두에 둘 때에 우리의 삶의 세계는 어떤 점에서 하나의 닫힌 꼴로 변화하게 된다. 즉 세계는 하나의 절대적인 체계를 이루고 있는 만큼 우리의 삶, 우리의 지식은 어느 하나의 체계를 향하여 나아가야만 한다. 잠시 모든 것을 중단하고 우리의 삶이 하나의 절대적 체계에 의해서 설명되고 그 방향으로 나아갈 때에만 의미 있는 것이라고 생각해 보자. 그 세계는 얼마나 '폐쇄된 세계'이며 '답답한 세계'이겠는가? 아마 포퍼가 플라톤을 비롯한 몇몇 서양철학자들을 "열린사회의 적들"이라고 규정할 때에 바로 이런 고정된 목적을 추구하는 데 대하여 폐쇄적인 분위기에 대한 답답한 심정을 느꼈을 것이다(박철홍, 2002d: 91).

전통적인 자유교육에서 인간이 궁극적으로 추구해야 할 세계는 이상세계 또는 이데아의 세계이다. 하지만 육체를 지닌 인간이 현실적으로 살아가야 하는 세계는 수시로 변화하는 허상과 그 이면을 채우고 있는 실재(reality)가 혼재된 세계이다.

따라서 인간에게 허락된 삶의 방식은 이성을 구사함으로써 허상에 가린 실재를 관조하는 삶이다. 이때 '실재는 세계의 참모습'을 대변하는 것으로서 좋은 삶을 살고자 하는 모든 사람들이 따라야 할 의미 있는 삶의 '절대적인 기준'이라고 말할 수 있다(김종건, 1999: 2216). 이런 점에서 삶의 궁극적인 목적은 고정된 목적지로서 이데아의 세계에 도달하는 것 또는 실재를 온전히 파악하는 것이라고 말할 수 있다. 그리고 인간으로서 추구할 수 있는 좋은 삶은 이성을 구사함으로써 허상에 가린 실재를 파악할 때, 더 정확히 표현하면 변화하지 않는 있는 그대로의 세계를 관조할 수 있을 때 실현되는 것이다. 있는 그대로의 세계를 관조할 때 실현되는 자유는 지적·정신적 차원의 자유, 한마디로 인식론적 자유라고 말할 수 있다. 그리고 관조의 특성상 인식론적 자유는 '번개가 치는 찰나보다도 짧은 순간'에 느끼는 만족감을 수반한다(김승호, 1997: 182－185). 즉 이성적인 탐구활동을 통해 '마음과 실재의 일치' 또는 '자아와 이데아의 세계의 합일'이 이루어졌다고 판단되는 순간에 육체를 지닌 인간은 지적 '희열과 환희'를 체험한다(김승호, 1997: 182－185). 하지만 세계를 관조함으로써 실현되는 인식론적 자유는 기본적으로 희열이나 환희와 같은 심리적인 특성과는 거리가 먼 자유이다. 오히려 심리적인 특성이 부각되는 것은 삶의 외적·신체적 특성들을 반영한 자유 개념에서 중요하게 다루어질 수 있다. 반면, 전통철학의 형이상학적인 가정이나 삶의 궁극적인 목적이 지닌 성격에 비추어 볼 때 인식론적 자유는 이성을 구사함으로써 실제적인 삶의 과정과는 무관하게 선험적으로 제시된 확정된 목적지에 도달했을 때에 실현되는 내적·정신적 자유이다.

이런 맥락에서 전통적인 자유교육의 입장에 선 사람들은 직업교육, 더 정확히 표현하면 직업을 위한 교육을 비판해 왔다. 직업은 일반적으로 육체적인 활동의 결과로 물질적인 가치들을 산출하는 대표적인 삶의 영역으로 간주된다. 따라서 직업의 문제에 관심을 기울이는 직업교육을 통해 '현재의 사소하고 편협한 것들에 대한 관심과 집착으로부터 인간을 해방'시킨다는 것은 불가능하기 때문이다(Bailey, 1984: 29). 즉 전통적인 자유교육이 이상세계를 추구함으로써 '영원한 세계'와 '자유로운 삶'을 추구했다면 직업을 위한 교육은 생계를 버는 일에 종사하는 일상적 삶에 매몰됨으로써 '현재적 세계'와 '부자유한 삶'에 안주한다는 것이다.48) 이러한 비판은 일면 타당

---

48) 따라서 이 입장에서는 "직업교육과 자유교육의 경계를 없애려고 노력한 듀이의 교육사상은 비판의 대상"이 된다(김승호, 1997: 190). 예컨대, 듀이에 대한 비판적인 입장을 견지하고 있는 김승호의 연구에서는 인간의 삶과 교육에 있어 자유가 실현되기 위해서는 외적·신체적 활동과는 거리를 둔 여가의 확보와 관조를 중시할 필요가 있다고 주장한다. 즉 "화장실 청소를 하면서 관조를 누리는 사람은 성인의 경우를 제외하고는 한 사람도 존재하지 않는다고 말하더라도 그것은 조금도 과언이 아닐 것"이라고 주장한다(김승호, 1997: 190). 그런데 연구자가 보기에, 설령 한 개인의 삶이 청소부로서의 직업적 활동을 중심으로 축약된다고 하더라도 인간으로서 겪을 수 있는 일들을 자신의 구미에 맞게 선택할 수는 없지만 삶의 태도를 선택하는 것은 언제나 인간에게 열려 있는 자유의 가능성을 시사한다고 말할 수 있다. 즉 실패나 좌절, 고난과 시련 속에서도 원망과 절망을 하면서 사는 방식과 그 상황이 얼마나 절망적이고 험난한 것이든 혹은 얼마나 낙관적이고 꿈에 부푼 상태이든 현재의 삶의 상황과 과정 속에서 자신의 존재가치와 삶의 의미를 발굴하고자 하는 적극적인 삶의 자세, 삶의 태도는 선택의 문제이며 이러한 삶의 방식을 선택할 때에 그의 삶에서 성장과 자유가 보장될 수 있으리라는 것이다. 이 논문에서 주장해 온 바에 따르면, 여기에서 말하는 성장과 자유는 매 순간의 삶에 최선을 다해 온 결과로 성취되는

하다. 하지만 이 책에서 지금까지 설명해 온 삶으로서 직업 개념에 비추어 보면 전통적인 자유교육 역시 문제점을 지니고 있다. 전통적인 자유교육의 문제는 삶과 세계의 다양한 측면과 요소들을 이원론적으로 구분하고 어느 한쪽을 선택적으로 강조하는 이원론적인 설명방식에서 비롯된다(박철홍, 1993: 311; EN: 27).

복잡하고 미묘한 철학적인 문제점들을 거론하지 않더라도, 전통적인 자유교육은 삶과 세계를 총체적으로 바라보지 않는다는 한 가지 사실 때문에 '인간이 삶을 살아가는 모습을 공정하게 분석'하고 있는 것이라고 말할 수 없다(EE: 84). 그리고 인간의 삶의 방식과 특성을 공정하게 분석하지 않았기 때문에 전통적인 자유교육은 사실상 이중의 부자유와 구속을 허용하는 설명체계를 제안하고 있는 셈이다. 즉 전통적인 자유교육은 현실세계는 현실세계대로 육체에 갇힌 노예적인 삶의 특성들을 유지하는 상태로 방치하고 이상세계에 대해서는 절대적인 헌신을 하는 이중적인 자세와 태도 속에서 성립되는 영원한 세계와 자유로운 삶을 제안하고 있기 때문이다. 이런 방식으로 삶과 세계를 설명하고 또 그렇게 살아가고자 하는 것은 세계의 분열, 삶의 분열, 나아가 자아의 분열을 초래할 수밖에 없다. 이와 같은 문제들이 초래됨에도 불구하고 지금까지 전통적인 자유교육관이 교육학의 주류담론이 될 수 있었던 이유에 대해 듀이는 다음과 같이 설명하고 있다.

것이며 따라서 포괄적인 의미의 습관(Habit)으로 표현되는 성장이요 자유이다.

사회적 변화에도 불구하고 전통철학이 계속 그 세력을 떨치게 된 데에는 크게 세 가지 이유를 들 수 있다. 첫째, 전통철학은 수세기 동안 사람들의 삶에 가장 커다란 영향을 미쳤던 종교의 근본이념을 형성해 왔으며 전통철학의 사고방식은 종교적 제도를 통하여 사람들의 사고방식과 실제 삶 속에 깊이 침투되어 일종의 전통과 관례로 남아 있다. 그 결과 종교적 주장과 전통철학의 사고방식은 사람들이 의식하지 못하는 사이에 사고하고 판단하는 데에 영향을 미친다. 사람들은 이제 이론상으로는 종교의 교리가 진리가 아니라는 것을 인정하면서도 심정적으로는 종교의 교리를 여전히 진리로 받아들이고 있다. 둘째, 전통철학은 이론과 실천 사이의 이원론, 즉 노예적이고 기계적인 활동과 자유로우며 사회적으로 존경받는 활동 사이의 구분을 낳게한 원래의 사회적 조건과 상황을 유지하는 데에 기여해 왔다. 나아가 전통철학의 이원론과 종교적 주장은 사람들로 하여금 우리가 실제로 삶을 영위하고 있는 이 세계가 위험과 좌절로 가득 차 있다고 믿도록 만들었으며 동시에 가치 있는 것은 이 세상이 아니라 이 세상을 초월한 또 다른 세계, 또는 육체노동을 벗어난 이론적인 활동에서만 영원히 확보될 수 있다는 이야기를 받아들이도록 만들었다.

앞서 지적한 두 가지 사실은 전통철학이 계속 위세를 떨칠 수 있었던 까닭을 적극적으로 설명해 준다. 세 번째로 지적하려는 것은 위의 사실들과는 달리 전통철학의 유지에 소극적으로 기여해 온 것이다. 우리는 우리가 지금 살고 있는 이 사회의 실제 상황과 조건을 설명해 줄 수 있는 이론과 지식을 마련하지 못한 상태에 있다. 우리는 이념과 실제가 일치하지 않는 다소 어정쩡한 상태에 있는 셈이다. 우리는 매일매일 쾌락을 얻기 위해서 세속적인 일에 미친 듯이 몰두하고 있다. 하지만 이론상으로는 우리는 그러한 것을 저속하고 가치 없는 것이라고 비난한다. …… 전통철학은 진실로 인간적인 이상, 가치, 의미가 이 세상이 아닌 다른 세상에 있다고 주장한다. 그러나 우리는 전통철학이 주장하는 그러한 이상과 가치가 구체적으로 어떻게 우리가 살고 있는 세계, 즉 실제적인 경험세계의 특징들을 이루고 있는지 적절히 설명할 수 있는 철학체계를 가지고 있지 못하다(QC: 62-63).

전통적인 자유교육의 철학이 앞서 설명한 바와 같은 것이라면 이 지점에서 깊이 있게 논의되어야 할 문제는 '직업적 활동을 통한 교육'의 자유교육적 성격과 가능성을 분명히 하는 것이다. 보다 구체적으로 말하자면 직업적 활동을 통한 교육은 어떤 점에서 전통적인 자유교육과 다른 것이며, 또 어떤 점에서 여전히 자유교육이라고 불릴 수 있는지를 살펴보아야 한다. 이 문제를 탐구한다는 것은 성격상 전통적인 자유교육의 대안을 탐색하는 작업 또는 새로운 자유교육의 가능성을 타진해 보는 작업과 직결된 것이다. 따라서 직업적 활동을 통한 교육을 자유교육이라고 부를 수 있다면 이때 제안되는 자유교육은 '새로운' 자유교육이라고 명명할 수 있다. 이런 의미에서 이하의 논의를 통해 명료화하고자 하는 새로운 자유교육의 가장 중요한 특징은 삶으로서 직업 개념에 토대를 두고 있다는 것이다. 삶으로서 직업은 전통적인 자유교육에서 비판해 온 좁은 의미의 직업과 대조되는 개념이다. 하지만 삶으로서 직업은 인간의 삶에 있어 직업과 직업적 활동의 가치를 주목한다는 점에서는 전통적인 자유교육과는 구별되는 것이다. 한편, 삶으로서 직업 개념에 토대를 둔 직업적 활동을 통한 교육은 전통적인 자유교육에서 선택적으로 강조해 온 것들 즉 삶과 세계의 이상적이고 관념적인 측면, 안정적인 측면, 그리고 내적·정신적인 측면의 가치를 인정한다는 점에서는 전통적인 자유교육과 어느 정도 접점을 형성하고 있다. 하지만, 더 정확히 표현하면 직업적 활동을 통한 교육은 이상과 현실, 안정과 변화, 내적·정신적인 것과 외적·신체적인 것들을 동시에 통합적으로 고려하고 있다는 점에서는 전통적인 자유교육과 차별화된다. 이때 삶과 세계의 상반되는 두 차원을 동시에 통합적으로 고려한다는 것은 전통적인 자유교육과 차별화되는 새로운 자유교육의 특징과 실제적인 전개과정상의 성격을 시사하는 것이다.

앞서 설명한 바와 같이 전통적인 자유교육은 현실세계와 이상세계를 뚜렷이 구분하고 이상세계의 핵심 개념으로서 이데아를 제안한다. 그리고 이데아를 중심으로 삶과 세계를 설명하는 철학체계를 구축한다. 반면 직업적 활동을 통한 교육은 삶이라는 하나의 토대 위에서 '삶의 총체적 이상(Ideal)의 구현체로서 직업'의 아이디어를 제안하고 직업의 문제를 중심으로 삶과 세계를 설명해 나간다(박철홍·편경희, 2004).49) 삶으로서 직업 개념을 구체화하는 과정에서 몇 차례 언급된 바와 같이, 삶의 총체적 이상이라는 말은 보다 나은 삶의 상태와 관련한 복잡한 생각들을 아우르는 개념이기 때문에 관념적인 성격을 띤다. 삶의 총체적 이상은 일반적으로 말해서 발달적·심리적 방법에 의해 형성되는 것이고 그래서 실제적인 삶의 과정에서 탐색되고 실제적인 방식으로 실현되는 것이다. 따라서 삶의 총체적 이상은 실제적인 삶의 영역을 대변하는 직업과 쉽게 동일시되며, 이런 점에서 실제적인 성격을 띤다. 결국, 삶의

---

49) 박철홍의 연구에 따르면, 형태상으로 이데아(Idea)에 'l'자 하나를 덧붙이는 것에 불과한 이 작업은 "듀이의 입장에서 보면, 플라톤 철학의 주석으로 점철되어 온 서양 철학을 전혀 새로운 방식으로, 다소 극단적으로 표현하면, 완전히 거꾸로 설계하는 '철학의 재건'이 요청되는 과업"으로 이해될 수 있다(박철홍, 1994c: 29). 이 말은 '삶의 총체적 이상'의 아이디어를 이해한다는 것이 듀이 철학의 전 영역에 비추어 논의되어야 할 광범위한 성격의 문제라는 것을 시사한다(박철홍, 1994c; 1995; 2004a; 2004b; Park, 1993). 하지만 이 논문에서는 이 문제를 자유교육이라는 주제와 관련해서 제한적으로 검토하고 있음을 밝혀둔다.

총체적 이상은 안으로는 관념적이고 이상적인 측면을 특징으로 하고 밖으로는 실제적이고 현실적인 측면을 특징으로 하는 개념이다. 특히 실제적이고 현실적인 측면을 주목할 때 삶의 총체적 이상을 대변하는 것은 직업이고 직업은 삶의 총체적 이상을 구현해 주는 의미 있는 삶의 형식으로 간주될 수 있다. 그런데 삶의 총체적 이상 또는 삶의 총체적 이상의 구현체로서 직업은 단순히 어떤 결과나 도달점을 의미하는 것이 아니다. 그럴 수도 없는 것이 인간의 삶은 수시로 변화하고 그 속에서 개인이 기대하고 계획하는 것 역시도 변화하기 때문이다. 따라서 삶의 총체적 이상이나 삶의 총체적 이상의 구현체로서 직업은 계속적으로 재구성되어 나간다고 말할 수 있다.

> 지금까지 철학자들이 보아 온 세계는 닫힌 세계였다. 즉, 그것은 안으로는 몇몇 고정된 형식으로 이루어지고, 밖으로는 제한된 범위를 가지는 세계일 뿐이었다. 한편 현대과학에서의 세계[또는 현대과학의 영향을 받은 새로운 철학에서의 세계]는 열린 세계이다. 즉, 내적으로 아무런 제한도 없이 무한히 다양하며, 외적으로 어떤 영역의 제한도 넘어서서 펼쳐지는 세계이다(RP: 54).

결국, 새로운 자유교육은 삶의 총체적 이상의 구현체로서 직업의 아이디어를 가정함으로써 체계적으로 설명된다. 이 아이디어는 삶이 있는 곳에는 이미 열렬하고 헌신적인 활동이 있으며 열렬하고 헌신적인 삶의 특성이 직업적 활동 속에서 주로 발견된다는 사실에 근간을 둔 것이다(DE: chs. 4, 23, 26). 그런데 어떤 활동을 중심으로 열정적이고 헌신적인 삶을 산다는 것은 그 활동이 개인의 삶의 의미나 존재가치와 직접적으로 연결되어 있는 사물, 대상, 사건, 상황들로 구성되어 있거나 그러한 것들의 집합체라는 뜻이기도 하다. 따라서 삶의 실제적이고 현실적인 측면이 부각되는 직업이라는 개념과 이상적이고 관념적인 측면이 부각되는 삶의 총체적 이상이라는 개념의 결합은 인간으로서 '상상할 수 있고' 또 실현해 나갈 수 있는 세계란 삶의 의미들로 구성된 의미세계라는 것을 시사한다(CF: 23).[50] 이때 삶의 의미와 의미세계라는 말은 개인의 삶과 삶의 의미에 국한된 것이 아니다. 개인의 삶은 직업적 활동에 참여함으로써 사회 문화적인 삶의 차원과 상호작용이 있는 계속성을 유지하며 진행된다. 따라서 직업적 활동을 통해 전개되는 개인의 삶의 과정에서는 개인과 사회 문화라는 차원 간의 구분이 없다.

전통철학에 기반을 둔 교육의 강조점이 인간의 삶과는 무관한 세계와 그 세계에 대한 진리의 학습에 있다고 하면, 듀이에게 있어 철학의 일차적인 관심사는 삶의 세계에 있다. 그리고 삶의 세계에 대한 듀이의 강조는 인간에게 일차적으로 중요한 것은 그리고 가능한 것은 실재에 대한 '진리'의 탐구가 아니라 일상적인 삶 또는 생활세계에서

---

50) 듀이에게 있어 상상은 '모든 분야에 있어서 직접적인 인식의 매체'로 설명된다(DE: 366-367). 삶의 총체적 이상, 간단히 말해서 삶의 목적이 발생할 때에도 상상은 '목적과 더불어 나타나는 것'이며(CF: 18), 나아가 목적의 실현은 '반드시 상상을 통해서' 가능하다고 주장한다(CF: 43). 따라서 듀이에게 있어 상상은 현실성이 없는 '환상(fantasy)'이나 인간으로서는 정확히 확인할 수 없는 '실재(reality)'를 믿는 것과는 구별되는 것이다(CF: 18). 이하에서 설명하겠지만, 인간적이고 교육적인 가치가 풍부한 상상은 이미 이루어진 것과 그에 따라 시사되는 앞으로 이루어질 수 있는 것들 간의 차이를 파악하고 그 차이를 메우기 위한 마음의 작용을 뜻한다. 따라서 상상의 본질은 인간의 삶을 앞을 향해 능동적으로 나아갈 수 있게 '고무시켜 주는 데'에 있다고 하겠다(CF: 43).

의 '의미'의 탐구라는 것이다(박철홍, 2004a: 318).

　논리적으로 구분해서 전체로서 삶의 과정을 직업적 활동으로 실제화되는 사회 문화가 개인보다 더 크고 더 가치 있다는 입장에서 설명하면, 개인의 직업적 자아실현이 본격화될수록 직업적 활동과 관련한 개인의 삶은 더 넓고 더 깊은 삶의 의미세계와 융합하게 된다. 반대로 사회 문화적인 삶이 개인의 삶을 통해서 비로소 실제화된다고 보면, 직업적 활동으로 대변되는 사회 문화적인 삶은 개인의 삶과 삶의 의미세계라는 새로운 요소의 개입으로 또는 새로운 삶의 지평과의 결합을 통해 이전에도 그리고 이후에도 없을 독특한 삶의 의미세계를 형성하게 된다. 이렇게 보면 직업이 삶의 총체적 이상의 구현체라는 말은 인간의 삶에 있어 직업이 차지하는 위치와 성격 때문에 독특한 의미들을 파생하게 된다. 특히 직업적 자아실현의 과정을 주목하게 되면 개인에게 직접 체험될 수 있는 사회 문화적인 삶의 세계 또는 진정한 의미의 사회 문화적인 환경이라는 것은 직업과 관련한 활동과 직업적 삶의 문제로 수렴되고 축약된다. 그리고 개인에게 직업이 삶의 총체적 이상의 구현체로 간주될 때에는 특정의 직업과 직업적 삶이 자신의 전체 삶의 의미나 존재가치를 실현하는 것과 긴밀하게 결합되어 있거나 또는 동일한 것으로 인식되는 경우이다.

　그런데 삶의 이상적인 측면이나 관념적인 측면은 사회 문화적인 삶의 과정에서는 물론이며 개인의 삶의 과정에서도 실제적이고 현실적인 측면들과의 관계 속에서 수시로 변화하기 마련이다. 따라서 삶의 총체적 이상은 임시적이고 가변적인 것이며 나아가 실험적인 것이라고 말할 수 있다. 마찬가지로 삶의 총체적 이상을 구현해 주는 직업적 활동이나 직업적 삶 역시도 확정적인 것이 아니다. 이런 점에서 전체로서 삶의 과정을 직업을 중심으로 집중적으로 분석한다고 하더라도 인간으로서 더 잘살기 위해 최선을 다하는 곳에서 생겨나는 삶은 재구성과 재조직의 과정을 주된 특징으로 한다. 따라서 삶이라는 하나의 토대 위에서 삶에 도움이 되는 교육을 하고자 할 때에 설정할 수 있는 교육목적 역시 재구성과 재조직의 과정을 특징으로 하는 것이 될 것이다. 하지만 이때 교육에 있어 재구성과 재조직이라는 것은 직업적 활동과 직업적 삶의 가치를 긍정함으로써 성립되는 직업적 활동을 대상으로 하는, 그리고 직업적 활동을 통해서 진행되는 교육의 재구성이자 재조직이라고 말할 수 있다(DE: ch. 23).

> 모든 교육은 지적인 면에서건 도덕적인 면에서건 품성(character)을 형성한다. 하지만 이때 형성이라는 것은 사회적 환경이라는 '교과'를 잘 활용하는 방향으로, 자연적으로 물 흐르듯이 일어나는 활동들을 선택하고 조정함으로써 이루어진다. 나아가서 마음을 기르는 것, 교육을 하는 것은 활동을 '대상으로' 할 뿐만 아니라 그 활동을 '매개로(through)' 하여 이루어진다. 요컨대 그것은 재구성, 재조직의 과정인 것이다(DE: 115).

이런 맥락에서 보면 직업적 활동을 통한 교육은 삶의 총체적 이상을 형성하고 실현해 나가는 교육이라는 뜻으로 이해할 수 있다. 삶의 총체적 이상이 어떤 결과나 방향을 지시하는 것으로 인식될 때 삶의 총체적 이상은 일반적인 의미의 목적으로 간주될 수 있다. 그래서 인간은 자신의 삶의 목적을 가장 간단히 표현할 때에 사회 문화적으로 공인된 직업명을 제시한다. 그리고 그 직업명을 중심으로 자신이 헌신하고 있는 삶의 총체적 이상을 조금 더 자세히 설명하고자 하면서부터 여러 가지 부연설명이나 수식어들을 동원하는 경향이 있다. 가령, 그냥 교사가 아니라 열정적이고 지적인 교사, 그냥 정치가가 아니라 국가와 민족을 위해 헌신하는 정치가가 되는 것이 삶의 목적이라고 한다. 실제 삶의 사태를 가만히 들여다보면 삶의 목적을 단순히 직업명으로 설명하는 것에 만족하지 못하고 다양한 언어로 설명하고 그러고 나서도 만족하지 못하는 사람들일수록 자신의 삶의 목적 또는 삶의 총체적 이상에 헌신하는 정도가 강렬하다고 말할 수 있다. 이런 유형의 사람들은 자신의 삶 자체를 소명으로 받아들이고 삶의 매 순간을 의미 있게 체험한다. 삶의 목적이 직업으로 대변된다는 점과 관련해서 생각하면 자신의 삶에 소명감을 갖는다는 것은 그가 소명직적 자아정체감이 강한 사람이라는 뜻이기도 하다. 소명직적 자아정체감은 전체로서 삶의 의미와 존재가치가 어디에서 어떻게 생겨나는가 하는 문제에 대한 의식이 경험자 스스로에게 있을 때 성립되는 말이다. 또한 소명직적 자아정체감이 어느 정도 형성되면 의미 있는 삶의 핵심부에 대한 의식이 특정 영역에서만 고수되는 것이 아니라 삶의 전 과정으로 확장되기 때문에 삶의 핵심부와 주변부 간의 유기적인 결합이 수시로 그리고 자연스럽게 시도된다. 따라서 소명직적 자아정체감은 존재가치의 고양이라는 성장의 수직적인 차원과 삶의 의미세계의 확장이라는 성장의 횡적인 차원 간의 긴밀한 관계를 가정하는 것이라고 말할 수 있다. 이런 의미의 소명직적 자아정체감이 어느 정도 명확해진 상태를 직업적 자아실현의 정점으로 설정하게 되면, 직업적 활동을 통한 교육에서 제안할 수 있는 영원한 세계와 자유로운 삶은 전통적인 자유교육과 성격상으로는 다르지만 가치 지향점에 있어서는 접점을 형성하는 것으로 설명될 수 있다.

논리적으로 보면 영원한 세계의 관념은 시간을 정지시켜 놓거나 혹은 시간의 흐름을 타고 존재의 가치를 주목하거나 하는 두 가지 방식에 의해 성립된다. 전통적인 자유교육은 전자의 방식으로 영원한 이데아의 세계 또는 실재의 세계를 제안해 왔다. 그런데 인간이 살아가는 세계는 찰나적인 순간 곧 현재들의 연속으로 기술될 수 있는 것이다. 따라서 직업적 활동을 통한 교육에서 제안할 수 있는 영원한 세계의 관념은 현재라는 삶의 순간에 몰입하고 나아가 그 순간을 즐김으로써 삶과 세계의 가치를 현재 속에서 의미론적으로 연장할 때 성립된다. 개인의 삶의 의미라는 관점에서 보면, 현재라는 순간은 개인의 삶 전체를 배경으로 성립되는 것이다. 이때 '삶 전체'라는 말은 개인의 삶의 역사성, 삶의 목적과 주된 관심사, 앞으로의 삶에 대한 전망 등이 어우러진 의미론적 과거-현재, 의미론적 현재-미래의 뒤얽힘 속에서 성립되는 삶의 덩어리이자 그 순간에서의 자아 그 자체라고 표현할 수 있다. 따라서 이러한 삶의 속성과 현재라는 순간이 배경으로 하고 있는 '삶 전체' 간의 관계에 주목하게 되면 인간의 삶은 매 순간 발생하는 '현재'의 형태로만 드러나지만 그 이면에는 그의 전체 삶의 역사성과 삶에 대한 전망이 어우러져 있다고 표현할 수 있다. 게다가 이때 개인의 '삶 전체'라는 것은 인간 삶의 특성상 사회 문화적인 삶의 과정과 상호작용이 있는 계속성에 의해 성립되는 개인의 삶 전체이기 때문에 사회 문화적인 삶 전체라는 의미를 내포하고 있다. 특히 직업적 활동을 중심으로 자아실현을 추구하면서 전개되어 나가는 삶이라면 이때의 삶 전체라는 말은 사회 문화적인 삶과 동일시될 수 있는 것이기도 하다. 따라서 현재의 삶 자체에 몰입하고 헌신한다는 것은 그 순간에 포착된 삶과 세계의 가치를 의미론적으로 심화하고 확장해 나간다는 뜻으로 해석될 수 있다. 의미상의 심화와 확장이라는 강조점을 살려서 말하자면 인간에게 허락된 영원한 세계를 사는 방식은 현재 속에 개입된 미래에 헌신하고 몰입하는 것이다. 현재 속에서 작용하는 것이면서 동시에 가장 넓은 범위에 걸쳐 있는 미래는 삶의 목적 또는 삶의 총체적 이상이다. 이런 맥락에서 보면 삶의 목적이나 삶의 총체적 이상에 헌신한다는 것은 현재에 몰입하고 최선을 다한다는 것을 달리 표현한 것이다. 논리적으로만 보면 이상이나 목적은 시간이 한참 흐른 미래의 어느 시점에 확증될 수 있는 것이다. 하지만 인간의 실제적인 시간체험이라는 관점에서 보면 이상이나 목적은 현재 속에서 살아 움직이고 현재 속에서 의미 있게 체험되고 있는 것들이다. 따라서 이상세계의 가치를 대변하는 영원한 세계는 저 멀리에 있는 것이 아니라 바로 현재, 이 순간에 있는 것이라고 말할 수 있다.

우리의 운명을 이끌어가는 보이지 않는 손은 다름 아닌 이상적인 것이 발휘하는 힘이다. 모든 가능성은 그것이 가능성인 한 성격상 이상적인 것일 수밖에 없다. 예술가나 과학자나 시민이나 부모를 막론하고, 사람들은 모종의 소명의식을 가지고 그들이 해야 할 일을 수행할 경우에 바로 그 보이지 않는 손에 의해 안내된다. 더 나은 것을 추구하려는 일체의 노력은 앞으로 성취될 가능성의 세계를 향한 신념에 바탕을 두고 있는 것이다. 신념이 나타내는 것과 같은 사람을 움직이는 힘은 지식, 즉 사람들이 이루려고 노력하는 사물이나 사태가 반드시 생기게 된다든가 실현될 것이라는 확실한 지식에 근거하고 있는 것은 아니다. 우리의 태도와 행위를 결정하는 목표의 궁극적인 권위나 우리가 그 목표에 대하여 헌신하고 충성하는 힘은 이상적인 것이 가지고 있는 본질적인 성격에 근거를 두고 있다. 그러므로 우리는 최선의 노력을 경주할 수는 있지만, 우리가 원하는 대로 그 결과가 이루어지는 것은 우리의 능력 밖의 일이다(CF: 23-24).

특히 직업적 활동을 통해 체험할 수 있는 영원한 세계란 의미론적 시간체험에서 부각되는 자아표현과 자아실현의 순간적인 상태와 관련해서 설명할 수 있다. 더 나은 삶을 살고자 하는 인간적인 노력이 있는 곳에는 '과거에 대한 회고와 미래를 향한 깊은 검토 속에서 현재를 이해하고 파악하고자 하는' 적극적이고 능동적인 삶의 태도가 있다(박철홍, 1993: 322; 박철홍·편경희, 2003a: 93). 이러한 태도가 강렬하게 작용할수록 인간의 삶 속에서 시간이라는 것은 과거-현재-미래가 통합된 방식으로 존재한다. 특히 '지적이고 집중적인 삶의 태도'가 한 단위의 사건 속에서 활발하게 작용함으로써 그 사건과 관련된 삶의 의미를 명료화하고 다시 새로운 가능성들을 포착함으로써 삶의 의미세계를 확장하는 순간에 "'나' 또는 '자아'에 대한 의식이 순간적이긴 하지만 매우 강렬한 형태를 띠게 된다"(박철홍·편경희, 2003a: 100). 자아에 대한 의식이 강렬해 지는 순

간은 자아정체감이 뚜렷해진 상태 또는 삶의 목적과의 관련
속에서 자아실현이 이루어진 순간적인 상태를 의미한다. 이때
과거-현재-미래라는 직선적인 시간관념은 사라지고 모든 존
재, 모든 세계가 나를 중심으로 모여들고 또한 나를 중심으로
무한히 확장되어 나간다는 의식을 갖게 된다.[51] 이 측면을 시
간의 흐름을 배제하고 무시간의 이데아 또는 실재 세계에서
영원을 실현하고자 하는 전통적인 자유교육과 대조해서 설명
하면, 시간의 흐름을 타고 삶의 세계에서 실현되는 영원의 의
미를 시사하는 것이라고 할 수 있을 것이다. 이 차이를 삶과
세계에 대한 태도의 문제로 전환해서 말하면 전통적인 자유교
육은 관조자적 태도를, 이 연구에서 제안하는 직업적 활동을
통한 교육은 참여자적 태도를 견지한다고 말할 수 있다.

따라서 현재의 삶에 최선을 다하는 사람에게 좋은 삶이란
모든 사람에게 똑같이 좋은 것으로 체험되는 객관적인 것이
아니라 자신의 삶의 과정이나 삶의 목적과 긴밀하게 결합되어
있는 고유한 것 또는 상대적인 것이다. 찰나적인 현재의 연속
으로 기술될 수 있는 삶의 '질'을 판단하는 문제는 크게 두
가지 측면에서 설명될 수 있다. 하나는 '지금 하고 있는 경험

---

51) 앞으로 후속연구가 수행되어야 명료화될 부분이지만, 존재가치의 심화
　　와 발전이라는 측면에서 보면 이 상태는 키르케고르가 주장하는 '심미
　　적 실존', '윤리적 실존', '종교적 실존'의 '단계적' 발전과정에 견주어
　　논의될 수 있을 듯하다(임병덕, 1998: 165). 이 논문에서 제안하고 있는
　　것과 유사하게 키르케고르는 인간의 존재는 "삶의 관념적 측면과 현실
　　적 측면의 관계, 또는 가능성과 현실성의 관계"라는 기본구조 속에서
　　구체화될 수 있다고 본다(임병덕, 1998: 165). 또한 '창조적 시간체험'
　　과 실존적 차원의 '자유'의 문제를 주목하고 있다는 점에서도 이 논문
　　의 근본적인 문제의식을 공유하고 있는 것으로 판단되기 때문이다(강학
　　철, 1999: 72, 277).

으로부터 어떤 느낌을 갖게 되는가' 하는 심리적인 만족감의 문제이다(EE: 111). 또 다른 하나는 '지금 하는 경험이 다음에 올 경험들에 어떤 영향을 미칠 것인가' 하는 계속성, 더 정확히 표현하면 상호작용이 있는 계속성의 문제이다(EE: 112). 이 두 번째 측면 때문에 좋은 삶의 기준으로서 심리적인 만족감이라는 말은 독특한 의미를 갖게 된다. 보통 만족감이라는 말은 목표한 바가 큰 문제 없이 달성되고 그래서 기쁘다거나 유쾌하다거나 즐겁다거나 하는 경우에 사용된다. 그런데 좋은 삶의 기준으로서 상호작용이 있는 계속성의 문제를 동시에 고려하게 되면 심리적인 만족감이라는 것은 특정 순간의 감정 상태나 겉으로 드러나는 결과의 문제로 제한적으로 해석할 수 없는 것이라는 점이 드러난다. 앞서 살펴본 바와 같이 상호작용이 있는 계속성은 삶의 의미와 존재가치를 최대한으로 실현할 때 부각되는 인간적인 삶의 특성이다. 따라서 좋은 삶의 기준으로서 심리적인 만족감이라는 것은 '경제적이고 물질적인 의미의 성공과 실패보다는 의미의 발견과 확대'가 가능하다는 사실을 직감할 때 생겨난다고 말할 수 있다(박철홍, 1998: 17).

이런 점에서 이 연구에서 제안하는 직업적 활동을 통한 교육은 의미론적 성장을 추구하는 교육이라고 말할 수 있다. 직업적 활동을 통한 교육이 추구하는 의미론적 성장은 의미론적 자유의 개념을 함의한다. 의미론적 자유는 삶의 외적·신체적 차원이나 내적·정신적 차원 중 어느 한 차원에 국한된 자유 개념이 아니다. 의미론적 자유는 의미탐구의 과정과 의미탐구의 결과가 유기적으로 그리고 순환적으로 결합하고 탐구의 결과가 다시금 탐구의 전 과정으로 환원됨으로써 삶의 의미세계를 확장하고 그 과정에서 존재가치를 고양시켜 나가는 체험에서 성립되는 자유이다. 삶의 의미가 성장해 나가는 과정에서 이야기할 수 있는 직업적 활동의 목적은 크고 작은 습관을 획득하는 것이라고 말할 수 있다. 따라서 직업적 활동을 통한 교육에서 주장하는 의미론적 자유는 외적으로는 하나의 습관을 형성하는 것으로, 내적으로는 그 상황과 관련된 삶의 의미를 탐구해서 직접 체험하고 나아가 삶의 의미를 확장하는 과정으로 설명될 수 있다. 내적 차원과 외적 차원을 통합적으로 고려하면, 의미론적 자유란 실제적인 활동들을 수행해 나가는 과정에서 발달적으로 누적된 내적 충만감이 외적으로 발현되고 다시 외적 반응결과가 내적 충만감을 확대시켜 나가는 연속적이고 순환적인 과정에서 생겨난다고 말할 수 있다.[52] 특별히 극적인 한 단위의 사건을 중심으로 말하자면, 의미론적 자유실현의 과정에서 부각되는 내적 충만감은 어떤 일이나 경험이 '만족스럽게 진행되었을 때' 그 사건의 의미를 최종적으로 정리하는 단계에서 자신의 내부로부터 의식의 세계로 자연스럽게 밀려나오는 존재에 대한 자각이라고 말할 수 있다(박철홍, 1994a: 90; 박철홍·편경희, 2002: 76; AE: ch. 3).

존재에 대한 자각으로서 내적 충만감은 단순히 한 개인의 정신세계에 갇혀 있는 것이 아니라 발생과정에서 그러했던 것처럼 실제적인 삶과 경험의 과정으로 이어지는 것이다. 즉 내적 충만감은 외적이고 실제적인 행위로 연결된다. 의미 있는 삶의 과정에서 내적 충만감이 절정에 달하는 경우는 한 단위

---

52) 의미론적 자유실현의 구조에 대한 보다 자세한 설명은 Ⅲ장 3절을 참조할 수 있다.

의 경험 속에 삶의 총체적 이상이 깊숙이 개입되고 그 경험이 매듭지어 지는 순간에 자신의 총체적 이상이 부분적으로 실현되고 있으며 자신의 삶이 이 일로 인해 더욱더 의미 있게 전개될 것이라는 확신을 가질 때이다(박철홍, 1994a; 1995; 1998; AE: ch. 3; CF). 따라서 내적 충만감은 다음의 일이나 다음의 삶을 계획하고 그것을 실천하기 위한 실제적인 행위를 함의한다. 특히 직업적 활동을 수행하는 과정에서 생겨나는 내적 충만감은 '의미지각의 범위와 정확성을 부단히 확장하고 향상시켜 나가는 능력'의 향상을 수반한다(DE: 194, 476). 이런 점에서 직업적 활동을 통한 교육이 추구하는 자유는 단순히 한 개인의 삶의 과정에서 생겨나는 만족감이라기보다 사회 문화적인 삶의 단위로서 자신의 삶의 가치를 인식하고 존재의미를 확대 고양함으로써 생겨나는 심리적이고 실천적인 성격의 자유라고 할 수 있다.

결국, 직업적 활동을 통한 교육은 질적이고 의미론적인 성격의 자유를 추구하는 교육이다. 따라서 삶의 내적·정신적 차원만을 선택적으로 강조함으로써 내적·정신적 성격의 인식론적 자유를 추구하는 전통적인 자유교육과 구별된다(박철홍, 1993: 311; EN: 27). 나아가 물리적인 시간 개념과 물질적 가치관을 견지하기 때문에 시간적인 여유와 물질적인 여유에 의존하는 자유 개념을 가정하는 직업을 위한 교육과도 구별된다. 이 두 교육관과 대조해서 말하자면, 자유교육으로서 직업적 활동을 통한 교육의 특이점은 '교육적인' 성격이 풍부하게 내재된 자유의 패러독스를 긍정한다는 데에 있다. 반면 지금까지의 교육 곧 전통적인 자유교육이나 직업을 위한 교육은 '비교육적인’ 성격의 자유의 패러독스를 방치해 왔기 때문에 문제가 있다고 말할 수 있다.53) 자유의 패러독스라는 말은 포퍼가 언급한 “지나친 자유가 자유를 없앤다”라는 말의 적극적인 의미 곧 ‘자유롭다고 하는 상태가 사실은 가장 부자유한 상태라는 뜻’에서 사용될 수 있는 것이다(박철홍·편경희, 2003a; Popper, 1945). 이런 뜻에서 전통적인 자유교육이 초래하는 자유의 패러독스는 현실세계와 이상세계를 분리하고 삶과 세계의 내적·정신적 차원에서 성립되는 자유를 주장함으로써 인간이 실제로 살아가는 삶과 세계를 전체적으로 무기력하게 만드는 것이다. 따라서 전통적인 자유교육의 입장에서 주장하는 자유는 인간의 삶과 세계를 사실상 자유롭지 못하게 만든다. 그런데 현실생활에서 ‘비교육적인’ 자유의 패러독스가 심각한 문제를 초래하는 것은 전통적인 자유교육의 경우라기보다 직업을 위한 교육의 경우이다. 직업을 위한 교육에서는 자유의 패러독스가 누가 더 많은 자유를 누리는가, 또는 어떻게 하면 합리적으로 자유를 나누어 가질 것인가 하는 문제가 부각되기

---

53) 여기서 ‘교육적’이라는 말과 ‘비교육적’이라는 말을 구분하는 기준은 전통적인 자유교육을 주목할 때에는 상호작용이 있는 계속성과 상호작용이 없는 계속성이다. 그리고 기존의 직업을 위한 교육을 주목할 때에는 계속성이 있는 상호작용과 계속성이 없는 상호작용이다. 앞에서 설명해 온 바와 같이 계속성과 상호작용은 개인의 삶과 사회 문화적인 삶, 삶의 내적·정신적 차원과 외적·신체적 차원, 세계의 이상적·관념적 측면과 현실적·실제적 측면들 간의 관계 속에서 ‘상호작용이 있는 계속성(또는 계속성이 있는 상호작용)’의 형태로 결합하기도 하고 ‘상호작용이 없는 계속성(또는 계속성이 없는 상호작용)’의 형태로 작용하기도 한다. 그런데 이 두 가지 결합방식 간의 차이는 삶의 ‘질’의 문제를 좌우한다. 즉 전자는 생기 있는 삶(또는 의미 있는 삶)을 성립시키는 성장원리로 이해되고 후자는 무기력한 삶(또는 무의미한 삶)을 낳는 경험원리로 간주될 수 있다.

때문에 사회 문화적으로 훨씬 더 광범위한 문제들을 초래한다. 즉 직업을 위한 교육의 입장에서 보면 누군가가 자유를 많이 가지면 다른 누군가는 그만큼의 자유를 적게 가질 수밖에 없다는 제로섬(zero-sum)의 원리가 성립된다.

하지만 직업적 활동을 통한 교육은 모든 사람들이 자신이 하고 싶은 일 또는 각자의 삶의 목적에 헌신하도록 함으로써 제로섬의 원리를 극복한다.54) 삶의 목적 또는 삶의 총체적 이상은 어떤 개인들 간에도 일치하지 않는다. 따라서 각자의 삶의 목적에 헌신함으로써 실현되는 자유는 제로섬의 원리에 지배되는 것이 아니라 의미의 논리에 지배되는 것이다. 각자의 삶에서 생겨나는 의미의 논리는 개성적인 것이지만 계속성과 상호작용이 동시에 통합적으로 작용할 때 성립되기 때문에 개성적인 것 그 이상의 측면들을 포함한다. 의미의 논리는 삶의 총체적 이상을 형성하고 실현해 나가는 과정에서 부각되는 것이며 총체적 이상의 초점을 시사하는 삶의 목적에 대한 의식이 뚜렷해질 때 활발하게 작용한다. 삶의 목적에 대한 의식이 뚜렷해지면 그것을 실현하기 위해 삶의 전 과정과 전 영역에 걸쳐 목적에 구속되는 경향이 있다. 이런 점에서 제로섬의 원리를 넘어서서 모든 사람들에게 더 많은 자유를 허용하는 교육, 곧 자유를 위한 교육은 삶의 목적을 형성하고 나아가 삶의 목적에 헌신하는 삶을 지향한다. 따라서 자유교육으로서

---

54) 논리상으로만 보면 전통적인 자유교육은 내적·정신적인 보상을 받았다는 입장에서 직업을 위한 교육이 초래하는 제로섬의 논리를 극복한다고 말할 수 있을 것이다. 하지만 이러한 극복방식은 인간적인 삶의 특성과 인간이 진정으로 추구하는 자유의 성격을 충분히 고려하기보다 오히려 회피함으로써 성립되는 것이다.

직업적 활동을 통한 교육의 특이점은 계속성과 상호작용이 동시에 통합적으로 작용함으로써 전개되는 교육적 의미의 자유의 패러독스를 긍정하고 적극적으로 추구한다는 데에 있다(박철홍·편경희, 2003a: 102). 이때 성립되는 자유의 패러독스는 겉으로 보기에는 가장 부자유한 삶이 사실은 가장 자유로운 삶이라는 주장을 함의한다. 따라서 전통적인 자유교육에서 성립되는 자유의 패러독스의 반대편에서 성립되는 또 다른 의미의 자유의 패러독스라고 말할 수 있다.

> 사람들이 그들의 활동을 통제하는 목적에 능동적인 관심을 가지면 그만큼 그들의 활동은 비록 겉으로 드러나는 행동은 동일하다 하더라도 자유와 자발성을 띠게 되며, 외부적으로 강요되는 노예적 특성을 떨쳐 버리게 된다(DE: 402).

삶의 의미의 차원에서 생겨나는 자유의 패러독스는 계속적인 성장의 원동력이자 성장의 핵심기제이다. 사실 성장과 관련해서 듀이는 동어반복에 가까운 주장들을 해왔다. 즉 듀이는 "성장은 더 성장하는 것 이외의 다른 목적을 가지지 않으며 성장 그 자체가 삶의 목적이다. 그리고 성장은 미리 결정된 고정된 목적을 갖는 것이 아니며, 교육에는 더 교육받는 것 이외에 다른 목적이 없다"라고 주장한다(DE: 50−51). 이 주장은 현재의 삶에 최선을 다함으로써 지금까지 '이루어진 세계'와 그에 비추어 새롭게 생겨난 '가능성의 세계' 간의 차이를 파악하는 순간에 본능적으로 작용하는 '간극을 메우고자 하는 인간적인 욕구'와 이러한 욕구가 수시로 생겨나는 인간적인 삶의 특성에 착안한 것이다. 가능성의 세계에 대한 헌신은 삶의 전진적인 측면과 관련된 것으로 삶의 목적 또는 삶의 총체적 이상에 대한 헌신과 몰입으로 표현된다. 이때 삶의 목적이나 이상은 그저 관념적인 것이 아니라 현실세계에 토대를 둔 실제적이고 실천적인 것이다. 그런데 자신의 삶의 목적에 헌신하는 사람의 삶은 경우에 따라 밤낮을 가리지 않고 그 일에 매달리고 경제적인 곤란을 겪기도 하고 수없이 많은 실패와 좌절을 맛보는 지극히 부자유하고 불행한 삶으로 보이기도 한다. 하지만 이러한 삶의 이면에는 자신의 삶의 목적을 명료화하고 그것을 키워나가는 과정에서 체험되는 만족감이 있다. 그리고 이러한 삶은 의미의 논리에 지배되기 때문에 삶의 목적이 부분적으로 실현되었다고 판단될 때 목적 자체의 성장을 추구함으로써 더 큰 한계와 구속을 계속적으로 만들어 나간다.

이와 같은 교육적인 삶의 특성 속에는 한계를 만들고 거기에서부터 벗어남으로써 더 큰 한계를 깨닫고 명료화하고자 하는 자유의 패러독스가 있을 수밖에 없다. 보다 구체적으로 말하자면 현재경험에 몰입하고 집중하면 할수록 삶의 이상은 더욱더 강렬하게 되며 삶의 이상을 실현하는 데에 헌신하게 된다. 그리고 바로 여기에 현실(the real)과 이상(the ideal) 또는 실제로 있는 것(the actual)과 가능성이 있는 것(the potential) 간의 차이를 메우고자 하는 본능적인 욕구에 의해 생겨나는 연속적인 구속과 한계의 과정이 내포되어 있다. 마찬가지로 인식과 지각의 차원에서는 무지를 자각함으로써 무지를 극복하고자 하는 욕구가 생기고 이 욕구가 해결되었을 때에 또다시 보다 넓은 삶의 지평과 삶의 다양한 관련들을 지각함으로써 더 큰 무지감에 직면하는 연속적인 구속과 한계의 과정이 있다고 하겠다. 이와 같이 성장하는 경험에 내포된 자유의 패러독스를 칼릴 지브란의 말을 빌려 표현하자면 "자유란 아무런 구속의 사슬이 없는 것이 아니라 더 큰 자

유의 사슬을 향하여 나아가려는 마음이요 의지요 행동이다. 궁극적으
로 자유란 더 큰 자유의 사슬을 향하여 한 걸음 한 걸음 걸어 나가는
삶의 한계를 넘어서려는 몸부림 바로 그것"이라고 불러야 할 것이다
(박철홍·편경희, 2003a: 103).

삶의 목적에 헌신하는 사람의 삶은 연속적인 구속과 한계의
과정으로 요약될 수 있다. 그런데 목적의 성격의 측면에서 보
면 직업적 활동을 통한 교육은 개인의 관심사나 취향에 국한
된 목적이 아니라 사회 문화적인 가치를 풍부하게 지닌 목적
을 가정한다는 점에서 자유로운 삶의 차원을 확대시킨다. 피
아니스트, 건축가, 과학자, 축구선수와 같은 삶의 목적은 훌륭
한 부모나 훌륭한 자식이 되겠다는 식의 삶의 목적과는 차별
화될 수 있는 삶의 목적이다. 훌륭한 부모나 훌륭한 자식이
되겠다는 목적은 그 사람의 총체적인 이상의 한 부분이 될 수
는 있다. 하지만 이런 목적과는 구별되는 직업과 관련한 삶의
목적은 개인의 관심사와 취향의 반영이면서 동시에 한 시대의
사회 문화가 긍정하는 신념과 가치들을 대변한다. 따라서 직
업과 관련한 삶의 목적에 헌신한다는 것은 자신의 삶을 소명
으로 받아들이고 있으며 자신이 속한 사회 문화적인 삶의 가
치와 신념에 헌신함으로써 직업에 대한 소명의식을 갖고 있다
는 뜻이다. 이런 맥락에서 직업과 관련한 삶의 목적에 헌신함
으로써 생겨나는 자유의 패러독스는 인과론적인 삶이 아니라
의미론적인 삶을 구현해 나가는 과정에서 더 큰 자유를 실현
하게 되는 인간적인 삶의 특징이다.
　지금까지의 논의에 비추어 보면 직업적 활동을 통한 교육은
삶이라는 하나의 토대 위에서 제안되는 '새로운' 자유교육이라

고 말할 수 있다. 새로운 자유교육은 개인의 '능동적인 경향성이 어떤 일을 하는 데에 충분히 동원되도록 함으로써' 경험자 스스로가 어떤 사물, 대상, 조건, 상황, 나아가 지식과 정보의 가치를 직접 체험하고 실제로 자유와 해방감을 느끼는 과정을 소중히 여긴다(DE: 217). 따라서 새로운 자유교육은 각자의 삶의 과정에서 자연스럽게 형성되는 삶의 목적을 진정한 의미의 목적으로 간주한다. 삶의 과정에서 형성되는 목적은 단순한 결과점이나 도달점을 의미하는 것이 아니라 보다 나은 삶의 상태에 대한 복잡하고 다양한 생각의 덩어리이기 때문에 삶의 총체적 이상이라고 표현할 수 있다. 따라서 새로운 자유교육은 삶의 총체적 이상을 형성해 나가는 한편으로 삶의 총체적 이상을 실제적으로 구현하고 실현해 나갈 수 있는 방법을 모색해 나가는 데에 관심을 기울인다. 전통적인 자유교육이 추구하는 내적·정신적 차원의 자유와 견주어 말하자면 새로운 자유교육이 긍정하는 "영원한 가치를 지니는 진정한 의미의 자유는 지성의 자유, 다시 말하면 가치 있는 목적을 성취하기 위하여 관찰하고 판단하는 자유"이다(EE: 174). 그리고 목적을 추구하는 전체적인 삶의 양상을 염두에 두면 목적이 있어서 그것을 추구하고 있는 상황을 가정할 때에 성립되는 자유는 특별히 자유의 패러독스를 긍정하는 자유라고 말할 수 있다.

2. 통합적 교육을 위한 자유교육의 조건

삶으로서 직업 개념에 함의된 교육은 일반적인 의미의 직업교육과 구별되고 직업적 활동과 관련된 것이라는 점에서 직업적 활동을 통한 교육이라고 말할 수 있다. 그리고 직업적 활동을 통한 교육이 실현해 주는 인간적인 가치들을 주목하면 특별히 전통적인 자유교육과 구별되는 '새로운' 자유교육이라고 명명할 수 있다. 전통적인 자유교육은 이원론적 철학에 기반을 두는 반면 새로운 자유교육은 일원론적 삶의 철학에 기반을 둔다는 데에서 가장 큰 차이점을 보인다. 교육과 관련해서 보다 직접적으로 말하자면, 전통적인 자유교육은 교육의 가치와 목적을 내적인 것과 외적인 것 또는 자유교양적인 것과 실용적인 것으로 구분한다. 교육내용에 대해서는 내적·정신적인 것과 외적·신체적인 것에 대한 이원론적 사고의 연장선에서 이론적·관념적·지적인 부분과 실천적·실제적·행위적인 부분 간의 구분을 견지한다. 그리고 실제 교육의 과정에서는 이론적·관념적·지적인 교육내용들을 선택적으로 강조함으로써 자유교육을 사실상 교육의 한 종류로 간주하게 만든다(박철홍, 1993: 311; EN: 27). 교육의 종류로서 자유교육은 다른 종류의 교육들과의 갈등을 초래하고 교육의 여러 목적과 가치들 간의 분열을 조장한다. 이런 맥락에서 보면 전통적인 자유교육과 구별되는 '새로운' 자유교육의 실현은 일원론적 삶의 철학에 기반을 둔다는 말을 교육과 관련해서 구조적으로 설명할 때에 보장될 수 있는 것이다. 즉 새로운 자유교육의 새롭다는 말은 삶과 교육의 관계에 대해서는 물론이며 교육의 여러 목적과 가치들을 전통적인 교육과는 다른 방식, 곧 통합적이고 일관된 방식으로 설명해 줄 때 제대로 해명될 수 있다.

교육의 목적이 비교적 거창한 용어로 진술될 때 그 진술된 방식이 잘된 것인지 아닌지를 따지려고 하면 다른 목적과 비교해서 그것이 교육의 절차나 방법으로 쉽게 또 일관성 있게 풀이될 수 있는가를 보아야 한다. …… 각각의 목적이 부분적인 방식으로 진술되면 그것은 다른 목적과 서로 갈등을 일으킨다(DE: 193-194).

일반적으로 자유교육, 직업교육, 도덕교육은 교육의 목적과 가치를 대변해 주는 교육학적 주제어들로 간주된다. 특히 전통적인 자유교육의 입장에서 자유교육과 도덕교육은 상당히 중첩되는 주제영역으로 간주되었다. 즉 도덕교육이라는 것은 자유교육이 추구하는 이론적 지식을 탐구함으로써 합리적 판단력을 기르고 판단을 행위로 연결시킬 수 있는 의지력을 기르는 것으로 간주되어 왔다. 따라서 자유교육과 도덕교육은 서로가 서로를 포함하고 지지해 주는 함의관계를 형성한다.[55]

---

55) 인간의 삶에 있어 도덕은 관습의 문제와 깊은 관련을 맺고 있다. 도덕과 혼용되는 '윤리'라는 말은 고대 그리스어 ethos에서 유래한 것으로 다른 집단과 구별되는 그 집단만의 관습이라는 의미가 강하다. 나아가 이 말은 성향이나 품성의 측면을 포함하는 것이다. 이러한 설명은 라틴어 mores에서 유래한 '도덕'에 대해서도 유효하다(MPE: 9). 그런데 윤리 및 도덕 개념의 핵심이라고 할 수 있는 관습은 서로 다른 문화나 서로 다른 생활환경 속에서 얼마든지 달라질 수 있다는 상대성을 특징으로 한다. 따라서 "그리스인들은 관습의 도덕 대신에 합리성에 근거한 또 다른 도덕을 발견하고자 하였다"(정의채, 1995: 186). 이러한 합리성에 대한 강조는 그리스적 전통을 고수하는 자유교육이나 자유교육에 함의된 도덕교육의 주된 특징이다.

반면 직업교육은 이론적 지식이나 합리적 이성과 관련된 것이 아니라 실제적이고 실천적인 활동과 관련된 것이기 때문에 합리적 판단력 향상을 목적으로 하는 도덕교육에 대한 담론으로부터 소외되어 왔다. 최근에 와서 직업윤리나 직업의식에 대한 문제에 주의를 환기하게 되면서 직업교육과 도덕교육 간의 새로운 관계를 모색해야 한다는 문제의식이 제기되고 있다. 하지만 이러한 움직임은 전통적인 자유교육과 도덕교육이 지금까지 맺어온 긴밀한 관계에 비하면 상당히 미약하고 제한적인 것이다.[56] 그 원인은 한편에서는 이원론적 사고를 견지하면서 자유교육과 도덕교육을 밀착시켜 온 데에 있고 또 한편에서는 이원론적 사고의 연장선에서 직업교육을 삶과 교육의 부분적인 문제로 좁게 논의해 온 데에 있다.

그런데 삶으로서 직업 개념에 비추어 보면 삶과 교육의 유일한 목적은 전체로서 성장을 실현하는 것이다(DE: chs. 23, 26). 전체로서 성장은 개인의 삶에 국한된 것이 아니라 사회문화적인 삶의 성장을 포함한다. 따라서 전체로서 성장이라는 말을 개인에게 국한해서 사용할 때에도 성장이라는 말은 사회문화적인 삶의 차원과의 관련 속에서 설명되어야 한다. 이렇게 보면 일차적으로 개인을 대상으로 전개되는 학교교육은 포괄적인 의미의 삶과 교육 간의 상호작용이 있는 계속성의 원

---

56) 직업교육과 도덕교육 간의 관계를 일원론적 철학에 기초해서 근본적으로 그리고 체계적으로 탐구하고 있는 연구는 거의 전무한 실정이다. 하지만 홍은숙(1999: ch. 7)의 연구는 지금까지 도덕교육에서 간과해 온 가치영역의 원천을 맥킨타이어의 '사회적 인간활동(a practice)'에서 찾고, 전문직 윤리와 도덕교육의 문제를 탐구하는 대표적인 연구로 주목할 수 있을 것이다.

리에 의해 전개되어야 한다. 만약 이 원리에 따라 삶으로서 직업 개념에 충실한 교육이 전개된다면 전통적인 입장에서 사용되어 온 자유교육, 직업교육, 도덕교육이라는 주제어는 전체로서 성장의 특정 측면들을 부각해서 설명해 주는 것으로 재해석될 수 있다. 이때 교육의 종류에 대한 구분은 약화되고 전체로서 성장의 특정 측면들을 대변하는 교육의 양상과 교육의 양상들 간의 유기적인 관계가 관심사가 된다. 삶과 교육, 나아가 교육의 양상들 간의 통합은 직업적 자아실현이라는 실제적인 토대 위에서 성립된다. 그리고 교육의 전 과정과 전 영역은 직업적 자아실현이라는 하나의 방향을 설정함으로써 체계적이고 일관되게 설명될 수 있다. 삶으로서 직업이라는 아이디어의 특성상 이와 같은 방식으로 설명되는 교육은 삶과 교육을 구분하는 것이 아니라 삶의 과정으로서 교육을 지향한다. 그리고 교육의 시기나 기간에 있어서도 삶의 전 과정에 걸친 생애교육의 관점을 견지한다.

위에서 언급한 내용들은 새로운 자유교육을 실현하기 위한 조건들이라고 말할 수 있다. 이러한 조건들은 전통적인 입장에서 사용되어 온 자유교육, 직업교육, 도덕교육이라는 주제어들을 중심으로 보다 자세히 설명될 수 있다. 특히 전통적인 자유교육에서 자유교육과 도덕교육을 함의관계로 보고 자유교육과 직업교육, 그리고 직업교육과 도덕교육은 대립관계로 설정해 왔다는 사실에 비추어 구조적으로 설명해 볼 수도 있다. 즉 앞서 언급한 새로운 자유교육을 실현하기 위한 조건들은 전통적인 자유교육이 시도해 온 설명방식과는 대조적으로 도덕교육과 직업교육을 함의관계로 조명하고, 자유교육과 직업교

육은 기존의 이해방식과 대비해서 새롭게 부각되는 측면들을
조명함으로써 보다 자세히 논의될 수 있다.

1) 도덕교육의 재이해

새로운 자유교육과 일관성을 갖고 성장의 다양한 국면들을
통합적으로 설명해 줄 수 있는 도덕교육은 간접적인 성격의
도덕교육이다. 간접적인 도덕교육은 직접적인 도덕교육의 반대
말로서 도덕을 '다른 사람과의 관계에 관한 행동 전체를 포괄
하는 것'으로 넓게 규정한다(DE: 534).[57] 그리고 도덕실천의
장과 도덕실천의 방향을 각자의 주된 삶의 영역과 삶의 목적
으로 대체함으로써 실천적이고 실제적인 도덕적 삶을 실현하
는 것을 목표로 삼는다. 반면 직접적인 도덕교육은 모든 사람
들에게 특정의 도덕적 가치를 실현하는 방식은 동일하다고 가
정한다. 이 가정에 함의된 도덕은 한 사람의 삶의 과정이나
삶의 상황과는 무관하게 객관적으로 존재하는 것이다. 그리고
도덕적 삶이나 도덕적 행위는 명확하게 도덕적인 것으로 간주
되는 가치들이나 그러한 가치들을 잘 표현해 주는 특별한 행
동들을 따라가는 것으로 좁게 규정된다. 이때 도덕은 도덕적

---

57) 이 논문의 이론적인 기초가 되는 듀이의 교육사상에서 도덕은 '사회적
인 것과 동일시'되는 넓은 개념이다(DE: 535). 특히 그는 전통적인 도
덕교육관을 비롯해서 일반적인 도덕에 대한 논의는 "도덕에 관한 좁은
'도덕주의적' 견해"를 표방하는 것으로 "교육에서 바람직한 모든 목적
과 가치 그 자체가 도덕이라는 것을 인식하는 데에 방해가 된다"고 주
장한다(DE: 537). 이런 맥락에서 보면 듀이의 교육사상에 근거한 도덕
교육은 간접적인 것이라고 말할 수 있다.

가치와 연결된 몇몇 표면적인 행위들로 즉각적으로 연결되는 모습을 보이면 대체적으로 실천된 것으로 간주된다. 이와 같은 직접적 성격이 부각되는 도덕 개념과 도덕교육관은 일상적인 삶의 사태에서 통용되는 것이다. 하지만 이러한 삶의 사태를 설명하는 과정에 깊숙이 개입하고 있는 이원론의 철학은 도덕실천의 원천을 개인의 합리적 이성이나 다분히 감상적인 선의지에 호소함으로써 결과적으로 도덕 개념을 좁게 제한하고 도덕교육의 성격을 직접적인 것으로 만들어 왔다. 개인의 합리적 이성이나 다분히 감상적인 선의지에 의존한 도덕 개념과 도덕교육관이 좁고 직접적인 성격을 띤다는 말은 도덕과 도덕교육을 각자의 실제적인 삶의 영역이나 삶의 목적과의 관련성에 기초해서 이해하지 않는다는 뜻이다. 하지만 실제의 삶은 다른 사람들과의 관계 속에서 성립되는 것이고 그중에서도 인간적인 가치가 풍부한 삶은 다른 사람들과의 협동적인 활동 속에서 의미 있게 체험되는 것이다.

우리가 이때까지 비판해 온 모든 분리들은 도덕을 지나치게 좁게 파악하는 데서 생기는 것들이다. 이 좁은 도덕관은, 한편으로 사회적으로 필요한 일을 효과적으로 하는 능력과는 상관없이 다분히 감상적인 선의를 내세우며, 또 한편으로는 관례와 전통을 지나치게 강조함으로써 도덕을 명확하게 규정된 행동의 목록으로 국한시킨다. 사실을 말하자면, 도덕은 다른 사람과의 관계에 관한 행동 전체를 포괄하는 넓은 개념이다. 비록 행동을 할 당시에 그 행동의 사회적 관련성을 생각하지 않고 하는 행동이라 하더라도, 우리의 모든 행동은 잠재적인 도덕적 행동이라고 보아야 한다. 왜냐하면 우리의 행동은 하나하나가 모두 습관의 원리에 의하여, 성향에 수정을 가하기 때문이다. 모든 행동은 일정한 방향의 경향과 욕망을 일으킨다. 그리고 이와 같이 강화된 습관은 우리가 다른 사람과 사귀는 데에 언제든지 직접 외부적인 영향을 나타낼 가능성이 있는 것이다. 우리가 가지고 있는 인격 특성 중의 어떤 것은 우리의 대인관계에 아주 명백한 관련을 가지고 있기 때문에, 그런 것들을 우리는 특별히 '도덕'이라고 강조해서 지칭한다. 성실, 정직, 정절, 우애 등이 그런 것들이다. 그러나 우리가 이런 것들을 도덕이라고 부르는 것은 오직 그것이 다른 태도에 비하여 핵심적인 부분을 이루고 있기 때문이다. 이러한 핵심적 도덕에는 다른 태도들이 부수적으로 붙어 있다. 위의 덕목들을 도덕이라고 강조해서 부르는 것은 그것들이 고립되어 있고 오직 그것들만 도덕을 이루고 있다고 해서가 아니라, 그것들이 수많은 다른 태도들 즉 우리가 명백히 도덕으로 인식하지 않고 심지어는 이름조차 붙일 수 없는 수많은 태도들과 밀접하게 관련되어 있기 때문이다. 그것만을 따로 떼어 내어 도덕이라고 부르는 것은 마치 인체의 골격만을 가지고 그것을 사람의 몸이라고 하는 것과 같다. 뼈대가 중요한 것은 틀림없는 사실이지만, 그것이 중요한 이유는 뼈대가 몸의 다른 기관을 지탱하고 있어서, 몸 전체가 효과적인 활동을 할 수 있도록 해준다는 데에 있다. 우리가 특별히 '덕'이라고 이름 붙이는 인격 특성도 이와 마찬가지이다. 도덕은 인격의 한 부분만을 따로 떼어 내어 지칭하는 것이 아니라 인격 전체를 지칭하며, 인격 전체라는 것은 모든 구체적인 구성과 특성으로 이루어져 있는 그 사람 전체를 말한다. 덕을 소유하고 있다는 것은 우리가 보통 덕이라고 이름 붙이는 소수의 특징만을 따로 계발하고 있다는 뜻이 아니라, 삶의 모든 직분을 수행하면서 다른 사람들과 대면하는 동안에 나타나는 그 사람의 인간됨이 충분하고 적절하다는 뜻이다(DE: 534－535).

직접적인 도덕교육과의 차이를 중심으로 말하자면 새로운 도덕교육은 도덕이라는 것을 삶의 한정된 부분에서 부각되는 것이 아니라 삶의 전 영역과 전 과정에서 드러나는 인간적인 가치와 특성들을 지칭하는 것으로 확대 해석한다. 따라서 도덕교육은 삶의 전 과정에서 자연스럽게 그리고 폭넓게 실현되어야 할 삶으로서 교육이다. 삶으로서 도덕교육은 직접적인 도덕교육이 사실상 방치하는 자아의 분열상태를 방지하고 해결하는 데에 도덕교육의 실제적인 목적을 두게 된다. 여기에서 직접적인 도덕교육이 자아의 분열상태를 방치한다는 말은 특별히 도덕적인 활동으로 간주되는 영역에서의 자아와 삶의 다른 영역이나 다른 활동을 통해 출현하는 자아들 간에 유기적인 관련성이 보장되지 않는 상태를 도덕적 문제상황으로 간주하지 않는다는 뜻이다. 달리 표현하면 도덕적 삶을 단지 삶의 특별한 영역에서, 특별히 어떤 행위를 하는 것으로 제한함으로써 자신의 삶의 총체적 이상과 통합적으로 연결시키지 않는다는 뜻이다. 직접적인 도덕교육의 입장에서 보면 전체로서 삶이 이러한 상태에 놓이게 되는 것은 전혀 문제가 되지 않는다.

하지만 삶으로서 도덕교육의 관점에서 보면 도덕의 문제가 그의 삶 전체와 긴밀하고 자연스러운 관계를 맺지 못하는 것은 삶의 심각한 문제이자 도덕교육의 핵심적인 문제로 간주된다. 왜냐하면 '도덕적으로 선한 삶'은 '자아가 통일된 삶'을 의미하는 것이기 때문이다(정의채, 1995: ch. 7; SM). 도덕적 선은 짧게는 하나의 사건을 통해 길게는 한 사람의 생애를 통해 자아의 통일성이 보장될 때 실현된다. 즉, 도덕적 선은 한 사람의 삶 전체와 관련해서 논의할 수 있는 것이다. 하지만 삶으로서 도덕교육의 입장에서도 자아의 통일성에 함의된 인간적인 의미와 가치가 보다 풍부하게 드러나는 경우를 중심으로 도덕교육의 문제를 본격적으로 논의할 수 있다. 자아의 통일성이 개인적으로는 물론이며 사회 문화적으로 보다 풍부한 의미와 가치를 산출하는 경우는 직업적 자아실현의 과정에서이다. 직업적 자아실현의 과정에서 자아의 전인격적 통일성은 전문직적 자아와 소명직적 자아의 긴장관계와 통합적인 작용 속에서 이루어진다. 이때 자아정체감이 전문직적 자아의 측면에서 그리고 소명직적 자아의 측면에서 형성되고 발달되는 과정은 직업적 자아의 전체적인 성장과정을 의미한다. 이 입장에서 보면 도덕이라는 것은 보다 나은 삶의 상태라는 의미의 좋은 삶, 한마디로 성장에 대한 지향성과 같은 뜻으로 해석될 수 있다. 그리고 자아의 성장을 전문직적 자아와 소명직적 자아의 측면에서 논리적으로 구분해서 생각해 보면 전문직적 자아는 도덕의 실천적인 장 또는 실천적인 도덕의 범위를, 소명직적 자아는 실천적 도덕의 내용과 방법 나아가 방향을 시사하는 것이다.

개인의 단편적인 경험이나 일회적인 삶의 사건을 중심으로 도덕의 문제를 따지는 것이 아니라 이미 사회 문화적으로 평가된 의미 있는 활동으로서 직업을 중심으로 도덕의 문제를 검토하는 방식은 도덕이 개인과 사회 문화라는 두 차원에서 삶의 질적 향상과 행복의 추구를 위해 인간 삶에 필요한 것이라는 사실을 동시에 그리고 통합적으로 보게 만들어 준다. 일상의 삶에서 도덕적 문제상황으로 제시되는 인사하기나 교통질서 지키기 등의 경우를 생각해 보면 일반적으로 도덕은 한 개인의 삶에 부가되는 의무조항과 같은 것이다. 이때 도덕은 바람직한 공동체 생활을 위한 원리나 원칙으로서의 성격이나 인간의 도리라는 측면을 직접적으로 지시하는 것이다. 일상생활에서 통용되는 도덕의 직접적인 성격은 특정행위와 직결된 덕목이나 규범 또는 관습으로 도덕의 의미를 제한하게 된다. 이에 반해 자아실현의 구체적인 전개방식과 방향을 대변하는 직업을 주목하면 도덕의 문제는 의미 있는 삶을 사는 전 과정에서 진지하게 제기되며 도덕이 근본적으로 문제 삼고 있는 삶의 질적 향상이나 행복의 추구라는 목표를 개인의 삶과 사회 문화에서 요구하는 삶의 이상적인 상태 간의 긴밀한 관련 속에서 검토해 볼 수 있는 길을 열어준다. 나아가 이러한 논의는 인간의 삶에 있어 직업의 의미와 가치를 재검토할 수 있는 기회를 제공하는 것이기도 하다.

사람이 무엇인가에 훌륭해야 한다고 할 때의 그 무엇이라는 것은 곧 사회의 한 성원으로서 다른 사람들과 함께 사는 동안에 그가 받는 만큼 다른 사람에게도 기여하는 능력이 있어야 한다는 뜻일 것이다. 하나의 인간으로서, 욕망과 정서와 아이디어를 가진 존재로서 그가 주고받는 것은 외적인 소유물이 아니라 의식생활의 폭과 깊이—보다 강렬하고 도야되고 확장된 의미지각—이다. 물질적인 면에서 주고받는 것은 기껏해야 의식생활의 발전을 위한 기회요 수단이다. 만약 그렇지 않다면, 그것은 주는 것도 받는 것도 아니요, 오직 물이나 모래를 막대기로 휘젓듯이, 물건이 여기서 저기로 자리를 바꾸는 것에 지나지 않는다. 도야, 문화, 사회적 효율성, 개인적 세련, 인격의 향상과 같은 것들은 주고받는 것이 균형을 이루는 경험에 고귀하게 참여하는 능력이 점차 성장해 나가는 과정의 여러 측면을 가리킨다. 교육은 단순히 그러한 삶을 사는 수단이 아니다. 교육은 바로 그 삶이다. 그러한 교육의 능력을 계속 간직하는 것, 그것이 도덕의 본질이다. 의식생활이라는 것은 언제나 새롭게 시작하는 것이기 때문이다(DE: 537).

흔히 개인의 삶에 국한해서 이야기되는 자아실현이 직업적 활동을 중심으로 이해될 때 직업은 개인적 자아실현과 사회 문화적 자아실현의 측면을 동시에 긍정하는 활동영역으로 간주될 수 있다. 그리고 개인적 자아실현의 측면은 앞서 살펴본 소명직적 자아와 관련해서, 그리고 사회 문화적 자아실현의 측면은 전문직적 자아와 관련해서 강조될 수 있다. 먼저 직업적 활동 속에서 전문직적 자아는 다른 활동영역과의 차이를 의식하는 한편으로 자신이 생각하는 보다 바람직한 직업인상을 중심으로 삶의 의미세계를 확대해 나가는 자아이다. 가령 교사는 교사로서, 의사는 의사로서, 청소부는 청소부로서 자신의 일에 매진함으로써 보다 바람직한 삶의 상태 곧 선한 삶을 꿈꾼다. 이 입장에서 보면 모든 인간은 사랑과 정의와 조화의 원리를 실천하는 존재여야 한다는 도덕적 의무조항에 대한 구체적 진술은 교사는 열심히 가르쳐야 하고, 의사는 열심히 의료행위를 해야 하며, 청소부는 열심히 청소해야 한다는 것이다. 그리고 이러한 구체적 진술이 교사나 의사 또는 청소부 각자의 삶에 있어 구호 이상의 의미를 지니기 위해서는 각자의 인생관, 가치관, 세계관 그리고 삶의 의미체계나 신념체계에 비추어 활동에 관련된 요소들의 관계를 탐구하는 과정을 필요로 한다. 이러한 탐구과정은 성격상 사회적 마음에 의해 특정의 행위로 연결된다.58) 가령, 헌신적으로 가르치는 교사가

---

58) 연구자가 판단하기에 듀이의 도덕 개념을 적극적으로 밝히기 위해서는 사회적 마음 또는 '사회적 지성'의 의미를 명료화할 필요가 있다 (EE: 190). 본 연구와 관련해서 생각해 보면, 사회적 지성은 소명직적 자아와 전문직적 자아 간의 긴장관계와 통합적 작용의 측면을 요약적으로 표현해 주는 것이다.

특정의 사회과 단원을 가르치기 위해 현안이 되고 있는 사회적 문제를 동원하는 수업안을 작성하고 실제로 수업을 하는 것은 개인으로서 교사에게는 자신의 일을 열심히 함으로써 개인적인 자아실현을 하는 것이지만 그것은 동시에 인간의 삶과 관련된 다양한 요소와 사건들을 지적으로 탐구하고 자신의 활동과 연결짓는 사회 문화적 자아실현의 측면을 포함한다. 엄밀한 의미에서 보자면 다른 어떤 직업적 활동과도 구별되는 교사로서의 일 자체가 사회 문화적 자아실현의 성격을 띤다. 교사로서의 일이 사회 문화적 자아실현을 보장해 주는 유일무이한 길이라고도 이야기할 수 있다. 의사든 청소부든 이 외의 다른 어떤 것이든 간에 인간의 삶에 있어 직업은 자아실현의 실제적인 토대이며, 특히 직업을 통해 이루어지는 자아실현은 개인적인 성격과 동시에 사회 문화적인 성격을 띤 이중적인 의미의 자아실현이다.

각자의 일을 진정으로 열심히 하고 또 즐길 수 있기 위해서는 그 일이 자신의 삶에 중요한 부분을 차지해야 한다. 보다 적극적으로 표현하자면, 자신이 현재 하고 있는 일이 각자가 염두에 두고 있는 이상적인 삶의 상태에 대한 많은 생각들을 대변하는 총체적 이상의 구현체여야 한다. 다른 사람의 어떤 활동이나 일이 아니라 자신이 지금 하고 있는 그 일이 삶의 총체적 이상을 구현하고 있는 것일 때, 직업을 중심으로 실현되는 전문직적 자아는 다양한 직업세계와 삶의 다양한 영역들 간의 경계를 넘어서서 관심의 양과 종류를 확대하는 방식으로 성장한다. 따라서 전문직적 자아성장의 측면에만 국한해서 보더라도 현재 자신의 일에 최선을 다하고 있는 모든 사람은 한 사람의 고정된 고용주에게 봉사하는 것이라기보다 각자의 구체적인 삶의 상황 속에서 사회 문화라는 상위의 고용주에게 봉사하고 있는 것이다. 이런 점에서 우리가 하고 있는 직업적 활동은 각자의 관심사에 기초해서 선택된 특정한 방식의 사회적 봉사활동이라고 할 수 있다(DE: 474, 482). 이러한 봉사는 자신의 삶의 한 부분을 인위적으로 그리고 특별히 떼어 내서 하는 것이 아니라 자신이 가장 하고 싶어 하는 일을 통해 자연스럽게, 그리고 상당히 많은 경우에 있어서는 자신도 모르는 사이에 이루어지는 봉사활동인 셈이다. 따라서 각자가 주력하고 있는 삶의 핵심적인 영역이자 전체 삶의 가장 큰 부분을 차지하는 직업적 활동에서 조화와 균형의 상태가 보장될 때 그 사람의 삶은 전인격적인 도덕적 선의 상태를 실현하고 있는 것이다. 삶의 이러한 속성을 감안하면 자신이 하고 있는 일에서 삶의 의미와 보람을 찾는 사람, 자신의 주된 활동영역 또는 전문분야에서 탁월성을 추구하는 사람, 삶에 대한 기대와 포부가 크고 또 그것을 실천하고자 하는 의지가 투철한 사람은 자신의 일에 열정적으로 몰입하는 만큼 도덕적으로 선한 삶의 상태에 있는 사람이라고 할 수 있을 것이다.

한편, 소명직적 자아는 특정의 직업세계라든가 직업영역에 대한 의식보다는 자신의 인생관, 가치관, 세계관 그리고 삶의 의미체계나 신념체계를 의식하는 자아이다. 그리고 특정의 활동에 있어서는 그 활동과 관련된 목적, 기대, 포부, 계획과 관련해서 나타나는 자아이다. 다른 사람의 어떤 일이 아니라 자신이 하고 있는 바로 그 일에 대한 의식을 중심으로 하는 전문직적 자아는 소명직적 자아가 활동하는 구체적인 장이 된다.

언급한 바와 같이 직업적 자아실현의 초기단계에 전문직적 자아는 사회 문화적인 자아실현의 측면을, 소명직적 자아는 개인적인 자아실현의 측면을 부각시켜 준다. 그리고 본격적인 직업적 자아실현의 과정에서는 오히려 소명직적 자아의 성장이 전문직적 자아의 성장을 촉진함으로써 더 강력한 사회 문화적인 자아실현의 성격을 띠게 된다. 직업적 자아실현의 한 양태로서 소명직적 자아의 성장은 바람직한 삶의 상태에 대한 자신의 생각을 끊임없이 검토하고 상향적으로 확대하는 형태로 전개된다. 특히 소명직적 자아의 자기반성적 작용은 성장의 구체적인 무대이자 실천적 도덕의 범위가 되는 직업적 활동을 통해 일련의 행위로 연결되고 이 과정에서 특정 활동의 의미와 가치가 구체화된다. 계속적으로 보다 나은 상태로 나아가고자 하는 본능적인 욕구 때문에 자아에 대한 인식은 이전까지의 삶의 상태에 대한 반성과 현재 상태에서 파악된 새로운 가능성의 세계에 대한 상상을 자극한다. 전문직적 자아가 관심의 양과 종류를 넓혀감으로써 삶의 의미를 수평적으로 확장해 나가는 것을 기본적인 특징으로 한다면, 소명직적 자아는 자신의 삶의 질을 개선하고자 하는 자아성장에 대한 욕구를 실현함으로써 삶의 의미와 존재가치를 수직적으로 고양시켜 나가는 것을 주된 특징으로 한다.

소명직적 자아의 성장과정에서 이루어지는 삶에 대한 평가는 자발적인 만큼 더욱더 엄정해지고 통렬해진다. 우리는 살아가다가 가끔씩 "너 이렇게 살아도 되겠어?"라고 자신을 꾸짖을 때가 있다. 이와 같은 자신에 대한 평가와 반성은 자신의 삶과 무관하게 부가된 기준, 가령 도덕적 원리·원칙이나 규범 또는 관습과 자신의 행위 간의 일치유무를 문제 삼는 경우와는 구별된다. 자신의 삶을 대상으로 자발적으로 그리고 통렬하게 이루어지는 평가와 반성은 삶의 총체적 이상에 비추어, 그리고 삶의 총체적 이상과 관련해서 이루어진다. 즉 자신의 일 속에서 구현되는 삶의 총체적 이상과의 관련성이나 총체적 이상의 실현 정도를 문제 삼는 것이다. 이런 유의 자아 인식은 부적인 또는 정적인 방향으로 전개될 수 있다. 먼저 부적인 방향으로 소명직적 자아가 재구성된다는 것은 열심히 어떤 일을 하고 있기는 하지만 그 일에 쏟아 부은 노력과 열정이 사실상 자신이 염두에 두고 있는 삶의 총체적 이상과는 일치하지 않는다는 반성에서 비롯된 자아의 분열상태일 수 있다. 또 어떤 경우에는 삶의 총체적 이상 자체의 부재상태를 실감하고 자신의 인생 전체를 반성적으로 평가할 수도 있을 것이다. 이런 경우에는 전문직적 자아의 측면에서 형성된 자존감과 자부심, 한마디로 자아정체감이 뿌리째 흔들릴 수도 있다. 하지만 자아의 분열상태를 방치하지 않고 통일된 상태로 만들어 나가고자 하는 과정에서 도덕적 선이 실현된다. 그리고 정적인 방향의 소명직적 자아의 재구성은 자신이 염두에 두고 있는 삶의 총체적 이상과 현재의 삶의 방식, 현재의 삶의 태도, 앞으로 실천 가능한 활동들 간에 유기적인 관련성이 있으며 자신의 삶 전체가 이전보다는 나은 상태를 향해 나아가고 있다고 판단될 때 성립된다. 이때 자신이 주력하고 있는 삶의 핵심부를 차지하는 직업적 활동과 직업적 활동 이외의 것으로 간주될 수 있는 주변부 간의 관련이 정적인 방식으로 긴밀하게 맺어진다. 이런 경우에는 전문직적 자아의 측면에서

형성된 자존감과 자부심이 강렬해지고, 나아가 자기 일에 대한 소명감이 투철해진다.[59]

　이상의 논의에 비추어 보면 삶으로서 도덕교육은 직업적 자아실현의 과정에서 실제적이고 실천적인 교육으로 조명될 수 있는 것이다. 특히 직업적 자아실현의 두 측면을 이루고 있는 전문직적 자아의 표현과 성장은 도덕의 실천적인 장 또는 범위를 시사해 주고, 소명직적 자아의 표현과 성장은 실천적 도덕의 내용과 방법 나아가 방향을 시사해 준다. 그리고 도덕과 도덕적 삶은 직업이나 직업적 활동을 중심으로 해서 삶의 전 영역과 전 과정으로 확대 해석될 수 있는 삶의 본질적인 문제로 조명된다. 이때 직업은 개인의 관심사와 사회적 봉사활동을 하나로 연결시키고 통합하는 기능을 수행한다. 따라서 개인은 직업적 활동을 통해 그가 속한 사회 문화적인 삶의 가치, 신념, 목적 등을 자신의 삶과 유기적으로 결합시킴으로써 '오직 한 사람의 특정한 고용인을 위하여 일하는 것'이 아니라

---

59) 하지만 이러한 설명이 직업적 자아실현에 있어 소명직적 자아만이 중요하다거나 소명직적 자아가 도덕적 선, 즉 자아의 통일성을 보장하는 핵심적인 기제라는 뜻으로 이해되어서는 안 된다. 소명직적 자아와 전문직적 자아의 관계는 인간의 키가 자라는 방식을 설명할 때 동원되는 신장기와 충실기의 관계에 견주어 이해될 수 있다. 인간의 키가 자라는 현상은 충실기와 신장기가 교대로 전개됨으로써 생겨난다. 그런데 이 현상을 그야말로 현상 자체에 국한해서 생각하면, 인간의 키가 자란다는 것은 신장기만을 요구한다고 말할 수 있을지도 모른다. 하지만 신장기는 충실기 동안의 균형 잡힌 그리고 충분한 영양섭취를 통해서만 가능한 것이다. 소명직적 자아는 신장기와 비슷하게 자아의 수직적 성장의 측면을 대변하는 자아로서 삶의 총체적 이상과의 관련에 따라 전체적인 성장의 방향을 지시해 준다. 하지만 소명직적 자아는 충실기에 견줄 수 있는 전문직적 자아와의 통합적인 작용을 통해서만 진정한 의미와 가치를 획득하는 것이다.

'사회라는 더 큰 고용인을 의식하는' 확대된 의미의 도덕적 삶을 영위하게 된다(DE: 474). 이런 맥락에서 직업적 삶에 대해 생각해 보면 어떤 직업에 종사한다는 것은 개인의 관점에서는 자신의 삶의 이상에 헌신한다는 뜻이 되고 개인이 진정한 의미의 사회 문화적인 삶의 단위라는 관점에서는 사회 문화적인 삶의 이상에 헌신한다는 뜻이 된다.

2) 직업교육의 재이해

새로운 자유교육과 일관성을 가지면서 전체로서 성장의 다양한 국면들을 통합적으로 설명해 줄 수 있는 직업교육은 삶으로서 직업교육이다. 삶으로서 직업교육은 좁은 의미의 직업교육과는 달리 전 생애에 걸쳐 진행되고 실현되는 생애교육의 성격을 띤다는 점에서 특징적이다(박철홍·편경희, 2004). 좁은 의미의 직업교육이 안고 있는 대표적인 문제점은 몇 차례 언급한 바와 같이 무의미한 기술주의와 경제적 세속주의이다. 이 두 가지 문제점은 직업준비라는 것이 단기간에 몇 가지 기술을 익히면 끝난다고 생각함으로써 생겨난다. 이러한 생각의 이면에는 기술이라는 것이 기계적이고 물리적인 활동이나 외적·신체적 행위로 환원될 수 있다는 가정이 자리 잡고 있다. 따라서 직업교육이 단기간에 끝난다는 입장에 서게 되면 직업적 활동에 포함된 내적·정신적 가치들을 간과하거나 사실상 최소화함으로써 무의미한 기술주의와 경제적 세속주의에 이르게 된다.

발달적·심리적 방법에 의해 선택된 직업적 활동은 개인의 내적·정신적 요구에 기반을 두고 외적·신체적 행위에 의한 결과물을 얻어 내는 일련의 활동으로 규정된다. 이 활동은 한편에서는 물질적 가치들을 산출하는 것이면서 또 한편에서는 경험자가 직접 체험할 수 있는 사회 문화적인 삶의 가치, 특히 내적·정신적 가치들을 산출하는 활동이다. 그럼에도 불구하고 직업적 활동의 내적·정신적 가치를 소홀히 다루게 되면 직업교육은 무의미한 기술주의와 경제적 세속주의를 표방하게 된다. 그리고 그 결과로 직업교육은 자유교육이나 도덕교육과 충돌하게 되고 교육은 전체적으로 분열과 갈등을 겪게 된다. 왜냐하면 무의미한 기술주의나 경제적 세속주의는 전통적인 자유교육이나 그 연장선에 있는 도덕교육의 입장에서는 비난을 면할 수 없는 것이기 때문이다. 이런 점에서 새로운 직업교육은 삶으로서 직업 개념에 입각해서 직업의 내적·정신적 가치를 회복함으로써 실현될 수 있다고 하겠다.

만약 우리가 손으로 일하는 노동자의 교육을 불과 몇 년 동안 학교에 다니는 것에 국한하면서, 그 학교교육의 대부분을 아주 초보적인 상징의 사용을 습득하는 데에 할애하고 과학과 문학과 역사의 훈련을 도외시한다면, 우리는 노동자의 마음이 그 자유로운 사고의 기회를 십분 활용하도록 준비시키는 일에 실패하고 만다. 이보다 더 중요한 사실은, 그렇게 되면 노동자의 대다수가 그 일의 사회적 목적에 관한 통찰이나 그 일에 대한 직접적, 개인적 관심을 가질 수 없게 된다는 것이다. 여기서 결과적으로 달성되는 것은 노동자들 자신의 목적이 아니라, 그들을 고용한 사람의 목적이다. 그들이 일을 하는 것은 자유롭고 지적인 사람으로서가 아니라, 임금을 벌기 위해서이다. 행동을 자유롭게 하지 못하는 것은 바로 이 사실 때문이며, 오직 그러한 일

을 하는 기술만을 가르치도록 계획된 교육이 비자유교육, 비도덕교육
이 되는 이유 또한 여기에 있다. 그 활동은 참여하는 활동이 아니며,
따라서 자유롭지 않은 것이다(DE: 400－401).

새로운 직업교육의 대상은 발달의 전 과정에 있는 모든 개
인들이고 직업교육의 목표는 개인적으로는 물론이며 사회 문
화적으로 보다 풍부한 삶의 가치들을 실현하도록 하는 데에
있다. 그리고 직업교육을 실현하는 구체적인 단위나 대상은
직업적 자아와 직업적 자아의 표현에 놓이게 된다. 인간의 발
달과정에 준해서 설명하면 직업적 자아는 연대기적 방법 또는
발달적·심리적 방법에 의해 삶의 전 과정에서 출몰하는 자아
들 중에서 특별히 사회 문화적 성격이 강한 자아를 지칭하는
것이다. 앞서 설명해 온 바와 같이 자아는 상호작용 또는 경
험 그 자체이다. 상호작용으로서 자아는 개인의 내적인 요구
와 힘이 외적인 사물이나 대상 또는 상황적 조건들과 맞물려
동시 발생적으로 성립되는 것이다. 자아는 상호작용 자체이기
때문에 삶의 전 과정에서 끊임없이 출몰한다. 크고 작은 자아
들 중에서 대상세계에 대한 지향성이나 어떤 활동에 대한 지
속적인 관심과 애착이 비교적 강렬하고 장기간에 걸쳐 표출되
는 경우는 잠시 나타났다 사라지는 자아들과는 구별해서 사회
문화적인 성격이 부각되는 자아라고 말할 수 있다. 이런 의미
의 사회 문화적 자아는 어린 시절에는 놀이의 형태로 표현된
다. 사실 듀이의 입장에 따르면 놀이는 생애의 초기단계에 수
행되는 능동적인 직업적 활동이다.

'능동적인 직업적 활동'이라는 말은 놀이와 일을 동시에 일컫는 말로 사용된다. 흔히 놀이와 일은 서로 상반되는 것으로 알고 있지만, 그 내적 의미에 있어서는 양자가 결코 흔히 생각하는 만큼 상반되는 것이 아니며, 그와 같이 양자를 명확하게 구분하는 것은 그릇된 사회적 조건 때문이다. 놀이와 일은 모두 마음속에 바람직한 결과 즉 목적을 그리며 그 결과를 실현하기 위하여 자료와 방법을 선정하고 조정하는 것으로 이루어져 있다. 양자의 차이는 주로 그것에 걸리는 시간의 길이에 있으며, 이것이 목적과 수단 사이의 관련이 어느 정도로 긴밀한가에 영향을 준다. 놀이에 있어서는 관심이 보다 직접적이다. 흔히 놀이는 활동 이상의 다른 결과를 목적으로 하는 것이 아니라 활동 그 자체가 목적이라고 말한다. 이 말은 바로 수단-목적의 긴밀성과 관심의 직접성을 나타내는 것이다. 이 말은 말 자체로는 옳지만, 만약 그것이 놀이 활동은 순간적인 것이요, 거기에는 앞으로의 일을 내다본다든지 무엇을 추구한다든지 하는 요소가 전혀 없다는 뜻으로 해석된다면, 이 해석은 잘못된 것이다(DE: 320).

어린 시절 놀이의 형태로 표현되는 사회 문화적 자아들은 다양한 방식으로 분류될 수 있다. 선생님 놀이를 하는 동안에 표현되는 자아들, 은행원 놀이를 하는 동안에 표현되는 자아들, 의사나 간호사 놀이를 하는 동안에 표현되는 자아들, 엄마 아빠 놀이를 하는 동안에 표현되는 자아들과 같은 식으로 사회 문화적 자아들을 대략적으로 범주화해 볼 수 있다. 놀이를 통해 표현되는 자아는 아이들의 발달단계에서 보면 '그 단계의 필요와 흥미에 맞는 능동적 활동에 종사'하는 사회 문화적 자아라고 말할 수 있다(DE: 472). 물론 놀이를 통해 표현되는 사회 문화적 자아는 비교적 짧은 시간대에 걸쳐 나타나는 것이기 때문에 경험자의 삶과 긴밀하게 결합되어 삶의 의미체계나 신념체계로까지 체계적으로 발달하는 데에는 어려움이 있다. 하지만 놀이와 같은 '능동적인 활동에 종사하는 과정에서 능력과 적성을 발견'하고 계발하게 된다고 말할 수 있다(DE: 472). 삶의 의미체계나 신념체계라는 것은 능동적인 활동을 통해 발견되고 계발된 능력과 적성에 기초해서 발달한다. 그리고 어느 정도 상징과 기호를 활용할 수 있고 세련된 방식으로 경험을 이끌 수 있는 단계에 이르면 '행위를 통해 표현되고 행위를 통해 재조정'되는 지식을 활용함으로써 삶의 의미체계나 신념체계를 확대하고 공고히 하는 것이 가능해진다(DE: 470).

앞서 설명한 바와 같이 직업적 자아는 전문직적 자아와 소명직적 자아로 구별할 수 있다. 전문직적 자아는 '무엇에 대한' 흥미와 '무엇을 하는' 취향을 본격적으로 드러내는 사회 문화적 성격이 강한 직업적 자아이다. 전문직적 자아의 특징은 무엇보다 자아가 표현되는 실제적인 삶의 영역과 범위를 시사해 준다는 데에 있다. 개별적인 인격체의 삶 속에서 전문직적 자아라고 불릴 만한 사회 문화적 자아가 출현하기 시작하면 그 사람은 자아정체감이라는 것을 형성하고 있다고 말할 수 있다. 전문직적 자아정체감은 자아정체감의 일종이기 때문에 개성이나 품성 또는 인격과 같은 용어들로 설명될 수 있다. 또한 자부심이나 자존감과 같이 자기평가를 거친 심리적 상태를 표현해 주는 용어들로 설명될 수도 있다. 자아정체감은 말 그대로 해석하면 상호작용으로서 자아가 어느 정도 안정된 방식으로 조직되고 일련의 체계를 갖추고 있다는 뜻이지만 삶의 특성에 비추어 보면 어떠한 삶의 상태를 애써서 고수하고 지향해 나간다는 의미를 포함한다. 이런 맥락에서 보면 전문직적 자아정체감은 어떤 활동을 수행할 때 또는 어떤 삶을 살아갈 때 자신의 삶의 의미를 확대할 수 있고 고유한 삶의 의미세계를 구축할 수 있으리라는 판단에 따라 자아의 출현과 자아들 간의 관계맺음 방식을 조율함으로써 성립된다. 삶의 과정에서 출현하는 직업적 자아는 수없이 다양할 수 있다. 하지만 자아가 표현되는 방식은 크게 일회적이고 단편적인 사건으로 처리되는 경우와 가족유사성에 근거해서 일련의 체계를 형성하는 경우로 대별된다. 특히, 후자의 방식은 성숙한 사람의 삶의 과정에서 발견할 수 있는 것이다. 성숙한 사람은 의미 있는 자아의 출현과 성장을 위해 삶의 전 과정에서 수시로 다양하게 출몰하는 자아와 자아들 간의 관계를 의도적으로 조율해 나간다. 이 작업이 의식적으로 그리고 세련된 방식으로 수행되는 만큼 자기 자신과 자신의 삶에 대한 자부심과 자존감이 강화된다.

어떤 사람에게 전문직적 자아정체감이 있다는 것은 그 사람이 자신의 삶을 의미 있는 것으로 만들기 위해 특별하게 생각하는 삶의 영역 또는 활동 영역이 있다는 뜻이다. 전문직적 자아가 정체성을 형성하면 기본적으로 자기 자신과 자신의 삶에 대한 자부심 또는 자존감이 생긴다. 그런데 전문직적 자아의 내적 특성으로서 자부심과 자존감은 삶의 이상적인 상태에 대한 의식이 강렬해질수록 더욱더 심화되고 확장된다. 삶의 이상적인 상태에 대한 의식이 부각될 때 출현하는 직업적 자아는 소명직적 자아이다. 소명직적 자아의 출현이 본격화되면 직업적 삶은 삶의 한 부분에 대한 문제가 아니라 자신의 존재의미와 존재가치를 좌우하는 전체로서 삶과 삶의 질의 문제로 의식된다. 따라서 경험자는 매 순간의 직업적 활동에 최선을 다해서 몰입함으로써 자신의 존재가치를 보다 깊이 있게 그리고 보다 풍부하게 실현해야 한다고 생각한다. 이 과정에서 직업은 그의 총체적 이상의 구심점에 놓이는 삶의 목적으로 의식된다. 삶의 목적으로서 직업은 직업적 활동을 통해 구체화되고 직업적 활동을 수행함으로써 부분적으로 실현된다. 이때 경험자에게 직업적 삶과 전체로서 삶은 그리 분명하게 구분되지 않는다. 굳이 직업이라는 말을 고수한다면 자신의 삶에 종사하는 것이 진정한 의미의 직업으로 생각된다. 그리고 삶을 살아야 한다는 것이 소명으로 느껴진다.

예컨대 어떤 사람의 직업이 예술가라고 말하는 것은 그 사람이 하는 여러 가지 다양한 직업적 활동 중의 두드러진 전문적 측면을 가리키는 것에 불과하다. 이와 마찬가지로, 그가 예술가라는 직업에서 얼마나 효율성—인간적인 의미에서의 효율성—을 발휘하는가 하는 것은 그것과 다른 일들과의 관련에 의하여 결정된다. 그 사람의 예술이 단순히 기술적인 업적 이상의 것이 되려고 하면 그는 '경험'을 해야 한다. 여기서 경험을 해야 한다는 것은 곧 삶을 살아야 한다는 것과 같은 뜻이다. 그는 자신의 예술적 활동의 소재나 내용을 그 예술 안에서 찾을 수는 없다. 그의 예술은 그가 맺는 다른 관계 속에서 그가 받는 고통과 기쁨의 표현이어야 하며, 이것은 다시 그의 여러 가지 관심이 얼마나 긴밀한 관련을 맺고 있으며 유사한 감정에 토대를 두고 있는가에 달려 있다. 예술가의 경우뿐만 아니라 그 밖의 어떤 특별한 소명의 경우에도 마찬가지이다. 물론, 뚜렷한 직업은 어떤 것이든지—습관의 원리에 따라서—그 특별한 분야가 너무 강하게 두드러지고, 그것에만 사람들의 마음을 사로잡는 경향이 있다. 그리고 여기에 따라 의미보다는 기술이나 전문적 방법이 강조될 가능성이 있다. 그러므로 교육이 해야 할 일은 이 경향을 조장하는 것이 아니라 그것을 방지하는 것이며, 그렇게 함으로써 과학 연구가는 단순히 과학자가 아니요, 교사는 단순히 가르치는 사람이 아니요, 목사는 단순히 목사 복장을 하는 사람이 아니게 되도록 하는 것이다(DE: 467-468).

직업적 자아의 출현과 성장과정에 비추어 설명되는 직업은 성인이 되어 하게 되는 돌이킬 수 없는 선택의 대상이 아니다. 직업은 어른이나 아이나 할 것 없이 '앞으로의 성장이 방향 지어질 분야를 대략적으로 드러내는 것'으로 이해되어야 한다(DE: 472). 그리고 직업적 삶을 소명으로 여기고 산다는 것은 확정된 인생행로를 따라 나가는 삶이 아니라 직업적 자아의 출현과 직업적 자아들 간의 관계맺음을 유연하고 개방적으로 허용함으로써 '융통성과 적응력을 발휘'하는 삶을 살아나간다는 뜻이다(DE: 472). 이런 맥락에서 어느 발달단계에 있든지 간에 '현재의 삶을 가장 충실히 사는 것'이 진정한 의미의 직업이고 제대로 된 직업교육이라고 말할 수 있다(DE: 471). 따라서 삶으로서 직업의 아이디어에 충실한 직업준비교육은 연대기적 방법 또는 발달적·심리적 방법에 의해 출현하는 직업적 자아와 직업적 자아의 성장과정에 따르는 간접적인 교육이라고 말할 수 있다(DE: 472).

3) 자유교육의 재이해

새로운 자유교육은 삶과 (학교)교육 간의 상호작용이 있는 계속성의 원리에 따라 삶과 교육의 실제적인 관계를 회복하는 데에 관심을 기울인다. 전통적인 자유교육은 교육목적, 교육내용 그리고 교육방법을 실제의 삶과는 무관하게 설정하고 있기 때문에 자유교육의 가치는 삶을 통해 직접 체험될 수 있는 성질의 것이 아니라고 본다. 한마디로 전통적인 자유교육은 상호작용이 없는 계속성의 원리를 견지한다. 그리고 그 결과로 무의미한 관념주의와 폐쇄적 이상주의를 표방하게 된다. 이에 반해 새로운 자유교육이 삶과 교육의 실제적인 관계를 회복하는 데에 관심을 기울인다는 말은 진정한 의미의 교육목적, 교육내용 그리고 교육방법이 각자의 삶과의 관련 속에서 생겨나고, 이러한 교육의 가치는 각자가 직접 체험할 수 있는 것일 때 정당화된다는 뜻이다. 달리 표현하자면 새로운 자유교육은 교육목적으로서 삶의 목적, 교육내용으로서 삶의 의미, 교육방법으로서 실천적 행위와 실천적 행위과정에 함의된 사회적 지성을 제안하는 교육이라고 할 수 있다. 이 말은 교육목적, 교육내용 그리고 교육방법에 있어 유연성과 개방성이 허용된다는 뜻이다. 그리고 이러한 교육의 가치는 각자의 삶 속에서 직접 체험됨으로써 확인된다.

새로운 자유교육과 전통적인 자유교육의 차이점을 명확히 하기 위해서는 전통적인 자유교육의 강조점을 재음미할 필요가 있다. 전통적인 자유교육은 이론적 지식의 가치를 주목하고 이성 중심의 탐구활동에 주력한다는 점에서 특징적이다.[60]

---

[60] 아리스토텔레스의 입장에서 보면, 이성 중심의 활동에는 아는 것과 아는 것의 특수한 형태로서 보는 것 또는 감상하는 것이 포함된다. 보는 것이 아는 것의 특수한 형태로 간주될 수 있는 것은 이데아나 실재를 관조하는 경우와 마찬가지로 예술적인 감상활동을 통해 내적·정신적 가치들을 체험할 수 있기 때문이다. 하지만 예술은 한편에서는 하는 것

그리고 이러한 교육의 가치는 삶과의 관련 속에서 규명되는 것이 아니라 선험적인 방식으로 설명된다. 특히 이론적 지식과 이성 중심의 학문적 탐구활동은 내적·정신적인 자유를 보장하기 위해 동원되는 교육의 필수요소이다. 따라서 전통적인 자유교육은 각자의 삶 속에서 확인하고 검증할 수 있는 가치 있는 내용들이 아니라 내적·정신적인 자유를 보장해 줄 것으로 가정된 이론적 지식중심의 지식관 또는 교육내용관을 견지하게 된다. 그리고 전통적인 자유교육관에 충실할수록 '보다 더 순수하게 정신적인 활동'을 부르짖게 되고, 자유교육이라고 하면 '물체나 신체와는 관련이 적은' '독립적이고 다른 것에 의존하지 않는 완전한 것'을 가르치고 배우는 활동으로 간주된다(DE: 393). 하지만 순수하게 정신적이고 내적인 활동을 추구한다고 하더라도 그것은 '경험의 범위 내에 있는 것', 한마디로 경험이다(QC: 61). 물론 전통적인 자유교육에서 추구하는

으로서 비천한 실제적 활동의 영역에 포함되기도 하고 또 한편에서는 아는 것 또는 지적인 것의 영역에 포함되기도 하는 이중적인 성격을 띤다. 따라서 아리스토텔레스는 악기연주의 예를 들어 "실제 연주는 노예나 전문적인 악사가 해야 하며, 자유인은 그것을 이해하고 즐기기만 하면 된다"고 주장한다(DE: 392). 그리고 "악기연주가 전문적인 수준에 도달하는 것을 목적으로 하면, 음악은 자유교육에서 직업교육으로 타락한다"고 보았다(DE: 392). 결국, 아리스토텔레스의 철학사상에 기초를 두면 전통적인 자유교육은 이론과 실천, 지식과 행위의 구분이 아니라 엄밀한 의미에서는 "하는 것-아는 것-보는 것" 간의 구분을 견지하는 교육이 된다(박철홍, 1995; AE: ch. 3). 하지만 보는 것의 이중적인 성격은 이론과 실천 또는 지식과 행위의 측면에 대응시켜 정리할 수 있다는 점에서, 전통적인 자유교육의 구분방식은 간단히 이론과 실천 또는 지식과 행위의 문제로 요약할 수 있다. 따라서 이 논문에서는 예술에 대한 이중적인 해석의 문제는 자세히 다루지 않는다. 이 문제와 관련한 보다 자세한 설명은 듀이(DE: ch. 18; AE: ch. 3; AEEA)와 박철홍(1995; 2003; Park, 1993)을 참조할 수 있다.

경험은 경험 중에서도 특별히 내적·정신적 성격이 부각되는 경험이라고는 말할 수 있다. 그렇기는 하지만 그 경험이 내적·정신적 활동에 국한된 것이라고 보기는 어렵다. 그 경험은 어떤 식으로든지 외적·신체적 활동과의 관련 속에서 발생하고 외적·신체적 활동을 통해서 실제적인 결과를 얻는 경험이다(DE: ch. 19).

> 기술교과와 자유교과를 구분하는 그 이면에는 보다 가치 있는 교과와 가치 없는 교과의 구분뿐만 아니라 기술과 진정한 의미의 '학문' 사이의 구분이 전제되어 있다. 자유교과는 기계적이고 기술적인 것이 아니라 지식, 이론적 탐구, 마음을 사용하는 것과 깊은 관련이 있다. 그런데 이런 식으로 양자를 대조적인 것으로 보는 것은 한눈에 양자의 특성을 파악하는 데에는 유용하지만 양자의 참모습을 이해하는 데에는 문제가 있다. 궁극적으로 따지고 보면 자유교과는 순전히 지식, 이론, 마음하고만 관련된 것이 아니라 기술 즉 하는 것과도 관련이 있다. 물론 자유교과가 모든 종류의 기술이나 하는 것과 관련을 맺고 있는 것은 아니다. 그렇기는 하지만 신체적인 활동과 관련이 있다는 점에서 자유교과는 경험의 범위 내에 있는 것이다. 그리고 이때의 경험은 저급의 교과에서는 찾아보기 어려운 가치 있는 경험이다. 그렇다고 해서 자유교과가 경험의 영역과 관련되어 있다는 엄연한 사실을 부인할 수는 없다(QC: 61).

전통적인 자유교육은 내적·정신적 자유라는 목적과 이론적 지식중심의 교육내용, 그리고 합리적 이성에 의한 학문적 탐구활동이라는 교육방법을 긴밀하게 결합시킨 독특한 교육형태를 유지해 왔다. 그런데 교육이 의도적인 활동이라는 점을 염두에 두면 전통적인 자유교육에서 실제적인 처방과 조치를 허용하는 부분은 주로 교육내용과 관련된 것이다. 전통적인 자유교육의 목적은 이데아와 실재의 권위에 의해 설명되고 정당화된다. 따라서 교육이 진행되는 상황에서 어떻게 논의될 수 있는 문제가 아니다. 교육방법의 경우에도 교육목적에 대한 논의의 연장선에서 합리적 이성의 구사와 관련해서 설명되기 때문에 실제적인 교육의 과정에서 이야기할 수 있는 성질의 문제가 아니다. 반면 교육내용은 교육을 하는 상황에서 실제적인 처방과 조치가 허용되고 특별히 강조되는 부분이다. 그런데 교육내용의 가치를 지나치게 강조하게 되면 합리적 이성의 구사로 대변되는 교육방법에 대한 가정은 가정으로만 그치고 만다. 대신에 가치 있다고 판단된 교육내용을 효율적으로 흡수하고 수용할 수 있도록 해 주는 것이라면 어떤 방법도 허용되는 상황이 연출된다. 사실 전통적인 자유교육을 옹호하고 체계화시킨 대표적인 자유교육 연구자들이 성년식으로서 교육 또는 지식의 형식에의 입문으로서 교육을 주장하는 근본적인 이유는 교육내용에 절대적인 가치를 부여하기 때문이라고 할 수 있다. 그리고 그 결과는 교육목적, 교육내용, 교육방법 나아가 교육의 전 과정과 전 영역에 걸친 폐쇄성과 부자유의 문제로 요약될 수 있다. 전통적인 자유교육은 가치 있다고 판단된 교육내용들을 배움으로써 내적·정신적 자유를 실현하는 데 관심을 기울인다. 그런데 전통적인 자유교육이 가정하는 자유로운 삶과 자유로운 마음은 매 순간의 경험이나 경험자의 삶과는 무관한 것이다. 따라서 교육받는 동안에 경험자는 교육의 전 과정을 사실상 무기력하게 따라가야 하는 수동적인 존재로 전락한다. 경험자가 체험하는 교육의 과정이 자유롭지

못한 만큼 자유로운 삶이나 자유로운 마음이 실현될 가능성
또한 희박해지고 결과적으로 이러한 도달점에 이르지 못하게
된다. 이러한 현상은 교육의 전 과정에서 삶과의 관련성을 최
소화하거나 배제함으로써 생겨난 것이다. 전통적인 자유교육이
주지적 성격이 강한 교육내용중심으로 전개되었다는 점에서
말하자면 삶 또는 경험과 지식 간의 관련성을 최소화함으로써
지식의 실제성을 무시하고 지식을 지극히 관념적인 것으로 취
급한 결과이다.

반면 새로운 자유교육은 직업적 활동의 교육적 성격에 토대
를 두고 있기 때문에 교육목적으로 설정되는 자유는 경험의
내적·정신적 차원과 외적·신체적 차원의 연속적이고 순환적
인 관계 속에서 직접 체험되는 해방감이다. 새로운 자유교육
은 경험자의 삶의 과정에서 경험의 내적·정신적 차원과 외적
·신체적 차원 간의 연속적인 결합과 순환과정을 촉진함으로써
삶의 의미세계의 확장을 추구한다. 따라서 새로운 자유교육이
추구하는 자유는 전통적인 자유교육의 인식론적 자유와 구별
되는 의미론적 자유라고 표현할 수 있다. 그리고 교육내용은
경험자의 삶과 무관하게 그 자체로 가치 있는 것이라기보다
실제 경험 속에서 그것이 자신의 삶의 관심사와 통합되고 삶
의 중요한 한 부분으로 간주될 때 가치 있는 것으로 체험된
다. 더 정확히 표현하면, 새로운 자유교육에서 가정하는 교육
내용은 타인에 의해 확정된 지식이 아니라 확정된 지식이라는
것이 있다고 하더라도 그것의 가치가 경험자의 삶을 통해 확
인되고 검증되는 과정에서 생겨나는 것 전부, 그래서 경험자
의 삶의 의미로 인식되는 것을 말한다(박철홍, 1994b; 1995;

1999; 2002a; 2002d; 2003). 그리고 교육방법이라는 말의 중심에는 합리적 이성이 아니라 실천적 행위와 실천적 행위과정에 함의된 사회적 지성이 놓이게 된다. 교육목적으로서 삶의 목적 곧 의미론적 자유, 교육내용으로서 삶의 의미, 교육방법으로서 실천적 행위와 실천적 행위과정에 함의된 사회적 지성을 고려하게 되면 일련의 교육활동을 통해 성취하는 것은 경험자의 전체로서 성장이다.

> 사람이 어떤 내용을 배울 때에는 그 내용을 배우는 것과 동시에 다른 무엇을 배우는 '동시학습'이 일어난다. 이러한 동시학습은 어떤 것을 좋아하거나 싫어하는 것과 같이 사람들의 태도를 형성하게 되고 사람들에게 장기간 지속적인 영향을 미치게 된다. 따라서 어떤 점에서 보면 동시학습의 내용은 가르치고 배우는 교과내용보다 훨씬 더 중요하다. 왜냐하면 동시학습을 통하여 배우게 되는 태도는 미래에 매우 중요한 역할을 하기 때문이다. 교육을 통해서 길러야 할 가장 중요한 태도는 '계속해서 배우려는 열망'이다.[61] 즉 교육의 결과로 길러야 할 가장 중요한 것은 계속해서 공부하려는 사람을 만드는 것이다. 만일 교육을 통하여 공부하려는 마음이 길러지기보다 오히려 공부에 대한 열망이 식는다고 하면 미래에 대하여 이보다 더 준비되지 않는 경우는 없다. 공부에 대한 열망이 식어 버린다면 학생은 삶의 과정에서 그가 부딪치는 문제들을 탐구하고 해결할 수 있는 천부적인 능력을 잃어버리는 것이나 다름없다(EE: 148).

전체로서 성장은 새로운 자유교육이 실현하고자 하는 진정

---

61) 이 말은 일원론적인 삶의 철학에 기초한 자유교육과 도덕교육의 관계를 시사하는 말이기도 하다. 왜냐하면 삶의 태도(Habit)로서 계속해서 배우려는 열망은 '삶의 모든 장면에서 배우려고 하는 관심 곧 가장 중요한 도덕적 관심'의 산물이기 때문이다(DE: 538).

한 의미의 목적이다. 그런데 이 목적은 교육의 전 과정과 전 영역을 경험자의 개성적이고 인격적인 요소들과 통합해서 이해할 때 성립되는 것이다. 따라서 교육의 과정에서 수시로 변화하는 임시적이고 가변적이고 상황적인 성격의 목적이다. 이런 점에서 일반적으로 이야기되는 목적과는 차별화된다. 즉 일반적으로 교육목적이라고 하면 한 단위의 수업에 대해서는 물론이며 일련의 교육에 대해서 확정적인 도달점으로 이해된다. 도달점으로서 교육목적은 모든 일이 다 끝났을 때에 확인하고 검증할 수 있는 것이고 교육의 출발점에서는 고정된 진행방향이자 목적지로 상정된다. 그런데 교육의 전 과정을 임시적이고 가변적이고 상황적인 것으로 보게 되면 교육목적 또한 자연스럽게 임시적이고 가변적이고 상황적인 것으로 간주된다. 한마디로 새로운 자유교육에서 가정하는 목적은 유연성과 개방성을 특징으로 한다. 따라서 이러한 목적을 추구하는 교육의 과정에서 경험자는 진정으로 개방된 마음을 갖게 된다.

개방된 마음이라는 것은 현재의 불확실한 사태에 빛을 던져 주는 모든 고려사항, 그리고 특정한 행동에 따라올 결과를 결정하는 데에 도움이 되는 모든 고려사항들을 공정하게 받아들이려는 마음가짐을 가리킨다. 요지부동으로 확고하게 결정되어 있는 한정된 목적을 달성하는 데에는 좁게 열려 있는 마음이 도움이 될 수가 있다. 그러나 지적 성장은 시야의 부단한 확장과 그로 인한 새로운 목적, 새로운 반응의 형성을 의미한다. 여기에는 이때까지 알려지지 않은 새로운 관점을 환영하는 적극적인 성향, 기존의 목적에 수정을 가하도록 하는 사항들을 심각하게 고려하는 적극적인 열망이 없어서는 안 된다. 성장의 능력을 계속 유지해 나가는 것은 그러한 지적 포용성에서 나오는 결과이다. 고집 센 마음이나 편견의 가장 큰 폐단은 그것이 발달을 저지한다는 것, 마음에 새로운 자극이 들어오는 것을 차단해 버린다는 것이다. 개방된 마음은 아이와 같은 태도를 계속 지켜나가는 것이요, 폐쇄된 마음은 지적인 겉늙은이가 되는 것이다(DE: 277).

교육내용에 대한 관점의 전환을 반영해서 말하면 새로운 자유교육이 추구하는 전체로서 성장은 '삶의 의미의 성장'을 뜻하는 것이다(DE: 123). 삶의 의미의 성장은 의미론적 자유의 개념을 견지한다. 의미론적 자유는 경험자 스스로가 자신의 삶과 경험이 이전보다 더 풍부한 삶의 의미와 존재가치를 산출했다고 느낄 때, 나아가 실제적으로 더 풍부한 삶의 의미와 존재가치를 산출할 가능성이 있다고 판단하고 상상할 때 직접 체험된다. '삶의 의미의 성장'이라는 목적은 어느 한순간에 달성되거나 어느 한 지점에서 만족하고 멈추는 목적이 아니다(DE: 123). 왜냐하면 삶에 대한 애정과 애착심이 있는 곳에는 반드시 더 나은 삶의 상태를 추구하는 지향성이 있기 때문이다. 따라서 새로운 자유교육에서 추구하는 의미론적 자유는 삶의 전 과정을 통해 순간순간 직접 체험되는 자유이고, 계속해서 새로운 삶의 의미세계에 대한 가능성을 감지하고 실현해 나가는 진행형으로서 자유이다. 이런 점에서 새로운 자유교육에서 강조하는 자유는 상호작용이 있는 계속성의 원리에 기초해서 전 생애에 걸쳐 추구되는 더 나은 삶에 대한 지향성을 뜻한다고 하겠다.

3. 삶의 의미중심 자유교육의 과정

지금까지의 논의는 삶과 교육의 관련성을 회복한다는 한 가지 취지에 충실하게 진행된 것이라고 말할 수 있다. 그런데 지금까지의 논의에서는 삶과 교육의 관련성이 주로 일상생활에서 무의도적으로 이루어지는 교육과 관련해서 제한적인 방식으로 다루어졌다는 인상을 받을 수도 있을 것이다. 즉 교육이라는 의도적인 행위를 중심으로 삶과 교육의 관련성을 밝히는 방식이 아니라 실제적인 성격이 부각되는 총체로서 삶을 토대로 삶 속에서 자연스럽게 교육적 가치들이 실현되고 있다는 것을 밝히는 방식이었다는 것이다. 하지만 이 방식은 진정한 의미의 교육은 '직접적'으로 수행되는 것이 아니라 오로지 '간접적'으로 수행된다는 점을 명백히 하는 데에는 상당히 적절한 것이라고 판단된다(DE: 34). 간접적으로 수행되는 교육은 개인이 사회 문화적인 존재로 성장해 나가는 자연스러운 삶의 과정에 비추어 가장 잘 설명될 수 있다. 한 시대 사회의 가치, 신념, 덕목, 목적, 지식, 관례와 관습, 정보와 같은 것들은 어떤 경우이든지 직접적인 방식으로 전수되고 전달되는 것은 아니다. 이러한 것들이 직접적인 방식으로 전수된 것처럼 보이는 경우라고 하더라도 따지고 보면 그것이 제대로 전수되기 위해서는 개개인을 그 시대의 사회 문화적 삶 속으로 자연스럽게 통합시키고 그 과정에서 그의 마음을 사회 문화적인 마음으로 변화시키는 삶의 과정이 있어야 한다. 개인을 사회 문화적인 존재로 성장시키는 것이 교육의 핵심이라고 하면 이때 성립되는 교육은 개인의 삶과 삶의 과정에 앞서 그가 전수받아야 할 내용들이 항목화되어 먼저 제시되어서가 아니라 그가 처해 있는 삶의 상황과 분위기가 교육적 가치들을 풍부하게 담아내고 있을 때 실현되는 것이다. 한 시대 사회의 가치, 신념, 덕목, 목적, 지식, 관례와 관습, 정보와 같은 것들이 인간의 삶에 필요한 것들이고 이러한 것들이 오로지 간접적인 방식 즉 자연스러운 분위기를 통해 전달되고 전수되는 것이라면 교육은 삶의 과정 자체라고 표현할 수 있다.

삶의 과정으로서 교육, 한마디로 삶으로서 교육이라는 주장에 함의된 교육의 보편적인 원리는 '삶과 교육의 관련성을 회복해야 한다'는 통합성의 원리이다. 이 원리는 교육의 목적에 대해서는 물론이며 교육의 여러 요소와 차원들 간의 관계에서 요구되는 것이다.62) 그리고 이 원리는 일상적인 삶의 사태에

---

62) 혹자는 여기에서 말하는 통합성의 원리가 타일러 이후 교육내용의 선정 및 구성원리 중 하나로 제안된 통합성의 원리와 같은 것이라고 이해할 수도 있다. 하지만 엄밀한 의미에서 보면 지식관에 따라 교육내용의 선정 및 구성원리로서 일반적으로 고려되고 있는 계속성, 계열성, 통합성은 상당히 다른 성격과 의미를 지닌 것으로 조명될 수 있다. 이 문제를 간단히 설명하기 위해 주목할 수 있는 사실은 무엇보다 이 논문의 이론적 배경이 되고 있는 듀이의 지식관은 영원불변의 진리 또는 객관적 성격의 지식 개념으로 요약될 수 있는 것이 아니라는 점이다. 이 문제와 관련해서 박철홍은 전통적인 지식관에 대비되는 듀이의 지식관을 명료화하는 일련의 탐구과정을 통해 '총체적 지식' 또는 '삶의 의미로서 지식' 개념을 제안하고 있다(박철홍, 2002a; 2002d). 특히 '삶의 의미'라는 말은 교육현상을 설명하는 기존의 용어로 표현하자면 교육내용이나 지식의 측면에 대응되는 것이다. 하지만 이 말은 지식의 성격을 달리 조명하는 정도의 소극적인 전환을 함의하는 것이 아니다. 오히려 객관적인 지식이나 객관적인 대상세계에 대한 가정을 존재의 차원에서 심층적으로 재조명하고 이미 형성된 개인의 경험세계를 넘어서서 가능성으로 있는 삶과 세계의 가치들을 경험의 수준에서 통합적으로 설명해 주는 개념이라고 할 수 있을 것이다.

대해서만 제한적으로 사용될 수 있는 것이 아니라 형식과 체계 그리고 절차를 갖추고 의도적으로 구성되는 교육적 상황에서도 적용될 수 있고 적용되어야만 하는 것이다. 사실 비형식 교육에 있어 이 원리는 아주 자연스러운 것이고 삶 속에서 행해지는 비의도적 교육의 제1원리로 간주된다. 하지만 형식교육에 대해서는 오히려 삶과 교육의 분리를 지향하고 이 입장에서 분과주의를 견지하며 교육의 전 과정과 전 영역을 구성해 왔다. 이러한 경향은 전통적인 자유교육관을 견지할 때에 훨씬 더 적극적으로 나타난다. 공교육제도의 발달과 체계화에 힘입어 확산된 오늘날의 형식교육은 전통적인 자유교육관을 견지함으로써 삶과 교육의 분리를 지향하고 옹호해 왔다(강영혜, 1990). 그리고 그 연장선에서 오늘날의 교육은 전체적으로 볼 때 전통적인 의미의 자유교육과 좁은 의미의 직업교육이 혼재되는 양상을 보이면서 서로 갈등하고 대립하고 있다. 이러한 갈등과 대립현상은 직업교육에 대한 필요가 부각되는 교육단계, 특히 고등교육에서 확연히 드러난다.[63] 그리고 그 결

---

63) 현대인은 모두 자유인이면서 동시에 직업인이라는 사실 때문에 오늘날의 교육, 특히 고등교육은 교양과 학문, 실용성과 사회적 효율성이라는 두 가지 교육목적을 모두 포괄하는 교육과정을 구성해야 한다는 현실적인 문제에 봉착해 왔다. 그리고 이 문제에 직면하면서부터 공교육 또는 형식교육이 걸어온 길은 교육의 종류로서 자유교육과 직업교육 간의 '엉거주춤한 타협'이었다(DE: 399). 그런데 이러한 타협은 전통적인 자유교육의 입장에서는 심각한 문제로 간주되기도 한다. 전통적인 자유교육은 교육의 실제적인 전개과정과 관련해서는 주지적인 교과중심 교육이나 이론적인 학문중심 교육을 옹호한다. 이론적인 학문중심 교육의 입장에 선 이홍우에 따르면 학문과 지식의 성격에 따라 규정되는 진정한 의미의 교육목적이 "교육의 '효율성'에 대한 관심으로 대치"되기 위해서는 자유교육과 직업교육 또는 학문과 실용성 간에 "하등 영향을 미치지 않는다는 전제가 필요"하며, 양자 간의 통합이나 조화가 사실상

과는 교육의 전 과정과 전 영역에 영향을 미친다.

> …오늘날 우리가 가지고 있는 교육체제는 일관성이 없는 여러 요소들이 뒤섞인 혼합물이 되어 있다. 교육내용과 방법 중의 어떤 것은 아주 특이한 의미에서 자유교육에 도움이 된다는 명분으로 그대로 보존되고 있다. 여기서 '자유'라는 말의 주된 내용은 실제적 목적에 쓸모없다는 것이다. 이 특징은 보통 '고등교육'이라고 부르는, 대학과 그 준비과정에 주로 두드러지게 나타난다. 그러나 이런 방식의 교육은 초등교육에도 침투해 들어와서 그 과정과 목적을 크게 좌우한다. 그러나 또 한편, 생계를 유지하는 일에 종사해야 할 대중을 위하여, 그리고 현대생활에서 경제활동이 점점 더 중요한 역할을 한다는 사실에 비추어, 일종의 타협이 이루어졌다. 그 타협의 구체적인 양상은 공학이라든가 수공이나 상업 등 여러 직업을 위한 특별학교와 특별과정, 취업 및 예비직업과정, …… 그리고 취업과 관련된 초보적 교과를 가르치는 자세 등에서 나타난다. 여기서 생기는 교육체제는 '교양적' 교과와 '실용적' 교과가 비유기적인 복합체 속에 공존하면서, 전자는 그 주된 목적이 사회적 봉사에 있지 않고, 후자는 상상력이나 사고력을 자유롭게 발휘하는 것을 목적으로 하지 않는 그러한 교육체제이다 (DE: 397－398).

불가능하다는 것을 인정해야 한다고 주장한다(이홍우, 2002: 14). 그리고 이러한 엉거주춤한 타협노선에 선 사람들이나 특별히 실용적 직업교육을 옹호하는 사람들에게 교육목적이 교육의 '효율성'으로 이해되는 만큼, "보통의 의미에서 '목적'이라는 말은 외재적 목적을 뜻하고, [학문과 지식의 성격에 충실한] 교육의 내재적 목적은 교육의 '의미'에 해당된다"고 주장한다(이홍우, 2002: 15). 나아가 타일러가 주장하는 한 단위의 수업상황에 국한된 과학적이고 가치중립적인 목적에 대한 논의는 '목표'라고 표현함으로써, "교육의 외재적 목적은 '목적', 내재적 목적은 '의미', 그리고 가치중립적 목적은 '목표'"로 구별한다(이홍우, 2002: 15). 따라서 이홍우의 이러한 구분방식과 주장에서 강조되고 있는 '의미'는 이 논문에서 주제어로 부각시켜 설명하고 있는 '의미'와는 구별될 필요가 있다.

삶과 교육의 관련성을 회복해야 한다는 교육의 일반적인 원리에 충실한 교육은 교육이 이루어지는 전 과정과 전 영역에서 학습자가 자신의 삶의 의미를 직면하고 자각할 수 있도록 하는 데에 주의를 기울여야 한다. 오늘날의 형식교육이 이와 같은 방식으로 전개된다면 이때 형식교육의 진정한 목적은 삶의 통합적 목적으로서 성장이라고 말할 수 있다. 성장이라는 말은 삶의 특정 측면에 국한해서 사용될 수도 있지만 교육에서 말하는 본격적인 의미의 성장은 총체로서 삶의 한 측면에서 일어나는 부분적인 발달을 뜻하는 것이 아니다. 교육이 추구하는 성장은 외적·신체적 발달을 포함하는 내적·정신적 발달, 한마디로 전 인격적 발달을 뜻한다. 인격의 발달은 경험자의 삶 전체를 배경으로 삶과 세계의 여러 측면들이 긴밀하게 통합되고 그 과정에서 경험자가 자신의 존재의미와 존재가치를 직면하고 그 체험을 다시 전체 삶으로 환원함으로써 가능한 것이다. 특히 인격의 발달이라는 것이 사회 문화적인 가치가 풍부한 활동, 즉 직업적 활동을 통해 전개되고 직업적 삶을 살아가는 과정에서 표현될 때 교육의 전 과정과 전 영역에 대한 새로운 이해가 가능하다. 즉 성장의 실제적인 측면을 부각시켜 주는 직업적 자아실현의 관점에서 보면 성장은 인격적 발달을 의미하는 것일 뿐만 아니라 자유교육, 직업교육, 도덕교육 그리고 이외의 모든 교육의 유일한 목적으로서 교육의 여러 영역들 간의 공통 목적이자 서로를 묶어주는 실제적인 축으로 간주될 수 있다. 왜냐하면 인간의 삶과 교육에 있어 직업적 활동은 여러 가지 구분되는 요소와 차원들 사이에 하나의 초점의 기능을 수행하기 때문이다. 나아가 직업적 자아실현의 과정은 사회 문화적인 존재에로의 성장을 가능하게 한다. 즉 개인이 직업적 자아실현을 자발적으로 추구해 나가는 과정에서 개인적인 흥미나 취향이 사회 문화적인 차원으로 자연스럽게 심화되고 확장되기 때문에 교육이 의도하는 개인에 의한 그리고 개인 자신의 사회 문화적인 성장이 가능하다는 것이다.

이런 맥락에서 삶으로서 직업과 직업적 자아실현의 아이디어에 토대를 둔 새로운 자유교육은 삶과 교육의 통합적 목적으로서 성장을 추구하는 교육이라고 말할 수 있다. 이러한 설명은 삶과 교육의 관계나 교육의 여러 양상과 목적들을 바라보는 일원론적 관점에 기초한 것이다. 하지만 전통적인 자유교육이 삶과 교육의 분리, 나아가 교육이라는 이름이 붙는 여러 가지 활동 중에서 특별히 이론적 지식과 이성 중심의 학문탐구활동에 대해서만 교육이라는 말을 붙이는 것이 합당하다고 가정한 것과 대조하면, 삶과 교육의 통합적 목적으로서 성장을 추구하는 자유교육은 교육내용관의 전환을 중심으로 논의될 필요가 있다.

새로운 자유교육의 의미를 밝히기 위해 삶과 교육의 관련성을 회복한다는 말을 교육의 실제적인 차원에서 설명하자면 새로운 자유교육은 삶의 의미중심 교육과정을 시사한다고 표현할 수 있다. 즉 전통적인 자유교육이 주지적인 교과중심 교육과정 또는 이론적인 학문중심 교육과정을 제안해 왔다면, 새로운 자유교육은 삶의 의미로 대변되는 교육내용관을 견지한 교육과정을 주장하는 것이기 때문이다. 일상적인 삶의 사태에서 흔히 그러하듯이 교육에서 삶의 의미가 실현되고 자각된다는 것은 교육의 여러 요소와 차원들이 서로서로 유기적인 관련을 맺고 있을 뿐만 아니라 자신의 삶의 문제와 직접적으로 연결되어 있다는 인식을 가질 때에 가능하다. 이때 경험자가 최종적으로 얻게 되는 것은 자신의 삶과 무관한 객관적인 내용들의 무더기가 아니라 자신에게 의미 있게 파악되는 삶의 의미세계에 대한 인식과 어떤 일이나 활동을 하는 데에 내재된 자신의 흥미와 취향에 대한 자각이다.[64] 이러한 인식과 자각은 자신의 존재의미와 존재가치에 관한 문제이면서 인간 전체의 삶과 세계의 문제를 직접적으로 체험하는 유일한 방식이기도 하다. 따라서 삶의 의미를 중심으로 교육의 실제적인 전개과정을 이해하게 되면 교육내용이나 지식의 종류에 따라 직업교육과 자유교육이 구분된다는 생각은 힘을 잃게 된다. 왜냐하면 삶의 의미중심 교육에서는 의도적으로 제시되는 것이라고 하더라도 "교육내용은 인간으로서 인간의 공통 관심사에 연결될 때 비로소 인간화된다"는 사실을 주목하기 때문이다(DE: 304). 그리고 이 사실을 주목하게 되면 "유용하면서도 동시에 자유교육의 효과를 가지는 교육과정을 좀더 쉽게 구성"할 수도 있을 것이다(DE: 399).

---

64) 기존의 용어로 표현하면 이때 획득하게 되는 것은 '지식'이 아니라 '삶의 의미로서 지식'이라고 말할 수 있다. 듀이가 들고 있는 사례로 설명하자면, "금고털이를 하는 도둑이 가지고 있는 다이너마이트에 대한 지식과 실험을 하는 화학자의 다이너마이트에 대한 지식은 언어적 표현상으로는 완전히 동일하다. 그러나 실제에 있어서 그것은 전혀 다른 목적과 습관의 한 부분을 이루고 있다. 그 둘은 의미가 서로 다르며 이런 점에서 볼 때 동일한 지식이 아니라" 오히려 경험자 자신들의 '삶의 의미'라고 표현해야 한다(DE: 356). 의미로서 지식 개념에 대한 보다 자세한 설명은 박철홍(2002a; 2002d; 2003)을 참조할 수 있다.

[기생적인 지식을 가르치는 교육이 아니라 인간 공통의 가장 심오한 문제에 대한 관심에서 오는 예지와 도야를 활용하는] 교육의 내용은 주로 현재의 사회생활에 내용을 부여하는 의미들로 구성된다. 사회생활의 계속성을 이 점에 비추어서 해석하면, 그것은 과거의 집단적 경험이 그러한 의미의 형태로 현재의 활동에 기여한다는 뜻이다. 사회생활이 더욱 복잡해짐에 따라, 그러한 의미가 수에 있어서나 중요성에 있어서 증가한다. 그리하여 그것이 새로운 세대에 잘 전수되도록 특별히 선정, 구성, 조직될 필요가 있다. 그러나 이 과정에서 교과는 미성숙한 아동의 현재의 경험에 잠재되어 있는 의미를 실현하도록 도와주는 그 원래의 기능에서 벗어나서, 그 자체로서 가치를 가진 것으로 등장하는 경향이 있다. 특히 교육자는, 학생에 대한 그의 할 일이, 지금 성장해 나가고 있는 사회구성원으로서의 학생의 활동 속에 교과를 조직해 넣는 것이 아니라, 이미 고정된 문장형식으로서의 교과를 익히고 재생해 내는 능력을 길러주는 데 있다고 생각하는 잘못에 빠지기 쉽다. 교육의 올바른 원리는 학생들로 하여금 사회에서 생겨난, 또 사회에 유용한 활동에 능동적으로 참여하도록 하여 그것과 관련된 자료와 법칙에 대하여 과학적인 통찰을 가지도록 하며, 학생이 가진 것보다 더 넓은 경험을 가진 다른 사람들이 전달해 주는 아이디어와 사실을 배워서 자신의 직접적이고 일상적인 경험 속에 그것을 동화하도록 도와주는 것이다(DE: 305-306).

통합성의 원리에 입각한 교육은 비형식교육이든 형식교육이든 간에 삶의 의미중심 교육을 추구한다. 삶의 의미중심 교육은 장소와 영역의 문제를 넘어서서 일반적으로 이야기하자면 "사회에서 생겨난, 또 사회에 유용한 활동에 능동적으로 참여"함으로써 실현된다(DE: 306). 따라서 의도적으로 구성된 학교 환경에서 전개되는 형식교육 역시 학습자가 능동적으로 참여할 수 있는 활동이면서 동시에 그가 속한 사회 문화적 삶의

과정에서 생겨난 활동들을 적극적으로 활용하는 방식이 되어
야 한다. 자유교육을 삶과 교육의 통합적 목적으로서 성장을
추구하는 교육의 한 양상으로 볼 때에도 자유교육의 실제적인
과정은 이러한 방식으로 전개되어야 할 것이다. 이때 자유교
육이라는 말의 자유는 경험자가 능동적인 활동에 참여하고 그
활동에서 존재의 폭과 깊이를 심화 확장함으로써 실현되는 총
체적이고 포괄적인 인격적 성장에 함의된 자유를 뜻한다. 존
재의 폭과 깊이는 삶의 역사성과 삶의 목적에 따라 달라진다.
이때 삶은 한 개인의 삶에 국한된 것이 아니라 전체로서 인
간의 삶을 의미한다. 전체로서 인간의 삶을 부분적으로 실현
하고 재창조하는 개인의 삶은 그가 자신의 존재가치를 최대
한으로 실현하기 위해 포석으로 삼고 있는 사회 문화적인 활
동들을 통해 보다 넓고 깊은 차원의 의미를 획득한다.

삶의 의미중심 자유교육에서 실현되는 통합적 목적으로서
성장은 '삶의 의미의 성장'을 뜻하는 것이다(DE: 123).[65] 그리

---

65) 듀이의 영향으로 '의미의 성장'을 교육의 목적으로 제시하면서 '의미중
    심 교육과정'을 체계화하고자 한 학자로는 피닉스를 들 수 있다(Phenix,
    1964). 피닉스는 전통적 교육이 견지해 온 가치어로서 합리성, 이성, 마
    음, 나아가 지식과 같은 개념들이 논리적 사고과정과 관련해서 제한적
    으로 해석되는 것은 편협한 것이라고 보고 기존의 가치어들을 대체할
    수 있는 용어로 '의미'라는 표현을 사용한다(김수천, 2001: 126; Phenix,
    1964: 21). 하지만 이 논문에서 사용하는 의미라는 용어와 피닉스가 대
    안적으로 제안한 의미라는 용어는 구별될 필요가 있으리라 판단된다.
    듀이나 피닉스는 공통적으로 의미라는 용어를 주제어로 제시하면서 교
    육과정에 관한 통합적 관점을 강조한 인물들로 평가될 수 있다. 하지만
    각각의 경우에 통합적 관점이라는 말은 미묘하게 구별될 필요가 있다.
    차이를 드러내기 위해 대조적으로 이야기하자면, 듀이가 교육의 전 영
    역과 전 과정에 있어 통합성이라는 말을 포괄적이고 일반적인 수준에
    서 사용하고 있다면 피닉스는 '각 교과 영역의 내용을 체계적으로 분
    석'함으로써 교과를 구성하고 교육내용을 배열하는 데에 직접적인 관심

고 경험자에게 직접 체험되는 자유는 자신의 존재가 의미론적으로 성장해 나가고 있다는 사실에서 수반되는 내적·정신적 해방감과 같은 것이다. 하지만 존재의 기본단위가 경험 또는 상호작용이라는 사실에 비추어 보면 삶의 의미중심 자유교육에서 지향하는 자유는 외적·신체적 활동으로 표면화될 수 있는 특정 경험의 의미를 탐구함으로써 얻게 되는 강렬한 내적·정신적 해방감이라고 할 수 있다. 특히 한 단위의 경험의 의미가 명료화되고 그 결과로 강렬한 내적·정신적 해방감을 체험하게 되면 그 다음의 삶을 계획하거나 이후의 경험을 상상할 때에는 외적·신체적 활동을 삶의 의미차원에서 보다 확대 고양시킬 수 있는 실제적인 방법이 강구되기 마련이다. 이런 점에서 삶의 의미중심 자유교육이 추구하는 자유는 경험의 내적·정신적 차원과 외적·신체적 차원이 연속적이고 순환적으로 관련을 맺음으로써 실현되는 것이라고 하겠다.

여기에서 말하는 삶의 의미는 동일한 뜻으로 존재의 의미라고 표현할 수 있다. 존재와 의미는 동일한 것의 서로 다른 측면 또는 내포와 외연의 관계로 조명될 수 있는 것이다(박이문, 1980; 1998; 박철홍·편경희, 2003a). 특히, 양자 간의 차이를 주목할 때 존재는 의미의 내포가 되고 의미는 존재의 외연이라고 표현할 수 있다. '존재'와 존재의 '의미'는 실제로 경험되는 것이라는 점에서는 차이가 없다. 하지만 특별히 의미를 존재의 외연이라고 할 수 있는 이유는 존재의 '의미'는 탐구과정

을 기울인다(김수천, 2001: 125). 따라서 피닉스의 경우에는 통합성을 주장하되 교육실제에 있어서는 분과주의적 입장을 견지한다고 말할 수 있다.

에 의해 명료화되고 언어를 통해 구체화되는 것이기 때문이다. 이러한 특성을 강조해서 표현하면 존재는 직접적 경험의 차원에 속하는 것이고 의미는 존재의 언어화될 수 있는 차원과 관련된 것이다(박이문, 1980: 53, 103). 따라서 존재의 의미 변화는 탐구의 과정과 탐구결과를 정리하는 방식에 좌우되는 것이라고 말할 수 있다. 그리고 존재의 폭과 깊이가 달라진다는 것은 존재의 의미 또는 보다 일상적으로 표현해서 삶의 의미가 달라졌다는 뜻이다.

의미중심 자유교육의 과정에서 가정할 수 있는 탐구의 범위는 일생을 기준으로 보면 존재를 성립시킨 삶의 전 과정이 되고 특정 시점을 기준으로 보면 현재 진행 중인 경험상황 전체가 된다(박철홍, 1994a; 2004a; 박철홍·편경희, 2002). 이러한 탐구과정에서 순전히 개인적인 것으로서 마음이나 삶의 과정과는 무관한 실체로서 마음이 아니라 사회적 마음 또는 동사형으로서 마음이 정련되고 체계적으로 발달한다. 삶의 특성상 의미탐구는 "불연속적인 개별상황과 연속적이고 관계적인 상황 간의 독특한 결합"에 대한 탐구이다(QC: 234). 탐구의 핵심은 그의 삶이나 경험적 상황을 구성하고 있는 여러 요소와 차원들 간의 관계를 명료화하는 것이다. 그리고 "어떠한 대상이나 사태, 상황의 의미를 파악한다는 것은 다른 것과 가지는 관계들 속에서 그것을 보는 것"이라고 말할 수 있다(HWT: 137). 이때 관계들 속에서 이루어지는 의미파악은 탐구의 대상이 되는 상황의 "질들을 추상적으로 다루는 방식"을 뜻한다(황경식, 1998: 436). 이런 맥락에서 보면 "삶의 의미가 성장한다"는 말은 산술적으로 존재의 의미를 추가해 나간다는 뜻이 아니라 상황에 따라 존재를 구성하고 재구성하는 여러 요소나 차원들 간의 "관련성과 존재의 계속성을 더 잘 지각하게 되었다"는 뜻으로 이해할 수 있다(DE: 123). 이런 점에서 삶의 의미 성장은 삶의 범위나 영역의 차원에서는 의미세계가 확장된다는 뜻이 되고 삶의 깊이와 질의 차원에서는 존재에 대한 인식이 고양된다는 뜻으로 해석할 수도 있다. 삶의 의미 성장은 유아기, 청년기, 성년기, 노년기를 망라해서 삶과 교육의 모든 단계에서 으뜸가는 목적이라고 말할 수 있다. 그리고 삶의 의미 성장이라는 측면에서 보면 삶의 모든 단계는 '경험의 질의 직접적 변형'이라는 목적을 추구한다는 점에서 '동일한 수준'에 있다고 말할 수 있다(DE: 122). 이 말은 반대로 표현하면, 성장의 끝은 없으며 삶의 전 과정에서 끊임없이 '의미와 관련의 지각을 생성하고 지지하고 견지'해야 한다는 뜻이기도 하다(DE: 253).

앞서 설명해 온 바와 같이 존재의 기본단위는 상호작용이며 상호작용은 자아와 대상세계가 서로 구분할 수 없을 정도로 맞물려 있는 상태를 논리적으로 구분하고 분류함으로써 개념화된 것이다. 존재의 기본적인 성격은 명사형이 아니라 동사형이며 존재는 '그의 습관, 의도, 의도를 달성하기 위한 활동을 비롯하여 시간적·공간적 환경과 뗄 수 없는 관련 속에서' 발생한다(EEL: 77). 따라서 존재의 의미를 명료화한다는 것은 여러 가지 난점이 있지만 대체로 상호작용의 결과나 목적, 더 정확히 표현하면 삶의 목적과의 관련 속에서 비교적 분명하게 논의될 수 있다. 삶의 목적은 사회 문화적 자아, 보다 구체적으로 말해서 직업적 자아의 출현과 직업적 자아실현의 과정을 중심으로 이야기할 수 있다. 직업적 자아실현의 구심점이자 대략적인 방향성을 시사하는 것으로서 삶의 목적은 장래희망, 인생계획, 더 간단히 표현하면 직업으로 대변된다. 그런데 이러한 말로 표현되는 삶의 목적은 언어적 수준에서는 개인들 간에 똑같은 목적이 설정될 수 있다는 인상을 주지만 존재론적으로 또는 의미론적으로 보면 어떤 개인들 간에도 삶의 목적상의 동일성은 성립되지 않는다. 삶의 목적은 의미론적 측면에서 보면 모두가 개성적인 것이면서 사회 문화적인 삶의 가치들을 풍부하게 내포하고 있기 때문에 사회 문화적인 것이기도 하다. 특히 자신의 존재를 사회 문화적인 삶의 차원으로 확장해서 인식하는 사람에게 삶의 목적은 인간적인 삶의 가치를 보다 넓고 풍부하게 지각하게끔 이끄는 구심점이 된다. 왜냐하면 삶의 목적을 대변하는 직업은 삶과 세계에 대한 다양한 관심과 풍부한 학문적, 교양적 가치들을 포함하고 있어서 삶과 세계를 구성하는 '엄청나게 다양한 세부사항들 속을 뚫고 지나가는 축'의 기능을 수행하기 때문이다(DE: 470). 이런 점에서 사회 문화적 삶과의 관련이나 사회 문화적 삶을 부분적으로 실현하고 창조해 나가야 하는 개인적 삶의 소명을 인식하고 있는 사람은 자신의 삶의 목적을 실현하고 확장해 나가는 과정에서 자연스럽게 '의미지각의 범위와 정확성을 부단히 확장, 향상시켜 나가는 능력'을 발달시킬 수 있다(DE: 194).

형식교육의 장으로서 학교라는 특별한 환경은 인류의 탐구결과와 지적 소산들을 선별해서 가르침으로써 그 과정에서 그가 속한 사회 문화적 삶이 추구하는 가치, 신념, 덕목, 지식, 정보, 관습 등에 전염되도록 하는 데에 목적이 있다. 하지만 이러한 것들을 직접 주입할 수 있다는 생각을 갖고 학습자의 삶과는 무관하게 교육의 목적과 내용, 나아가 방법을 설정하게 되면 그러한 교육이 결국에 초래하게 되는 것은 존재의 불균형, 더 정확히 표현하자면 자아의 분열이라고 말할 수 있다. 소위 말하는 지식을 대면하고 학습하는 상황까지를 포함해서 삶의 과정에서 접하게 되는 모든 경험들은 경험자가 지금까지 발달시켜 온 크고 작은 습관들, 특히 의미를 다루고 의미를 탐구하는 지적·정서적·신념적 태도로서 습관에 의해 다양하게 구체화된다. 따라서 삶의 의미중심 자유교육의 과정은 상징과 기호를 자유자재로 다루는 학자의 논리적 방법에서 출발하는 교육이 아니라 각자의 삶의 과정을 통해 지난하게, 그리고 옹골지게 형성되어 온 연대기적 방법 또는 발달적·심리적 방법을 진정한 의미의 경험방법으로 상정한다(DE: ch. 17). 연대기적 방법이 구사될 때 삶의 의미를 지각하고 확장하는 것이 용이한 이유는 '한 개인의 지나온 삶의 과정과 역사에서 우러나는 독특함'이 교육의 과정에 자연스럽게 반영될 수 있기 때문이다(TI: 103). 그리고 발달적·심리적 방법에 따라 삶의 의미중심 자유교육의 과정을 구체적으로 전개할 때에는 경험의 단계에 따라 삶의 의미를 보다 적극적이고 능동적인 방식으로 인식할 수 있도록 해주는 활동들을 활용할 수 있다.

　　나이 어린 학생에게 놀이가 생득적인 활동 경향을 교육적으로 발달시키는 기회가 되듯이, 나이 든 학생에게는 일, 즉 직업적 활동이 그런 기회가 된다. 뿐만 아니라, 놀이에서 일로 나아가는 것은 점진적으로 이루어져야 하며, 갑작스럽게 태도를 바꾸도록 할 것이 아니라, 일 속에 놀이의 요소가 포함되도록 하면서 계속적인 재조직을 통하여 점점 더 일을 잘할 수 있도록 해야 한다(DE: 477).

삶의 의미중심 자유교육의 과정에서 성장의 특성이 부각되는 시기는 개인의 삶 전체를 일관되고 체계적으로 통합해 주는 삶의 목적이 형성되는 시점으로 가정할 수 있다. 물론 삶의 목적은 인간 삶의 특성상 고정된 것이 아니다. 하지만 대략적으로나마 삶에 대한 밑그림을 그리고서 경험의 매 순간을 의미 있게 만들어 나가게 되면 그 이후부터 그의 삶은 이전의 삶과는 질적으로 달라진다. 그런데 삶의 목적은 어느 한순간에 갑작스럽게 생겨나는 것이 아니다. 삶의 목적이 대체로 직업적 자아실현의 문제로 요약될 수 있다는 점에서 보면, 삶의 목적이 발달적·심리적 방법으로 구체화되어 나가는 과정은 사회 문화적 자아 또는 직업적 자아의 출현과 체계화 과정에 대응된다고 말할 수 있다. 사회 문화적 자아가 성숙해 나가는 과정에서 발달적·심리적 방법이 세련화되고 일관성과 논리성 또는 체계성을 획득함으로써 한 단위 한 단위의 경험들 사이에 의미연쇄가 성립된다. 의미연쇄를 만드는 경험이 누적되고 의미연쇄를 만들어 내는 방식이 정련될수록 자아는 논리적 방법을 구사하게 된다. 이때부터 자아는 지금까지의 삶에 비추어, 나아가 앞으로 가능할 것이라 상상되는 삶에 대한 계획에 비추어 삶의 의미체계를 구축해 나간다. 그리고 삶의 의미체계는 다시 삶의 신념체계를 구축하는 배경이 된다.

사실 삶의 의미를 지각하고 의식하는 과정에는 막연하게나마 그가 추구하는 세계관, 인생관, 가치관과 같은 것들이 작용한다. 신념체계를 의식적으로 구축해 나가는 과정에서 삶의 목적이 분명해지고 삶의 목적이 절체절명의 소명으로 인식된다. 특히 직업적 자아실현이 소명직적 자아를 중심으로 전개되기 시작하면 "인간적 행위로서 생산활동은 개인이 자신을 표현하는 창조적 과정"이 되고 "개개인의 존재는 바로 자신의 '일'의 내용과 방식에 좌우"된다(강영혜, 1994: 412). 그리고 소명직적 자아정체감이 뚜렷해지고 소명직적 자아실현의 과정이 적극적으로 추구되면, 이때부터 삶의 목적은 경험자 스스로에게 다른 어떤 것들보다도 그것을 추구해 나갈 때에 자신의 존재가 가치 있게 된다는 확신의 대상이자 가능성의 형태로 포착된 다양한 삶의 의미들에 대한 기대가 집약되어 있는 이상적인 것들의 덩어리로 체험된다. 이런 점에서 전 생애를 범위로 형성되고 작용하는 삶의 목적은 엄밀한 의미에서는 삶의 총체적 이상이라고 표현할 필요가 있다. 삶의 총체적 이상을 실현해 나가는 과정은 삶의 의미 탐구과정 또는 "전체 경험상황에 대한 심미적·정서적 질성의 지성화 과정"을 포함한다(HWT: 202). 이 측면을 화이트헤드의 용어로 표현하면 삶의 총체적 이상을 형성하고 실현해 나가는 과정에서 각자의 품격(style)을 형성하게 된다고 말할 수 있다. 이때 품격은 성장의 결과이자 성장의 한 측면 그것도 관찰 가능한 수준에서 이야기되는 성장의 특정 측면을 부각시켜 설명해 주는 것이다. 즉, 품격은 성장의 결과가 인간의 품성, 인격, 개성 등과 밀착되어 자연스럽게 통합된 상태를 지칭하는 것이다. 이런 점에서 품격은 성장의 특성이 부각되는 삶의 한 시점에서 삶과 경험의 질적 측면을 요약적으로 표현해 주는 용어라고 말할 수 있다.

품격은, 가장 정교한 의미에서 본다면, 교육받은 마음이 최종적으로 획득해야 할 것으로서, 그것은 동시에 가장 유용한 것이다. 그것은 전체를 꿰뚫는 것이다. 품격이 있는 행정가는 낭비를 싫어한다. 품격이 있는 공학도는 물자를 절약한다. 품격이 있는 장인(匠人)은 좋은 작품을 선호한다. 품격은 마음의 궁극적인 도덕성이다(Whitehead, 1929b: 23−24).

사실 성장의 특정 측면들을 표현해 주는 용어나 개념들은 다양하다. 가령, 안목이라는 말은 주로 이론적인 학문중심 교육관에서 교육받은 사람이 획득해야 할 어떤 것으로 이야기되는 것이다.[66] 그런데 일반적인 의미에서 안목이라는 말을 사용하면 발달적·심리적 방법에서부터 시작된 삶의 방식이 추상화나 일반화에도 능수능란해지는 논리적 방법에 익숙해진 상태를 표현하는 것이다. 그리고 모든 인간이 사회 문화적 삶

---

66) 예를 들면, 이론적 학문중심 교육관을 견지하고 있는 피터즈는 "교육받은 사람의 이해는 좁게 전문화되어 있지 않으며 그는 사물에 관한 폭넓은 이해를 가지고 있어야 할 뿐 아니라 그것이 지적 안목을 형성할 수 있도록 그의 경험에 연결시킬 수 있어야 한다"고 주장한다(Peters, 1973: 239−269). 하지만 피터즈가 주장하는 안목은 '어떤 외재적 목적과도 구분되는 내재적 목적을 추구'하는 과정과 관련해서 개념화되는 것이다(Peters, 1973: 11−57). 따라서 피터즈가 말하는 안목은 이 논문에서 발달적·심리적 방법에서 출발해서 이 방법과 연결되어 있는 논리적 방법을 체득한 상태를 강조해서 안목의 획득으로 설명하는 경우와는 구별된다. 특히 교육목적을 설명할 때의 논리적 가정을 중심으로 두 경우를 구별하면, 피터즈는 '내재적 목적'과 '외재적 목적'을 구분하고 내재적 목적의 측면에서 안목을 설명하는 셈이다. 반면 이 논문에서는 삶이라는 하나의 토대 위에서 성립되고 작용하는 목적은 관념적인 것이면서 동시에 실제적인 것으로서 삶에는 오로지 각자의 삶의 과정에서 자연스럽게 생겨난 하나의 '고유한 목적'만이 있다고 주장해 왔다. 그리고 삶의 고유한 목적에는 종류로서가 아니라 목적의 서로 다른 측면으로서 관념적이고 논리적인 측면과 실제적이고 발달적·심리적인 측면이 있다는 말이 성립된다.

을 살아가고 사회 문화적 삶을 디자인하는 존재라는 사실에 착안해서 제안되는 '문화 디자인'과 '디자인하는 인간'이라는 개념 또한 성장의 특정 측면을 표현해 주는 것이라고 말할 수 있다(최봉영, 2000a; 2000b; 2002: ch. 3).[67] 특히 디자인하는 인간이라는 관점에서 부각되는 성장의 일면은 이 연구에서는 직업적 자아실현의 문제와 관련해서 조명된 내용과 상당히 중첩되는 것이다. 즉 직업은 사회 문화적으로 공인된 의미 있는 삶의 형식이면서 반드시 개인의 실제적인 삶과 경험을 통해서만 생명력을 갖는 사회 문화적인 삶의 전형이다. 그리고 의미 있는 삶의 형식으로서 직업이 반드시 개인을 통해 생기를 얻는다는 사실은 사회 문화적인 삶의 변형을 동시에 긍정하는 것이다. 왜냐하면, 앞서 언급한 바와 같이 "이른바 '새롭다'고 하는 관념—즉 현재 받아들여지고 있는 신념과는 다른 방식으로 사물을 파악하는 것—은 어떤 것이든지 개인에 그 기원을 둔다"고 말할 수 있기 때문이다(DE: 451). 끝으로 성장의 일면을 지식론의 측면에서 조명하게 되면 앎에는 언어적으로 표현 가능한 명백하게 논리적인 차원만 있는 것이 아니라 실제적·정서적·신념적 차원이 동시에 뒤얽혀 있다고 말할 수 있다.[68] 이러한 특성은 지식의 실제성이라는 측면과 성장의 결

---

67) 문화 디자인과 디자인하는 인간이라는 개념을 제안한 최봉영에 따르면 "인간은 문화를 디자인하는 능력을 축적—발전시킴에 따라 오늘날과 같은 높은 수준의 문화생활을 영위"할 수 있게 되었다(최봉영, 2000b: 29). 이 사실을 주목하게 되면 사회 문화적 존재로서 인간이 "일, 놀이, 공작 등의 방식으로 문화생활을 영위하는 모습을 전체적으로 묶어서 '디자인하는 인간(homo designare)' "이라는 개념을 제안할 수 있다는 것이다(최봉영, 2003: 64—70).

68) 이와 관련한 보다 자세한 설명은 박철홍(1994b; 1995; 1999; 2002a; 2002d), 듀이(QC; HWT; LTI; EKV)를 참조할 수 있다. 이 외에 화이

과이자 성장을 축약적으로 표현해 주는 습관 개념을 중심으로 간접적으로 조명되었다. 특히 이러한 특성을 추구하는 것은 삶과 교육, 나아가 직업과 직업생활에서 요구되는 덕을 전통철학과는 다른 관점에서 조명할 때에 유효한 것이라 판단된다.

> 성숙한 전문인의 직업생활은 특정의 직업적 행위에 나타나는 암묵적인 앎에 의존한다. 유능한 전문인이라면 합리적으로 정확하고 완전하게 기술할 수 없는 현상이 있음을 알 것이다. 매일 매일의 직업적 활동에서 적절한 준거를 제시할 수 없는 수없이 많은 질적 판단이 요청된다. 또한 규칙이나 절차를 말할 수 없는 그런 성격의 기술을 발휘해야 한다. 직업적 활동을 하고 있는 사람이 자신의 연구에 기초한 이론이나 기술을 의식적으로 사용하는 경우라 할지라도, 그는 여전히 말로 표현할 수 없는 인식과 판단과 기술을 발휘할 필요가 있음을 안다(Schöen, 1983: 49－50).

그런데 삶의 의미중심 자유교육의 과정에 있어 성장 개념을 조명한다는 것은 다른 어떤 개념보다도 습관이라는 삶의 현상을 통해 가장 적절하게 설명된다고 하겠다. 지금까지의 논의에 비추어 보면 무엇보다 삶의 의미를 풍부하게 산출할 것으로 기대되는 목적은 대체로 사회 문화적으로 공인된 의미 있는 삶의 형식으로서 직업을 통해 구체화된다. 그리고 직업은 실제적인 성격을 띤 것이기 때문에 삶의 의미중심 자유교육의 과정에서의 목적은 관념적인 것이 아니라 실제적인 성격을 띤

트헤드의 '이론과 실제 또는 사고와 행동의 결혼에 관한 설명'이나 '하버마스의 모든 이론은 실제적인 것을 포함한다'는 입장은 이와 같은 맥락에서 주목할 수 있는 것이라 판단된다(조무남, 1996: 157; Habermas, 1988; Whitehead, 1929b).

것이며, 상상 속에서 작용하는 동안에는 관념적인 특성을 포함하게 된다. 특히 관념과 실제라는 목적의 이중적인 성격은 현재를 기점으로 실제로 있는 것과 가능성으로 있는 것 간의 간극을 드러내 주고, 이 간극은 의미세계의 전 범위 또는 성장의 전체적인 범위를 짐작하게 해주는 것이다. 이러한 특성을 띤 목적실현의 과정은 직업적 자아실현의 과정에 대응되고 직업적 자아실현의 과정에서는 자연스럽게 개인과 사회 문화가 통합되고 확장되고 재창조된다. 그리고 직업적 자아실현은 일순간에 활발하게 나타나는 것이 아니라 직업적 자아의 출현과 체계화 과정에서 서서히 진행된다. 직업적 자아가 정체감을 형성하고 본격적인 성장의 과정을 밟아나가게 되면 삶의 매 단계의 질은 그 일을 하는 동안에 또는 그 일을 하기 위해 의도적으로 형성하는 크고 작은 습관들을 중심으로 이해될 수도 있다. 엄밀한 의미에서 습관은 크고 작은 습관들(habits)과 크고 작은 습관들을 형성하는 동안에 체득되는 삶의 태도로서 습관(Habit)으로 대별된다. 삶의 태도로서 습관은 목적에 대한 태도나 목적실현의 의지와 같은 측면에서 보다 자세히 설명될 수 있는 것이다. 그리고 크고 작은 습관들은 직업적 자아가 의미연쇄를 형성하고 의미체계를 형성할 때에 그 외양을 드러내 주는 것으로 이해할 수 있다. 특히 크고 작은 습관들은 관찰과 검증이 가능한 범위 내에서 인간적인 삶이 실현되는 모습과 구조를 짐작하게 해준다.

하지만 습관의 이러한 성격이나 특성들보다 삶의 의미중심 자유교육의 과정에서 습관 개념을 주목해야 하는 더 중요한 이유는 이 개념이 인간존재의 특성, 특히 인간적인 삶의 양면

성을 고스란히 포함하고 있는 것이기 때문이다. 또한 성장에
는 더 성장하는 것 이외에 다른 목적이 없다는 동어 반복에
가까운 듀이의 주장도 습관 개념에 함의된 인간적인 삶의 양
면성을 조명할 때에 적절하게 파악될 가능성이 있기 때문이다.
습관은 앞서 설명해 온 바와 같이 계속성이 있는 상호작용의
원리에 의해 성립된다. 이 사실은 인간이 크고 작은 습관들을
체득함으로써 질적으로 고양된 자아정체감을 쉽게 형성할 수
있는 반면에 안정된 삶의 방식으로서 크고 작은 습관들이 있
다는 것 자체가 능동적이고 적극적인 삶의 과정을 방해할 수
도 있다는 점을 시사한다. 왜냐하면 습관은 교육적인 의미와
가치가 풍부하게 내포된 경우라고 하더라도 완전히 정착되어
안정기에 이르게 되면 언제든지 무의미하고 무기력한 삶의 단
위로 전락할 위험을 안고 있기 때문이다. 따라서 습관을 "기
계적인 것이 되지 않게 하려고 하면, 습관은 좋은 것을 숭상
하고 탁월한 것을 추구하는 '취향'의 경지에까지 이르러야 한
다"는 현실적인 요구사항을 충족시켜야 한다(DE: 366). 이 요
구사항이 충족되었을 때 한 개인으로서 인간존재는 삶의 의미
지평을 확장하고 자신의 존재가치를 그가 속한 사회 문화적인
삶의 가치들과 결합시키고 다시 창조적으로 변형해 나감으로
써 가장 넓은 의미에서, 가장 높은 수준에서 자유를 실현하게
된다. 이런 방식으로 크고 작은 습관들을 형성하고 그것들을
배경으로 또 다른 습관들을 형성해 나가는 과정에서 이전까지
형성된 습관은 성장의 배경이 되고 새로 형성되기 시작하는
습관들은 성장의 질과 범위를 심화하고 확장하는 초점의 기능
을 수행하기도 한다(DE: 87).

이런 맥락에서 습관은 성장의 결과이면서 동시에 계속적인 성장을 방해할 수도 있는 이중적인 성격을 띤다고 말할 수 있다. 그리고 전체적인 성장과정에서는 안정기에 있는 습관이 또 다른 습관 형성의 토대가 됨으로써 흔히 말하는 타성적 습관과 능동적 습관 간의 상호의존적인 관계가 성립된다고도 말할 수 있다. 습관의 이러한 특성은 습관 형성을 중심으로 논의될 수 있는 직업적 자아정체감과 직업적 자아실현의 과정에 대해서도 적용되는 것이다. 듀이에게 있어 습관으로 표현되는 성장이 인간적인 삶의 특징이라는 말은 바로 이와 같은 이중적인 의미와 성격을 띤 것으로 이해될 필요가 있다(DE: 76-82). 그리고 성장은 삶의 특징이므로 성장이 정체된 삶은 생물학적으로는 살아 있는 것이지만 삶의 질 또는 삶의 의미나 가치에 있어서는 죽은 상태와 마찬가지라고 말할 수 있다. 하지만 성장은 타성으로서 습관을 배경으로 하는 것이며 타성으로서 습관을 일면 필요로 한다. 삶과 교육은 언제든지 무기력하고 무의미한 상태로 빠져들 수 있는 위험을 안고 있지만 동시에 생기가 넘치고 의미가 풍부한 상태로 나아갈 수 있는 가능성을 갖고 있다. 이런 점에서 교육은 삶의 과정, 보다 정확히 표현하자면 계속적으로 성장을 추구해 나가는 과정으로 정의될 수밖에 없다.

이 책은 현대인의 삶의 조건에 부합되는 좋은 삶의 의미를 명료화하고 좋은 삶의 실천방식을 새롭게 제안해야 한다는 문제의식에서 출발하였다. 교육과 교육학의 역사에 비추어 보면 좋은 삶이란 무엇인가 하는 문제는 자유교육에서 핵심적으로 다루는 문제였다. 자유교육의 개념이 성립되기 시작한 고대 그리스 사회는 자유인과 여자 및 노예계급 사이의 신분적인 차별이 있었다. 이때 자유교육은 자유인을 대상으로 하는 교육이면서 자유로운 삶을 위한 교육이었다. '자유인을 위한' 교육이 자유로운 삶을 위한 교육으로 정당화될 수 있었던 것은 이상세계와 현실세계를 구분하고 그에 따라 좋은 삶의 의미와 실현방식을 설명하는 이원론의 철학이 있었기 때문이다. 이원론의 철학에 기초해서 강조되어 온 이상세계는 기본적으로 육체노동으로부터 해방된 자유인에게 보장되는 여가시간에 학문과 교양을 닦음으로써 파악되는 것이었기 때문이다. 결국 전통적인 자유교육의 철학은 가치 있다고 판단된 세계 또는 인간존재의 특정 측면을 선택적으로 강조하고 신분적인 차별이 있던 당시의 삶의 조건과 이원론의 철학을 긴밀하게 결합시켰다는 데에서 특징적이다. 따라서 현대에 와서 교육학의 중요한 주제영역으로 체계화된 자유교육이라는 담론은 자유교육의 개념이 성립되기 시작한 고대 그리스 시대와 오늘날의 삶의 조건이 다르다는 사실은 인정하지만 여전히 이원론의 철학에 입각해서 자유교육을 논의하는 경향이 있다.

고대 그리스 시대와 비교할 때 오늘날의 삶의 조건은 자유인과 여자 및 노예계급 사이의 신분적 차별이 존재하지 않고 모든 사람이 직업인이면서 동시에 자유인이라는 점에서 특징적이다. 오늘날의 삶의 특성과 조건을 이렇게 이해하고 있는 사람들 중에서도 전통적인 이원론 철학의 연장선에서 좋은 삶의 개념을 선택적으로 규정하는 자유교육 옹호자들은 이상세계에 대한 형이상학적 가정을 학문세계의 가치와 지식의 성격의 문제로 대체함으로써 자유교육의 의미를 각색해 왔다. 이들이 시도한 것은 전통철학의 이데아에 대한 가정을 실재 개념으로 전환하고 고대 그리스 사회에서 통용되었던 '자유인을 위한' 교육으로서 자유교육과 차별화되는 '자유인이 되는' 교육으로서 자유교육을 제안하는 것이었다. 하지만 이상세계에 대한 관념을 교육의 관점에서 실재로서 지식의 개념으로 대체했을 뿐 이들의 시도는 여전히 삶이라는 하나의 토대 위에서 성립되는 좋은 삶의 개념을 제안하는 데에는 소극적이었으며 사실상 총체로서 삶을 면밀하게 검토하는 데에는 무관심했다고 말할 수 있다. 그리고 그 결과는 철학의 여러 이론들 사이의 갈등, 여러 학문들 간의 대립, 삶의 여러 영역들 간의 분열로 이어져 왔다.

교육의 관점에서 더 직접적으로 표현하자면 지금까지 자유교육이라는 이름으로 전개되어 온 일련의 논의들은 총체로서 삶으로부터 진정한 의미의 인간교육을 소외시키는 결과를 초래했다. 이 사실은 교육학에서 자유교육이라고 하면 일반적으로 직업교육과 대비되는 것으로 간주해 왔다는 점에서 반증된다. 자유교육과 직업교육을 서로 구분되는 교육의 종류로 간주하는 것은 각각의 교육이 총체로서 삶의 일부에만 대응된다는 관점을 반영하는 것이다. 그리고 자유교육이라는 주제영역의 기본적인 성격이나 취지를 고수하게 되면 이 입장에서 성립되는 자유교육은 자유인의 삶과 노예의 삶을 동시에 허용하는 것이 되고 만다. 따라서 현대인은 자유인이면서 직업인이라는 오늘날의 삶의 조건을 감안하는 한편으로 자유교육이라는 주제영역의 기본적인 성격과 취지를 견지하는 자유교육에 대한 새로운 논의가 요청된다. 새로운 자유교육은 무엇보다 삶이라는 하나의 토대 위에서 삶의 통합적 목적으로 재정립되어야 하며, 삶과 교육의 다양한 영역과 차원들에 대해서도 일관되고 체계적인 방식으로 설명될 수 있는 것이어야 한다. 이런 점에서 새로운 자유교육을 정립하는 데에 관건이 되는 문제는 지금까지 자유교육과 대립되는 것으로만 간주되어 온 직업과 직업적 활동의 교육적 성격을 재조명하는 것이다. 사실 자유교육과 직업교육 간의 통합적 관계를 모색해야 한다는 문제의식은 상당히 오랫동안 교육학자들 사이에서 공론화되어 온 것이다. 하지만 자유교육과 직업교육이 교육내용의 성격이나 교육적 가치 및 교육목적상의 차이에 기초한 '종류'로서 이해되는 한 본격적인 의미의 새로운 관계 탐색이라는 문제를 해결하는 것은 요원할 뿐이다. 오히려 자유교육과 직업교육의 통합적 관계를 모색하려고 한다면 무엇보다 인간의 삶에 있어 또는 좋은 삶을 실현해 나가는 과정에 있어 직업과 직업적 활동이란 어떤 성격과 가치를 지닌 것인지에 대한 전면적인 재검토를 시도할 필요가 있다.

이런 맥락에서 이 연구에서 새로운 자유교육의 가능성을 제시하기 위해 시도한 것은 삶으로서 직업을 개념화하는 것이었다. 삶으로서 직업에 대한 개념화 작업은 삶으로서 교육과 성장으로서 교육목적을 주장하는 듀이의 교육사상에 근거해서 시도되었다. 듀이의 교육사상은 삶의 특성과 인간적인 삶의 과정을 면밀히 검토하고 분석함으로써 좋은 삶의 의미와 실현방식을 모색하는 데에 집중되어 있다. 따라서 이 연구에서는 듀이의 근본적인 문제의식에 근거해서 자유교육의 기본적인 성격과 취지에 위배되지 않으면서 자유교육의 정신을 적극적으로 발휘하고 실현할 수 있도록 해주는 활동으로서 직업의 의미를 재조명하고자 하였다. 이 작업은 이원론적 사고의 연장선에서 이해되어 온 직업 개념과 차별화되는 새로운 직업 개념을 제안하는 것과 깊은 관련을 맺고 있다. 특히 이 연구에서 시도한 직업에 대한 재개념화 작업은 역설적인 방식으로 전개되었다. 즉 직업을 한편에서는 삶의 과정 자체와 동일시하는 확장된 형태의 설명을 시도하고, 또 한편에서는 직업이라는 독특한 삶의 방식과 현상을 중심으로 총체로서 삶을 직업이라는 하나의 초점으로 수렴시키는 형태의 설명을 시도하였다. 전자의 설명방식은 연구의 전개과정에서 일상적이고 포괄적인 의미의 삶이 교육적 성격을 풍부하게 실현해 나갈 수 있도록 되는 이유와 방식을 살펴봄으로써 구체화되었다. 후자의 설명방식은 전자의 설명방식에서 시도된 바에 근거해서 일상적인 삶이 직업이라는 활동영역이나 직업과 관련한 독특한 삶의 방식과 관련을 맺음으로써 삶의 다양한 국면과 차원들로 적극적으로 성장해 나가는 측면을 중심으로 구체화되었다.

직업의 의미를 재조명하기 위한 일련의 논의를 통해 도출된 결론은 인간의 삶에 있어 직업이란 의미 있는 삶의 형식이자 자유로운 삶의 토대라는 것이다. 여기에서 삶이라는 말은 개인에 국한된 것으로 사용될 수도 있고 인간 전체의 삶으로 확장해서 사용될 수도 있는 것이다. 그런데 삶의 문제를 직업이라는 독특한 활동과 독특한 삶의 영역과 결부시켜 논의하게 되면 개인의 삶이라고 하더라도 사실상 넓은 범위의 경험 전체를 뜻하는 것으로 해석될 수 있다. 이런 점에서 직업이 의미 있는 삶의 형식이라는 말은 한 개인의 삶이 순전히 개인적인 관심사에 의해 추구되는 활동보다 직업적 활동과 관련된 삶으로 조명될 때 더 넓고 더 깊은 차원에서의 삶의 의미와 가치를 실현할 수 있다는 뜻이다. 특히 직업이 삶의 형식이라는 말은 개인의 삶에 앞서 있었던 사회 문화적 삶의 과정을 의식한 표현이다. 직업이라고 불리는 활동이 그리 명확하게 확정적인 것은 아니지만 어떤 사회 문화에서든 직업이라고 불릴 수 있는 활동들은 특정한 장소나 시간에 구애됨이 없이 누구라도 취할 수 있는 삶의 방식으로서의 성격을 지니고 있다. 또한 직업이 삶의 형식이라는 표현은 개인의 관점에서 볼 때에도 자신의 관심사를 공적이고 외적·신체적인 방식으로 세련되게 가다듬어 나가는 측면이 있음을 감안한 것이다. 따라서 개인이 이룩하는 성장과 성장과정의 핵심적인 양상은 그가 의식하고 있는 직업생활이나 직업적 활동들을 중심으로 이야기될 수 있다. 이런 맥락에서 직업은 의미 있는 삶의 형식이다.

한편 직업은 자유로운 삶의 토대라고도 말할 수 있다. 고대 그리스 사회에서 이야기되는 자유교육이 '자유인을 위한' 교육이었다면 이원론 철학의 연장선에 있는 현대의 자유교육은 '자유인이 되는' 교육을 주장한다는 점에서 차별화될 수 있다는 사실은 앞서 언급한 바와 같다. 새로운 자유교육에서 제안하는 교육 역시 언어적인 표현만을 따진다면 '자유인이 되는' 교육을 주장하는 것이다. 하지만 새로운 자유교육은 학문과 지식의 가치를 중심으로 좋은 삶을 개념화하고자 하지는 않는다. 오히려 총체로서 삶이라는 현상을 출발점으로서 해서 때로는 산만하고 때로는 무의미하게 흘러가는 일상적인 삶이 어떻게 해서 인간적인 가치들을 풍부하게 실현하게 되는가 하는 측면을 주목한다. 이러한 접근방식을 시도할 때 좋은 삶의 의미를 적절히 드러내기 위해 고려해야 할 것은 인간으로서 실현할 수 있고 또 추구할 수 있는 좋은 삶이란 한편에서는 사실의 영역에 포석을 두고 또 한편에서는 가치의 영역에 포석을 둠으로써 양자 간의 자연스러운 통합과정을 보장받을 때에 성립된다는 것이다.

존재론적으로 설명하자면, 현재까지 이루어 놓은 것에 토대를 두고 포착된 더 의미 있고 더 가치 있는 삶의 상태를 추구해 나가는 과정에서 좋은 삶이라는 것은 순전히 이상적인 것으로서가 아니라 직접 체험되고 실현될 수 있는 실제적인 삶의 과제이자 목적으로 간주된다는 것이다. 이때 자유와 자유로운 삶은 내적·정신적 차원의 문제에 국한되지 않는다. 오히려 진정한 의미의 자유는 내적·정신적 해방감이 외적·신체적 활동들을 수행함으로 직접 체험될 수 있는 것으로 자각되고 내적·정신적 해방감을 체험한 이후에 그 결과물에 비추어 다음의 삶을 계획할 때 실제적으로 수행할 수 있는 외적·신체적 활동들을 구상하는 연속적이고 순환적인 과정에서 실현된다. 세계와 인간 삶에 대한 어떠한 편견도 없이 인간으로서 더 나은 삶을 추구하고 실현해 나가는 과정을 분석해 보면, 자유와 자유로운 삶은 실제적인 삶의 영역과 실제적인 활동에 토대를 두고 실현된다는 점을 알 수 있다. 이때 삶이라는 하나의 과정 속에는 단순히 현재나 현실에 안주하는 측면만 있는 것이 아니라 자신의 현재적 삶에 인접해 있는 미래의 삶 또는 가능성으로 존재하는 삶을 향해 전진하는 측면이 있다. 결국, 자유로운 삶은 실제적인 것이면서 동시에 관념적인 성격을 띠는 삶의 과정에서 직접 체험되고 실천되는 것이라고 말할 수 있다. 그리고 전통철학의 이원론적 사고의 연장선에서 제안된 관념적 성격의 자유나 자유로운 삶과 구분해서 말하자면, 이 연구에서 주장하는 자유는 현실적인 삶의 과정에 기초한 것이기 때문에 실제적인 성격이 부각되는 것이라고 강조해서 말할 수 있다.

이런 맥락에서 자신의 직업에 헌신하는 사람의 삶은 삶의 다른 어떤 활동들을 수행할 때보다도 이루어진 것과 가능성으로 있는 것 간의 간극을 적극적으로 채워나가는 모습을 보인다는 것을 주목할 수 있다. 이 사실에 착안할 때 오늘날의 삶의 조건에 비추어 자유로운 삶을 살기 위한 첫걸음은 자아를 표현하기에 용이한 사회 문화적인 활동영역을 찾는 것이라고 말할 수 있다. 자아표현의 적절한 양식을 찾는 것은 연대기적 방법 또는 발달적·심리적 방법을 통해 수행된다. 그리고 직업과 관련한 활동에 익숙해지고 나아가 그러한 활동들을 적극적으로 추구해 나감으로써 직업적 자아를 발달시키고 직업적 자아실현을 삶의 실제적인 목적으로 삼게 되면 삶의 전 과정은 자유실현의 과정으로서의 성격을 띠게 된다. 이런 점에서 직업은 자유로운 삶이 실현될 수 있는 실제적인 토대로 이해할 수 있다. 이때 자유로운 삶은 단순히 개인적 차원에서 자유롭다는 뜻이 아니라 개인의 삶을 통해 사회 문화적 삶까지도 자유롭게 된다는 뜻을 포함한다.

사실 직업과 관련해서 개인의 삶이 자유롭다는 것은 상당히 복잡한 말이다. 왜냐하면 어떤 직업이 고정된 양식으로 먼저 있다기보다 한 개인의 삶의 과정에서 자신에게 고유한 직업이 정립되어 나간다는 의미이기 때문이다. 이런 점에서 직업은 각자의 삶과 일치하는 삶으로서 직업이라고 말할 수 있다. 직업이라는 말을 특별히 강조해서 이야기할 때에는 자신의 삶에 최선을 다하는 것이 직업이며 일종의 소명과 같이 의식된다는 뜻이다. 그리고 개인의 삶을 통해 직업이라고 불릴 수 있는 어떤 활동이 수행되고 있다면 사회 문화적인 삶의 과정이나 삶의 양식이 개인의 개입으로 인해 어떤 형태로든 변화된다고 말할 수 있다. 반대로 표현하면 직업적 활동을 수행하는 동안에 개인의 삶은 자신의 관심사에만 국한해서 삶의 세계를 의식하고 삶의 지평을 확장해 나가고자 할 때보다 훨씬 더 넓은 영역과 다양한 차원에 걸쳐 삶의 세계와 삶의 지평을 확장해 나가게 된다. 이런 점에서도 직업이 자유로운 삶의 토대라는 말은 이중적이고 복합적인 의미로 해석될 수 있다.

이 연구에서는 이상과 같은 논의에 비추어 직업은 의미 있는 삶의 형식이자 자유로운 삶의 토대라고 주장하였다. 이 두 가지 주장을 점증적으로 그리고 연속적인 방식으로 제안하는 한편으로 자유로운 삶의 토대로서 직업에 대한 논의에 이르러서는 삶으로서 직업 개념을 적극적으로 제안하였다. 삶으로서 직업 개념은 그동안 대립적인 것으로 간주되어 온 자유와 직업이라는 주제어를 삶이라는 하나의 토대 위에서 결합시킴으로써 성립되는 것이다. 따라서 이 연구의 출발점에서부터 시사되어 온 결론은 현대인의 삶의 조건에 부합되는 새로운 자유교육은 총체로서 삶과 교육, 그리고 교육의 여러 영역과 가치 또는 목적들 간에 성립되는 통합성의 원리에 입각한 교육이어야 한다는 한 가지 사실에 놓여 있었다.

통합성의 원리에 입각한 새로운 자유교육은 무엇보다 교육이 삶으로부터 소외되는 것을 방지해야 한다는 문제의식에 기초한 것이다. 이 측면을 교육의 관점에서 적극적으로 설명하면 새로운 자유교육은 교육의 다른 가치나 목적들과 일관되고 통합적인 방식으로 설명될 수 있는 것이어야 한다는 말이기도 하다. 따라서 삶으로서 직업 개념에 함의된 새로운 자유교육의 성격과 조건을 논의하는 과정에서 직업적 활동의 교육적 가치를 긍정할 때 자유교육, 직업교육, 나아가 도덕교육이 어떤 관계에서 설명되는지를 검토하였다. 그리고 이러한 논의에 따라 제시되는 결론은 삶으로서 직업에 입각한 교육은 교육의 가치나 목적으로서 어떤 것을 강조하든지 간에 삶에서 출발해서 삶으로 환원되어 그 가치를 경험자 스스로 직접 체험함으로써 정당화되는 것이라고 요약할 수 있다. 이 결론을 지금까지의 자유교육이 주지적인 교과중심 교육 또는 이론적인 학문중심 교육을 통해 전개되어 온 것과 대조해서 새로운 자유교육은 각자의 삶의 의미중심 교육을 통해 실현될 수 있다는 주장으로 연결시켜 논의하였다. 삶의 의미중심 자유교육은 삶과 교육에 대한 참여자적 태도에 의해 성립되고 보장되는 것이다. 그리고 삶의 의미중심 자유교육의 과정은 교육목적으로서 각자의 삶의 목적 또는 의미론적 자유의 가치를, 교육방법으로서 연대기적 방법 또는 발달적·심리적 방법의 중요성을, 교육내용으로서 각자의 삶의 의미를 주목한다.

결론적으로 말하자면 삶으로서 직업 개념에 함의된 새로운 자유교육의 성격은 통합성이라는 한 가지 문제로 요약된다. 이때 통합성은 노동, 학문, 여가, 나아가 사회적 봉사와 그에 준하는 도덕이라는 삶의 영역과 각각의 영역에서 강조되는 인간적인 가치들 간의 통합을 함의한다. 또한 여기에서 말하는 통합성은 개인적 삶과 사회 문화적인 삶, 또는 삶의 사적 영역과 공적 영역 간의 통합을 함의한다. 교육의 관점에서 통합성은 교육의 여러 종류들, 목적들, 가치들, 내용들 간의 통합을 함의한다. 나아가 교육받는 시기와 교육 이전과 이후의 삶의 시간 간의 통합을 함의한다. 그런데 새로운 자유교육이 추구하는 통합성의 원리는 무엇과 무엇의 구분을 상정하고 다시 이들 간의 조화와 균형을 모색하는 방식이 아니라 직업적 자아실현이라는 하나의 초점을 중심으로 삶과 교육에 대한 다양한 구분을 부정하고 삶 자체의 성격에 기초해서 제안되는 것이다. 따라서 이전까지 자유교육과 직업교육의 새로운 관계를 모색하는 통상적인 방식과는 구별된다. 즉, 새로운 자유교육은 직업적 자아실현이라는 하나의 초점을 설정함으로써 무엇과 무엇의 조화로운 관계를 모색하는 것이 아니라 통합의 구심점을 제시하고 통합이 실현되는 실제적인 토대를 마련하는 데에 관심을 기울인다는 점에서 차별화된다. 나아가 이 연구에서는 직업적 자아실현을 통합의 실제적인 구심점으로 설정함으로써 통합의 문제를 수평적 통합과 수직적 통합의 측면에서 세밀하게 그리고 긴밀하게 조명하고자 하였다. 즉 이 연구에서는 직업적 자아실현의 과정에서 이루어지는 삶의 의미의 탐구라는 관점에서 수평적 통합을 설명하고, 직업적 자아실현의 과정에서 체험되는 각자의 존재가치에 대한 자각과 삶의 질의 고양이라는 관점에서 수직적 통합을 설명하였다.

이 연구에서 제안하고자 한 새로운 자유교육은 전통적인 자유교육의 대안이라고 말하는 것이 타당할 것이다. 그런데 본격적인 의미에서 새로운 자유교육관을 정립한다는 것은 교육의 여러 영역들에 대한 보다 체계적이고 일관된, 그리고 세밀한 분석을 요구한다. 나아가 삶과 교육의 관계나 교육의 여러 영역들 간의 관계도 이 연구에서 논의하고 있는 것보다 훨씬 더 긴밀하게 조명될 필요가 있다. 가장 적극적으로 말하자면 새로운 자유교육에서 일관되게 실현하고자 하는 통합성의 원리는 분과주의의 문제를 철저하게 규명하고 분과주의에 대한 태도를 명확히 해야 한다. 나아가 실제로 새로운 자유교육관에 입각한 교육을 실천해 나갈 때 교육목적의 달성을 위해 동원되는 교육내용들 간의 관계나 구성방식을 어떻게 제시할 것인가 하는 실천적인 문제에 대해서도 보다 깊이 있는 논의가 요청된다. 또한 이 연구에서 새로운 자유교육의 이론적 기초가 된 일원론적 삶의 철학은 사고 또는 마음에 대한 재개념화 작업을 통해 보다 완전한 이론적 체계를 형성할 수 있을 것이다. 사실 사고 또는 마음에 대한 재이해는 직업이라는 사회문화적 활동을 중심으로 개인의 삶을 설명하는 과정에서 사회적 지성이나 사고 또는 마음의 실제적 성격의 문제로 제한적으로 다루어지기는 했다. 하지만 이 문제는 전통적인 자유교육의 문제점을 철저하게 해명하고 삶이라는 하나의 토대 위에서 새로운 자유교육의 가능성을 설득력 있게 주장하기 위해서는 반드시 깊이 있게 논의될 필요가 있는 것이다. 따라서 새로운 자유교육관을 체계적으로 정립하기 위해서는 언급한 문제들에 대해 앞으로 보다 풍부한, 그리고 세밀한 연구가 후속되어야 할 것이라 판단된다.

참고
문헌

강영혜(1990). 공교육제도에서의 자유교육의 의미. 서울대학교. 박사학위
    논문.
강영혜(2004). '일'의 가치와 자유교육의 의미. 강영혜(외). 현대사회와
    교육의 이해: 교육철학의 최근동향. 서울: 교육과학사, 409-453.
강학철(1999). 무의미로부터의 자유: 키아케고어의 역설적 인간학. 서울:
    동명사.
곽덕주(2001). 로티의 포스트모던적 교육이상인 자유주의적 아이러니스
    트(the liberal ironist) 개념에 대한 재고찰. 교육철학연구회. 교육
    철학, 25, 1-15.
곽철규(1999). 듀이 철학과 교육. 서울: 지식사회.
구봉수(1986). 존 듀이의 인간관과 칼 맑스의 인간관의 비교연구: 듀이
    와 맑스의 휴머니즘 사상을 중심으로. 한양대학교. 박사학위논문.
권선영(1998). J. Dewey의 경험의 재구성에 관한 연구. 부산교육대학 초
    등교육 연구소. 초등교육 연구, 13, 1-22.
김규욱(2001). 듀이 교육이론에 대한 교육본위론적 재해석. 서울대학교.
    박사학위논문.
김기석(1987). 다시 생각해 본 '지식의 구조'. 교육과정 이론의 쟁점. 서
    울: 교육과학사.

김기수(1994). 자유교육과 지식의 가치. 강원대학교. 박사학위논문.

김남두, 김영식(1996). 대학개혁의 과제와 방향. 서울: 민음사.

김대현(1994). Hirst의 지식과 교육과정. 서울: 교육과학사.

김동식(1997). 로티와 사회와 문화. 서울: 철학과 현실사.

김동식(2002). 프래그마티즘. 서울: 아카넷.

김무길(2001). 듀이의 교육적 경험론에 내재된 Transaction의 의미. 교육
    철학회. 교육철학, 25, 17-35.

김병길(1974). 대학 교양교육 연구 서설: 그 의의와 중요성을 중심으로.
    경상대학교. 논문집, 13, 187-193.

김병길, 송도선(2000). 듀이의 습관 개념. 한국교육철학회. 교육철학, 18,
    1-19.

김성도(1998). 가추법의 화용론적 함의. 담화와 인지. 5(2), 83-98.

김수천(1989). John Dewey의 교과관 연구. 서울대학교. 박사학위논문.

김수천(1999). 교육내용과 교육방법의 관계. 교육학대백과사전. 1권. 춘
    천: 하우, 577-584.

김수천(2001). 교육과정과 교과. 서울: 교육과학사.

김승호(1997). 학교의 이념. 한국도덕교육학회. 도덕교육연구, 9, 177-196.

김영택(1994). 자연언어처리. 서울: 교학사.

김우창(1992). 심미적 이성의 탐구. 서울: 솔.

김윤태(1999). 한·미 대학교육체제 비교 연구. 서울: 문음사.

김정오, 박우희, 오만석, 이각범(1995). 지성·덕성·리더십 함양을 위한
    대학교양교육 개선방안. 한국정신문화연구원.

김종건(1999). 자유교과. 교육학대백과사전. 3권. 춘천: 하우, 2216-2224.

김태길(1990). 존 듀이의 사회철학. 서울: 명문당.

나병현(1999). 자유주의 교육사상. 교육학대백과사전. 3권. 춘천: 하우,
    2232-2239.

나일수(1997). 인문학과 초월세계. 한국도덕교육학회. 도덕교육연구, 9,
    225-249.

남성희(2002). 전문대학 교양교육의 방향에 대한 연구. 영남대학교. 박사

학위논문.

노양진(2000). 옮긴이의 말. 마음속의 몸: 의미·상상력·이성의 신체적 근거. 서울: 철학과 현실사, 7-10.

문창옥(1999). 화이트헤드 과정철학의 이해. 서울: 통나무.

박봉목(1982). John Dewey의 종교론. 존 듀우이와 프라그마티즘: 존 듀우이 30주기 기념 논문집. 서울: 삼일당, 125-144.

박영만, 송민영(2003). 통합교육과정과 전인교육. 서울: 학지사.

박이문(1980). 노장사상: 철학적 해석. 서울: 문학과 지성사.

박이문(1985). 종교란 무엇인가: 종교철학. 서울: 일조각.

박이문(1998). 자연, 인간, 언어. 서울: 철학과 현실사.

박재주(2003). 서양의 도덕교육사상: 소크라테스에서 레비나스까지. 서울: 청계.

박준영(1995). John Dewey의 지성중심 교육철학. 부산: 경성대학교 출판부.

박천환(2003). 교과학습의 목적으로서의 해득: 듀이의 경험에 대한 교육 인식론적 해석. 영남대학교. 박사학위논문.

박철홍(1993). 존 듀이 성장개념의 재이해: 듀이의 존재론에 비추어 본 잠재 가능성의 의미. 교육철학회. 교육철학, 11, 297-325.

박철홍(1994a). 성장의 방향은 없는가?: 삶의 특성과 성장방향의 불확정성. 교육철학회. 교육철학, 12(1), 69-101.

박철홍(1994b). 지와 덕은 하나인가?: 듀이의 종교적 경험에 비추어 본 학습의 성격과 지덕의 관계. 한국도덕교육학회. 도덕교육연구, 6, 27-56.

박철홍(1995). 듀이의 하나의 경험에 비추어 본 교육적 경험의 성격: 수단으로서의 지식과 내재적 가치의 의미. 한국교육철학회. 교육철학, 13, 81-109.

박철홍(1997). 열린교육의 이상적 목적으로서 열린 세계: 열린교육의 형이상학적 기초. 영남대학교 학교교육연구소. 학교교육연구, 1(2), 83-98.

박철홍(1998). 교육과 삶의 내적 관련에 비추어 본 교육의 내재적 가치: 경험중심 교육과정에서의 내재적 가치. 교육철학회. 교육철학, 19, 1-19.

박철홍(1999). 질성적 사고의 성격에 비추어 본 지식의 총체성: 지식의 형식과 선험적 정당화에 대한 비판적 고찰. 교육철학회. 교육철학, 22, 95-115.

박철홍(2000). 토론: 창조적 인간의 의미를 분명히 하기 위한 몇 개의 질문. 2000년도 교육철학회 연차학술대회·국민대학교 교육연구소 학술심포지엄 간행본, 21-26.

박철홍(2002a). 신교육의 이해. 서울: 학지사, 15-131.

박철홍(2002b). 역자서문. 아동과 교육과정·경험과 교육. 서울: 문음사, 1-15.

박철홍(2002c). 주지교과의 도덕교육적 가능성에 대한 탐구. 한국교육철학회. 교육철학, 21, 95-114.

박철홍(2002d). 암기위주 교육의 극복을 위한 대안 탐색: 의미로서의 지식관과 교육적 의의. 한국교육철학회. 교육철학, 22, 81-97.

박철홍(2003). 경험의 창조적 재연으로서 학습의 의미: 경험중심교육과정관의 재발견. 아시아태평양교육발전연구단. 아시아교육연구, 4(2), 169-191.

박철홍(2004a). 경험개념의 재이해: 듀이의 연구에 대한 반성과 교육학적 과제. 강영혜(외). 현대사회와 교육의 이해: 교육철학의 최근 동향. 서울: 교육과학사, 271-327.

박철홍(2004b). 듀이 종교론에 함의된 종교교육의 성격: 삶에서 종교성 회복을 위한 교육. 한국종교교육학회. 종교교육학연구, 18, 3-27.

박철홍(2004c). 탐구의 궁극적 대상으로서 '삶의 총체적 이상': 탐구의 원형으로서 부적 학습의 형이상학적 근거. 한국도덕교육학회. 도덕교육연구, 16(1), 185-214.

박철홍, 편경희(2002). 교육적 경험의 원리로서 계속성의 의미: 종교적 경험양태의 작용방식을 중심으로. 교육철학회. 교육철학, 28, 71-87.

박철홍, 편경희(2003a). 성장개념에 함의된 자유의 의미와 성격. 한국교육철학회. 교육철학, 23, 89-107.

박철홍, 편경희(2003b). 듀이의 자유교육론에서 직업적 활동의 의미. 한국교육철학회. 교육철학, 24, 57-77.

박철홍, 편경희(2004). 삶의 총체적 이상의 구현체로서 직업의 관점에서 본 자유교육의 성격: 전통적 자유교육에 대한 대안 탐색. 교육철학회. 교육철학, 32, 239-259.

서병훈(2000). 자유의 미학: 플라톤과 존 스튜어트 밀. 서울: 나남출판사.

소흥렬(1984). 과학과 사고. 서울: 경문사.

소흥렬(1990). 과학적 실재론과 귀추법. 동양학총론. 차산 안진오 교수 회갑기념논문집, 89-107.

송도선(1998). John Dewey의 경험 중심 교육론. 경상대학교. 박사학위논문.

송석우(1987). 고등교육에 있어서 교양교육에 대한 연구. 계명대학교. 박사학위논문.

신득렬(2002). 학교교육의 철학. 한국교육철학회. 교육철학, 22, 99-115.

신득렬(2003). 현대 교육철학. 서울: 학지사.

신차균(1989). 자유교육관 연구: 그 개념과 이론적 토대의 분석. 서울대학교. 박사학위논문.

신현태(1985). 교양교육의 개념 분석과 Hutchins의 교양교육. 한국교육학회. 교육학연구, 23(2), 5-16.

양은주(1999). 듀이의 자연주의적 형이상학에 근거한 '교육적 경험'의 원리. 교육철학회. 교육철학, 22, 63-79.

양은주(2002). 창조적 인간 교육의 의미: 듀이 교육사상을 중심으로. 천원기념회. 민주교육, 12, 48-52.

양은주, 조경원(2000). 왜 창조적 인간인가? 2000년도 교육철학회 연차 학술대회·국민대학교 교육연구소 학술심포지엄 간행물, 1-19.

원준호(2001). 헤겔의 습관에 관한 이해: 이성적 인륜성의 전前 이성적 조건으로서 습관의 문제. 사회와 철학 연구회. 2001년 9월 월례

발표회 자료집, 233−261.

유재봉(2000). 직업교육과 자유교육의 통합: 철학적 검토. 한국교육과정 평가원. 교육과정평가연구, 3(1), 64−80.

유재봉(2002). 현대 교육철학 탐구: 자유교육에 대한 비판 및 대안 탐색. 서울: 교육과학사.

유한구(1998). 교과의 근본이념과 가치관 교육. 한국도덕교육학회. 도덕 교육연구, 10, 1−17.

윤은주(2002). 듀이 도덕교육론의 유아교육에 대한 시사. 한국교육철학 회. 교육철학, 22, 89−107.

이경후(1993). 듀이의 예술론과 예술교육. 이화여자대학교. 박사학위논문.

이근식, 황경식(편)(2001). 자유주의란 무엇인가: 자유주의의 의미, 역사, 한계와 비판. 서울: 삼성경제연구소.

이기동(역해)(1996). 논어강설. 서울: 성균관대학교출판부.

이기상(1988). 자유와 실천·행위하는 자아의 관점에서 본 자유. 한국인 문사회과학원. 현상과 인식, 12(2), 141−183.

이돈희(1994a). 존 듀이: 교육론. 서울: 서울대학교출판부.

이돈희(1994b). 교육적 경험의 이해. 서울: 교육과학사.

이돈희(1998). 교과교육학의 성격과 과제. 이돈희(외). 교과교육학 탐구. 서울: 교육과학사, 9−35.

이무근(2003). 직업교육학원론. 서울: 교육과학사.

이석우(1999). 대학의 역사. 서울: 한길사.

이재영(1999). 영국 경험론 연구: 데카르트에서 리드까지. 서울: 서광사.

이주한(2003). 듀이의 습관개념과 교육. 교육철학회, 교육철학, 30, 189− 208.

이태하(1999). 자연과학에서 문예비평으로. 서울: 프레스21.

이학주(1989). 실천적 행위의 교육적 의미: 마르크스와 듀이를 중심으로. 서울대학교. 박사학위논문.

이홍우(1992). 증보 교육과정 탐구. 서울: 박영사.

이홍우(1997). 개정판 지식의 구조와 교과. 서울: 교육과학사.

이홍우(1998). Bruner 지식의 구조. 서울: 교육과학사.

이홍우(2002). 제6판 교육의 목적과 난점. 서울: 교육과학사.

임병덕(1998). 키에르케고르의 간접전달. 서울: 교육과학사.

임선하(1999). 창조성에의 초대. 서울: 교보문고.

임한영(1981). 죤 듀이의 생애와 사상. 서울: 배영사.

임홍빈(1995). 기술문명과 철학. 서울: 문예출판사.

전성연(1995). 대학의 교육과정과 수업. 서울: 학지사.

전성연(1999). 교육내용의 선정과 조직. 교육학대백과사전. 1권. 춘천: 하우, 584-589.

전국대학 인문학연구소협의회(1998). 21세기 대학 교육과 인문학의 전망. 서울: 역락.

정건영(1988). John Dewey의 교육적 경험의 원리에 대한 연구. 성균관대학교. 박사학위논문.

정길영(1998). Dewey의 미적 경험과 교육에 관한 연구. 대구가톨릭대학교. 박사학위논문.

정대현, 박이문, 유종호(외)(2000). 표현인문학. 서울: 생각의 나무.

정범모(1997). 인간의 자아실현. 서울: 나남.

정범모(2000). 지식기반사회의 교육이념과 교육정책. 서울: 교육인적자원부.

정순복(1995). 죤 듀이의 철학에서의 자연과 '트랜스액션(transaction)'의 문제. 한국미학회. 미학, 20, 311-339.

정순복(2001). 죤 듀이의 철학에서 상상력과 예술의 문제. 한국미학회. 미학, 30, 393-444.

정은해(2000). 자유교육의 철학. 서울: 원미사.

정의채(1995). 죤 듀이의 윤리학설과 토마스 아퀴나스의 윤리학설의 비판적 연구: 형이상학적 관점에서. 서울: 가톨릭대학교출판부.

조무남(1996). 교양교육과 대학교육과정정책: 이론적 추구와 실제적 추구 사이를 흐르는 논리. 교육정책 논리와 최적선택. 서울: 소화, 91-163.

조무남(1999). 자유교육. 교육학대백과사전. 3권. 춘천: 하우, 2224-2232.

조영태(1998). 교과의 통합: 오우크쇼트의 경험이론을 중심으로. 한국도덕교육학회. 도덕교육연구, 10, 19-51.

차미란(2001). Oakeshott: 자유교육과 도덕교육. 서울: 교육과학사.

철학연구회(편)(1999). 정보사회의 철학적 진단. 서울: 철학과 현실사.

최봉영(2000a). 주체와 욕망: 몸과 마음의 창으로 바라본 인간의 모습. 서울: 사계절.

최봉영(2000b). '디자인하는 인간'과 21세기 교육. 2000년도 교육철학회 연차학술대회·국민대학교 교육연구소 학술심포지엄 간행물, 27-53.

최봉영(2002). 본과 보기 문화이론. 서울: 지식산업사.

최선영(1983). 자유교양교육의 철학적 고찰. 고려대학교. 박사학위논문.

최선영(1995). 교양교육의 철학적 재고. 교육철학회. 교육철학, 13, 85-101.

최정실(1994). 메를로-퐁티의 지식론에 대한 교육적 분석. 교육철학회. 교육철학, 12(2), 99-135.

탁석산(2001). 오류를 알면 논리가 보인다. 서울: 책세상.

편경희(2003). 성장개념에 함의된 교육이념으로서 자유의 의미. 천원기념회. 민주교육, 13, 79-85.

한명희(1981). 교육의 과정에 대한 미학적 조명. 한국교육학회. 교육학연구, 19(1), 14-31.

한명희(1982). 듀우이의 미학이론과 교육이론. 존 듀우이와 프라그마티즘: 존 듀우이 30주기 기념 논문집. 서울: 삼일당, 165-186.

홍성욱(2002). 네트워크 혁명, 그 열림과 닫힘: 지식기반사회의 비판과 대안. 서울: 들녘.

홍은숙(1999). 지식과 교육. 서울: 교육과학사.

황경식(1998). 이론과 실천: 도덕철학적 탐구. 서울: 철학과 현실사.

황규호(1997). 자유교육 이념의 교육적 인간상에 대한 비판적 검토. 한국도덕교육학회. 도덕교육연구, 9, 197-223.

Alexander, T. M. (1987). *John Dewey's theory of art, experience, and nature: the horizon of feeling*. Albany: State University of New York.

Allan, D. J. (1970). *The philosophy of Aristotle(2nd)*. Oxford University Press. 장영란(역)(1993). 아리스토텔레스철학의 이해. 서울: 고려원.

Arblaster, A. (1984). *The rise and decline of western liberalism*. Basil Blackwell.

Aristotle (/1984). *Nichomachean ethics*. 최명관(역)(1984). 니코마코스 윤리학. 서울: 서광사.

Axtelle, G. E. & Burnett, J. R. (1972). Dewey on education and schooling. Boydston, Jo Ann.(ed.). *Guide to the works of John Dewey*. Illinois: Southern Illinois University Press. 257−305.

Bailey, C. (1984). *Beyond the particular and the present: a theory of liberal education*. London: Routledge & Kegan Paul.

Bell, D. (1966). *The reforming of general education: the Columbia College experience in its national setting*. New York: Columbia University Press. 송미섭(역)(1994). 교양교육의 개혁: 미국 컬럼비아 대학에서의 경험. 서울: 민음사.

Berlin, I. (1969). *Four essays on liberty*. Oxford University Press.

Bernstein, R. J. (1966). *John Dewey*. Ridgeview Publishing Company. 정순복(역)(1995). 존 듀이 철학입문. 서울: 예전사.

Boisvert, R. D. (1988). *Dewey's metaphysics*. New York: Fordham University Press.

Boyd, W. (1964). *The history of western education*. London: Adam & Charles Black.

Bridges, D. (1992). Enterprise and liberal education. Philosophy of education socity of Great Britain(ed.). *Journal of philosophy of education, 26*, 91−106.

Broudy, H. S. (1981). New York: Longman.

Brubacher, J. S. (1962). *Modern philosophies of education*. New York: McGraw−Hill Book Company.

Bruner, J. S. (1966). After John Dewey, what? Archambault, R. D.(ed.).

Dewey on education. New York: Random House. 211−227.

Charle, C. & Verger, J. (1989). *Histoire des universités.* Presses Universitaires de France. 김정인(역)(1999). 대학의 역사. 서울: 한길사.

Childs, J. L. (1939). Educational philosophy of Dewey. Schilpp, P. A.(ed.). *The philosophy of John Dewey.* Evanston: Northwestern University Press. 417−444.

Childs, J. L. (1956). *American pragmatism and education.* New York: Henry Holt and Co.

Collingwood, R. G. (1938). *The principles of art.* Oxford University Press.

Cooper, D. E. (1986). Introduction, Cooper, D. E.(ed.). *Education, values and mind: essays for R. S. Peters.* London: Routledge & Kegan Paul.

Copleston, F. (1959). *The British philosophers: Hobbes to Hume.* Westminster, Maryland: The Newman Press. 이재영(역)(1991). 영국경험론: 홉즈에서 흄까지. 서울: 서광사.

Cranston, M. (1972). *Freedom: a new analysis.* 황문수(역)(1995). 자유란 무엇인가. 서울: 문예출판사.

Dewey, J. (1893), Self−realization as the moral ideal. In A. Syllabus(ed.), *John Dewey: The early works V.4,* Southern Illinois University Press. (SM)

Dewey, J. (1909). *Moral principles in education.* Carbondale: Southern Illinois University Press. (MPE)

Dewey, J. (1916a). *Democracy and education.* New York: The Macmillan Co. 이홍우(역)(1987). 민주주의와 교육. 서울: 교육과학사. (DE)

Dewey, J. (1916b). *Essays in experimental logic.* New York: Dover Publications Inc. (EEL)

Dewey, J. (1920). *Reconstruction in philosophy.* Boston: Beacon Press. (RP)

Dewey, J. (1922). *Human nature and conduct.* Carbondale: Southern Illinois University Press. (HNC)

Dewey, J. (1926). Art in education—and education in art. Boydston, Jo Ann.(ed.)(1984). *John Dewey: The later works V.2.* Carbondale: Southern Illinois University Press. 111—115. (AEEA)

Dewey, J. (1928). *The quest for certainty.* New York: Minton, Balch and Co. (QC)

Dewey, J. (1929). *Experience and nature(2nd).* New York: Dover Publications, Inc. (EN)

Dewey, J. (1930). Qualitative thought. Boydston, Jo Ann.(ed.)(1984). *John Dewey: The later works V.5.* Carbondale: Southern Illinois University Press. 243—262. (QT)

Dewey, J. (1931). *Philosophy and civilization.* New York: Capricorn Books. (PC)

Dewey, J. (1933). *How we think.* Boston: D. C. Heath and Co. (HWT)

Dewey, J. (1934a). *Art as experience.* New York: Capricorn Books. (AE)

Dewey, J. (1934b). *A common faith.* London: Yale University Press. (CF)

Dewey, J. (1938a). *Logic: the theory of inquiry.* New York: Henry Holt and Co. (LTI)

Dewey, J. (1938b). *Experience and education.* New York: Capricorn Books. 박철홍(역)(2002). 아동과 교육과정·경험과 교육. 서울: 문음사. 81—222. (EE)

Dewey, J. (1939a), *Freedom and culture,* Boydston, Jo Ann(ed.).(1984), *John Dewey: The later works V.5,* Southern Illinois University Press. 65—188. (FC)

Dewey, J. (1939b). Experience, knowledge and value: a rejoinder. Schilpp, P. A.(ed.). *The philosophy of John Dewey.* Northwestern University. (EKV)

Dewey, J. (1940). Time and individuality. Boydston, Jo Ann.(ed.)(1984).

John Dewey: the later works V.5. Carbondale: Southern Illinois University Press. 98−114. (TI)

Dewey, J. (1988). *John Dewey: the later works V.1*. Boydston, Jo Ann. (ed.). Carbondale: Southern Illinois University Press. (LW1)

Dewey, R. E. (1977). *The philosophy of John Dewey: a critical exposition of his method, metaphysics, and theory of knowledge*. Hague: Martinus Nijhoff.

Doll, W. E. Jr. (1993). *A post−modern perspective on curriculum*. New York: Teachers College Press. 김복영(역)(1997). 교육과정과 포스트모더니즘의 시각. 서울: 교육과학사.

Englisch, G. (2001). *Jobnomaden*. 이미옥(역)(2002). 잡노마드 사회: 직업의 유랑자들. 서울: 문예출판사.

Farrell, R. A. (1986). *A history of liberal education and liberalism: the traditional humanist in conflict with the liberal ideologue*. University of Massachusetts.

Frankena, W. K. (1965). *Three historical philosophies of education*. Chicago: Scott, F. & Co.

Fromm, E. (1941). *Escape from freedom*. New York: Holt, Rinehart and Winston.

Green, T. F. (1987). The conscience of leadership. Sheive, L. T. & Schoenheit, M. B.(eds.). *Leadership: examining the elusive*. Washington: ASCD Yearbook.

Green, T. H. (1988). Lecture on liberal legislation and the freedom of contrast. Nettleship, R. L.(ed.). *Works of T. H. Green, 3*, Longmans, Green & Co.

Harvard Committee (1945). *General education in a free society*. Harvard University Press.

Hegel, G. W. F. (1821 / 1972). *Grundlinien der philosophie des rechts oder naturrecht und staatswissenschaft im grundrisse*. von H. Reichelt(hg.)(1972). Frankfurt / Berlin – Wien, Ullstein.

Hickman, L. A. & Alexander, T. M. (1999). *The essential Dewey(1): pragmatism, education, democracy.* Indiana University Press.

Hickman, L. A. (1992). *John Dewey's pragmatic technology.* Indiana University Press.

Hirst, P. H. (1965). Liberal education and the nature of knowledge. Archambault, R. D.(ed.). *Philosophical analysis and education.* London: Routledge & Kegan Paul. 170 – 193.

Hirst, P. H. (1971). Liberal education. *The encyclopaedia of education.* New York: Macmillan Co.

Hirst, P. H. (1974). *Knowledge and curriculum.* London: Routledge & Kegan Paul.

Hirst, P. H. (1991). Educational aims: their nature and content. The philosophy of education socity(ed.). *Philosophy of education 1991.* 40 – 53.

Hirst, P. H. (1993), Education, knowledge and practice, In R. Barrow & P. White(eds.), *Beyond liberal education: essays in honour of P. H. Hirst,* Routledge & Kegan Paul.

Hirst, P. H. (1993). Education, knowledge and practices. Barrow, R. and White, P.(eds.). *Beyond liberal education: essays in honour of Paul H. Hirst.* London: Routledge & Kegan Paul. 184 – 199.

Hirst, P. H. (1999). The nature of educational aims. Marples, R.(ed.). *The aims of education.* London: Routledge & Kegan Paul. 124 – 132.

Hodkinson, P. (1991). Liberal education and the new vocationalism. *Oxford review of education, 17,* 73 – 88.

Hong, E. S. (1991). *Education as initiation into practices.* Doctoral dissertation. Syracuse University.

Hook, S. (1939). *John Dewey: an intellectual portrait.* New York: The

John Day Co.

Hook, S. (1967). *Education for modern man.* New York: Alfred A. Knoph.

Hook, S. (1977). John Dewey: philosopher of growth. Morgenbesser, S.(ed.). *Dewey and his critics.* New York: the journal of philosophy, Inc. 9−17.

Hulfish, H. G. (1951). On the agenda of pragmatism. *Educational theory, 1(4),* 241−247.

Hutchins. R. M. (1953). *The university of utopia.* Chicago: Phoenix Books. 조희성(역)(1995). 대학이란 무엇이며, 무엇을 위한 대학 교육인가? 서울: 학지사.

Hwang, G. H. (1993). Liberal education in a multicultural Society. Doctoral dissertation. University of London.

Jencks, C. & Riesman, D. (1977). *The academic revolution.* Chicago University Press.

Johnson, M. (1987). *The body in the mind: the bodily basis of meaning, imagination, and reason.* 노양진(역)(2000). 마음속의 몸: 의미·상상력·이성의 신체적 근거. 서울: 철학과 현실사.

Kahlil Gibran (1923). *The prophet.* 박철홍(역)(2004). 예언자. 서울: 김영사.

Kilpatrick, W. H. (1939). Dewey's influence on education. Schilpp, P. A.(ed.). *The philosophy of John Dewey.* Evanston: Northwestern University Press. 445−474.

Kimball, B. A. (1983). Foundations of liberal education: the case for roman orators against Socratic philosophers. *Teachers college record, 85(2),* 47−65.

Kimball, B. A. (1996). Liberal education. Chambliss, J. J.(ed.). *Philosophy of education: an encyclopedia.* New York: Garland Publishing Inc. 60−78.

Kliebard, H. M. (1986). *The struggle for the American curriculum*. 1893 −1958. London: Routledge & Kegan Paul.

Lee, H. W. (1985). *Living, knowing and education*. Seoul: Seoul National University Press.

Lewis, I. (1994). Bridging the liberal / vocational divide. *Oxford review of education, 20*, 199−217.

MacInytre, A. (1984). *After virtue: a study in moral theory(2nd)*. London: Duckworth. 이진우(역)(1997). 덕의 상실. 서울: 문예출판사.

Macpherson, C. B. (1975). *Democratic theory*. Clarendon.

Macpherson, C. B. (1977). *The life and time of liberal democracy*. Oxford University Press.

Menand, L. (1997). *Pragmatism: a reader*. 김동식 · 박우석 · 이유선(공역)(2001). 프래그마티즘의 길잡이. 서울: 철학과 현실사.

Millet, L. (1989). *La métaphysique*. Presses Universitaires de France. 홍경실(역)(1999). 형이상학. 서울: 한길사.

Monroe, C. & Beardsley (1966). *Aesthetics from classical Greece to the present: A short history*. The University of Alabama Press. 이성훈 · 안원현(역)(1987). 미학사. 서울: 이론과 실천.

Moore, W. E (1974). *Social change*. Englewood Cliffs: Prentice Hall.

Naisbitt, J. & Naisbitt, N. & Philips, D. (1999). *High tech, high touch*. 안진환(역)(2000). 존 나이스비트 하이테크 하이터치. 서울: 한국경제신문.

Olafson, F. A. (1977). The school and society: reflections on John Dewey's philosophy of education. Cahn, S.(ed.). *New studies in the philosophy of John Dewey*. Hanover: University Press of New England. 173−203.

Park, C. H. (1993). Education as living: a re−evaluation of John Dewey's experience−centered curriculum. Doctoral dissertation. State

University of New York at Buffalo.

Parodi, D. (1939). Knowledge and action in Dewey's philosophy. Schilpp, P. A.(ed.). *The philosophy of John Dewey*. Evanston: Northwestern University. 227−242.

Peters, R. S. (1966). *Ethics and education*. London: George Allen & Unwin.

Peters, R. S. (1973). *The philosophy of education*. Oxford University Press.

Peters, R. S. (1977). *John Dewey reconsidered*. New York: Routledge & Kegan Paul.

Phenix, P. H. (1964). *Realms of meaning*. New York: McGraw−Hill.

Phenix, P. H. (1966). John Dewey's war on dualism. Archambault, R. D.(ed.). *Dewey on education*. New York: Random House. 160−181.

Popper, K. (1945). *The open society and its enemies*. London: RKP.

Pring, R. (1993). Liberal education and vocational preparation. Barrow, R. & White, P.(eds.). *Beyond liberal education: essays in honour of Paul H. Hirst*. London: Routledge. 49−78.

Pring, R. (1995). Academic respectability and professional relevance. Gordon, P.(ed.). *The study of education: inaugural lectures, 4*. London: The Woburn Press. 34−59.

Raphael, D. D. (1981), *Moral philosophy,* Oxford University Press.

Rorty, R. (1979). *Philosophy and the mirror of nature*. Princeton: Princeton University Press.

Rorty, R. (1982). Dewey's metaphysics. *Consequences of pragmatism*. Minneapolis: University of Minnesota Press. 김동식(역)(1996). 실용주의의 결과. 서울: 민음사. 189−216.

Ross, Stephen D. (1961). The philosophy of experience: an analysis of the concept of experience in the philosophy of John Dewey.

Doctoral dissertation. Columbia University.

Scheffler, I. (1973). *Reason and teaching*. New York: Bobbs‒Merill Co.

Scheffler, I. (1995). Reflections on vocational education. *Work, education and leadership*: *essays in the philosophy of education*. New York: Peter Publishing Inc.

Schöen, D. A. (1983). *The reflective practitioner*: *how professionals think in action*. New York: Basic Books.

Schwanitz, D. (1999). Bildung: a*lles, was man wissen muss*. 인성기 · 윤순식 · 조우호 · 김길웅(역)(2001). 교양: 사람이 알아야 할 모든 것. 서울: 들녘.

Sleeper, R. W. (1986). *The necessity of pragmatism*: *John Dewey's conception of philosophy*. New Heaven: Yale University Press.

Soltis, J. F. (1982). American pragmatism and John Dewey's theory of educating. Korean society for the study of John Dewey. *John Dewey and pragmatism*. Seoul: Samil Dang. 33‒51.

Thayer, H. S. (1952). *The logic of pragmatism*. The Humanities Press.

Thomas, K. W. (2000). *Intrinsic motivation at work*. 장재윤 · 구자숙 (2002). 열정과 몰입의 방법: 자본주의 기업에서 '진정한 노동의 동기'란 무엇인가? 서울: 지식공작소.

Tiles, J. E. (1988). *Dewey*. London: Routledge.

Whitehead, A. H. (1929a). *Process and reality*: *an essay in cosmology*. New York: The Free Press.

Whitehead, A. H. (1929b). *The aims of education*. New York: Mcmillan Co. 유재덕(역)(2003). 교육의 목적. 서울: 처음.

Whitehead, A. H. (1929c). *The function of reason*. Reprinted(1958). Boston: Beacon Press. 김용옥(역)(1998). 이성의 기능. 서울: 통나무.

Whitehead, A. H. (1933). *Adventure of Ideas*. New York: Mcmillan Co. 오영환(역)(1997). 관념의 모험. 서울: 한길사.

Whitehead, A. H. (1938). *Modes of thought*. New York: The Free Press.

Williams, K. (1994). Vocationalism and liberal education: exploring the tensions. *Journal of philosophy of education, 28,* 89−100.

Wirth, A. G. (1972), "Vocational aspects of education" in Dewey's thought, *Education in the technological society: the vocational − liberal studies controversy in the early twentieth century,* International Textbook Co..

Wittgenstein, L. (1968). *Philosophical investigation.* Basil Blackwell.

Zeltner, P. M. (1975). *John Dewey's aesthetic philosophy.* Amsterdam: B. R. Gruener B. V.

· 저자 ·

편경희　　　•약　력•
(片京熙)　영남대학교 사범대학 교육학과 수석졸업
　　　　　영남대학교 일반대학원 교육학 석사
　　　　　영남대학교 일반대학원 교육학 박사
　　　　　(전) 고려대학교 교육문제연구소 연구교수
　　　　　(현) 영남대학교 공학교육혁신센터 선임연구원

　　　　　•주요논저•
　　　「직업적 자아실현의 관점에서 본 통합적 도덕교육」
　　　「직업의 도덕교육적 의미와 가능성에 대한 탐구」
　　　「전통적 직업교육의 대안 탐색」
　　　「삶의 총체적 이상의 구현체로서 직업의 관점에서 본
　　　 자유교육의 성격」
　　　「듀이의 자유교육론에서 직업적 활동의 의미」
　　　「성장개념에 함의된 자유의 의미와 성격」
　　　「교육적 경험의 원리로서 계속성의 의미」

　　　외 다수

잡노마드 시대 존 듀이 다시 읽기

· 초판 인쇄　　2008년 4월 21일
· 초판 발행　　2008년 4월 21일

· 지 은 이　　편경희
· 펴 낸 이　　채종준
· 펴 낸 곳　　한국학술정보㈜
　　　　　　경기도 파주시 교하읍 문발리 513-5
　　　　　　파주출판문화정보산업단지
　　　　　　전화　031) 908-3181(대표) · 팩스　031) 908-3189
　　　　　　홈페이지　http://www.kstudy.com
　　　　　　e-mail(출판사업부)　publish@kstudy.com
· 등　　록　　제일산-115호(2000. 6. 19)
· 가　　격　　28,000원

ISBN　　978-89-534-8664-5 95370　(Paper Book)
　　　　　978-89-534-8665-2 98370　(e-Book)